Al-Ḥasan Ibn Aḥmad Ibn ʿAlī Al-Kātib

La perfection des connaissances musicales

Illustration de la couverture :
par autorisation, Staatliche Museum - Preussischer Kulturbesitz-Bildarchiv.
Museum für Islamische Kunst, extrait : Inv. Nr. J.6375 Berlin

BIBLIOTHÈQUE D'ÉTUDES ISLAMIQUES

tome cinquième

publiée sous la direction de :

HENRI LAOUST

avec la collaboration de :

NICOARĂ BELDICEANU, IRÈNE BELDICEANU-STEINHERR,
DOMINIQUE SOURDEL et JANINE SOURDEL-THOMINE.

Ouvrage publié avec le concours

du Centre National de la Recherche Scientifique

IMPRIMÉ EN FRANCE n° 273

AL-ḤASAN IBN AḤMAD IBN 'ALĪ AL-KĀTIB

LA PERFECTION DES CONNAISSANCES MUSICALES

KITĀB KAMĀL ADAB AL-ĠINĀ'

traduction et commentaire
d'un traité de musique arabe du XIe siècle

par **AMNON SHILOAH**

LIBRAIRIE ORIENTALISTE PAUL GEUTHNER, 12, RUE VAVIN, PARIS VIe

avant-propos

Le traité de musique d'al-Ḥasan b. Aḥmad b. ʿAlī al-Kātib intitulé Kamāl adab al-ġinā' *existe en manuscrit dans un* unicum *de la bibliothèque de Top Kapı Saray d'Istanbul portant le numéro 1727. A notre connaissance, il n'a été l'objet d'aucune étude ou publication jusqu'à nos jours. C. Brockelmann en donne la référence sans détails dans un chapitre consacré aux auteurs et aux œuvres dont on ignore l'origine* (1). *L'éminent spécialiste qui nous a conseillé d'entreprendre le présent travail, le Dr H.-G. Farmer, reproduit la référence de Brockelmann en l'augmentant seulement d'une description succincte* (2).

Faute d'un autre manuscrit de l'ouvrage, nous nous sommes heurté à de nombreuses difficultés, surtout dans les chapitres techniques où la moindre défectuosité rend le texte incompréhensible. Constatant toutefois que l'auteur s'inspire, dans presque toute la partie technique, du grand traité d'Abū Naṣr al-Fārābī qu'il cite souvent, nous y avons eu recours pour tenter de démêler un certain nombre de points obscurs. A cet effet, nous nous sommes servis du manuscrit n° 289 de la bibliothèque Ambrosienne de Milan, daté de 748/1347 (3). *En outre, nous avons trouvé d'autres textes parallèles qui nous ont aidé à rétablir certains passages du traité, parmi lesquels nous mentionnons en particulier le* Kitāb al-Aġānī *d'Abū l-Farağ al-Iṣfahānī* (4).

(1) Carl BROCKELMANN, *Geschichte der arabischen Litteratur; Suppl.* II, p. 1035.

(2) H.-G. FARMER, *The Sources of Arabian music*, p. 46.

(3) Cité *infra*, sous le sigle *M* : le grand traité d'al-Fārābī, *Kitāb al-Musīqī al-Kabīr*. Il a été traduit en français par le baron Rodolphe d'ERLANGER, *La musique arabe*, Paris, Geuthner, 1930-1935, t. I et II, 1. Cet ouvrage sera cité sous le sigle ERL. Le texte arabe a été édité par Ġhattas ʿAbd al-Malik Ḫašaba, le Caire 1967.

(4) Abū l-Farağ AL-IṢFAHĀNĪ, *Kitāb al-Aġānī*, éd. Būlāq, 1869, 20 volumes. Cité *infra*, sous le sigle *Aġ*.

Certes, la traduction d'un ouvrage encyclopédique qui embrasse un grand nombre de disciplines touchant directement ou indirectement à la musique met souvent dans l'embarras le traducteur qui doit posséder, en principe, les éléments nécessaires à toute connaissance de ces divers domaines du savoir, pour suivre les très brefs exposés des théories mentionnées. Il doit aussi deviner la pensée de l'auteur qui s'exprime parfois par allusions, d'une façon peu claire, et dans un langage souvent ambigu. Déjà, le titre lui-même contient un terme complexe, le mot adab, *dont l'inclusion dans le titre détermine en quelque sorte la nature du traité. Les facteurs qui nous ont conduit à opter pour « connaissances » comme traduction éventuelle de ce mot seront évoqués plus bas, dans l'*Introduction.

Des éclaircissements sur la traduction et sur les divers sujets développés dans le traité ont été ajoutés dans les notes, où figurent aussi des textes parallèles et une partie de l'apparat critique.

Nous avons reproduit en marge la pagination du manuscrit et indiqué le passage d'une page à l'autre par une double barre. Nous nous référons à cette pagination dans toutes les citations.

*On me permettra de remercier particulièrement M*lle *Solange* Corbin *qui m'a appris à travailler et qui m'a aidé avec une grande gentillesse et un infatigable dévouement de sa science, de son érudition et de son autorité. J'aime à remercier M. Jean* Lecerf *qui avec grande compétence a dirigé mon travail et m'a prêté les lumières de son savoir pour la mise au point délicate de la traduction du traité. Je ne saurais assez remercier M*me *J.* Sourdel, *MM. Charles* Pellat, *H.-G.* Farmer *et J.* Chailley *dont les conseils m'ont été précieux.*

INTRODUCTION

I. DESCRIPTION DU MANUSCRIT

Le manuscrit numéro 1727 de la bibliothèque de Top Kapı Saray d'Istanbul a été copié dans la ville de Sinğar (1) en 625/1225 par al-Ḥasan b. Yūsuf b. Abī l-Qāsim al-Malakī al-Ašrafī. Il doit s'agir d'un secrétaire au service du souverain ayyoubide al-Malik al-Ašraf qui, selon Ibn Ḫallikān (2), occupa Sinğār en 607/1210-11 et fut un souverain généreux et de grand esprit. Il n'est donc pas impossible qu'ait été faite à son intention la copie dont voici la description.

Format de 22 × 15 centimètres ; 124 feuillets paginés ; 9 lignes à la page. Les trois derniers feuillets ont été utilisés pour diverses mentions et ne font pas partie du traité proprement dit. La pagination est en chiffres arabes, l'écriture régulière d'époque ayyoubide entièrement vocalisée.

Titre : *Kitāb al-Mūsīqī/ wa-ma'nā-hu Kitāb Adab al-ġinā', ta'līf al-Ḥasan b. Aḥmad b. 'Alī al-Kātib*, « Traité de musique qui signifie la perfection des connaissances musicales par al-Ḥasan b. Aḥmad b. 'Alī al-Kātib ».

Les trois premiers mots du titre sont ajoutés ; du moins est-il certain que le mot : *wa-ma'nā-hu* « qui signifie » est écrit d'une autre main. En effet, parlant de la rédaction de ce traité, l'auteur dit notamment : «... Je lui ai choisi un nom qui dérive de sa signification : *la perfection des connaissances musicales* » (p. 20). Il n'est donc question, ni ici, ni ailleurs, de *Kitāb al-Mūsīqī* « Traité de musique ». Le même titre est reproduit au-dessous du premier avec une faute ; il est d'une autre main.

Incipit (p. 2) : *Basmala wa-'alayhi tawakkulī*.

Explicit (p. 240) : *Wa-ntaẓartu ẓuhūr kitābihi li-adḥaq minhu wa-hāda āḫir al-kitāb/ bi-'awn Allāh wa-raḥmatihi*.

Colophon (p. 240-241) : *Tamma al-kitāb wa-wāfaqa al-farāġ minhu yawm al-arbi'ā' ḥādi 'ašar al-muḥarram min sana ḫams wa-'išrīn wa-sittimi'a bi-Sinğar al-maḥrūsa/ 'allaqahu al-mamlūk Ḥasan b. Yūsuf Abī l-Qāsim/ al-malakī al-ašrafī ḥāmidan li-llāh*

---

(1) Sinğār est le nom d'une capitale de district dans le Diyār Bakr au nord de l'antique Singara.

(2) Ibn Ḫallikān, *Wafāyāt al-a'yān*, II, p. 205-206.

wa-muṣalliyan ʿalā sayyidinā Muḥammad/ al-nabī al-ummī (1) *wa-ʿalā ālihi al-ṭāhirīn wa-musalliman wa-yasʾal/ Allāh subḥānahu wa-taʿālā al-ġufrān lahu wa-li-ummat Muḥammad ʿalayhi al-salām.*

« Fin de l'ouvrage ; la copie a été achevée le mercredi 11 du mois de muḥarram de l'an 625 de l'hégire à Sinǧar la bien gardée. Elle a été exécutée par le mamlūk Ḥasan b. Yūsuf Abū l-Qāsim al-Malakī al-Ašrafī, louant Dieu et priant pour notre seigneur Muḥammad le prophète, pour les membres purs de sa famille et invoquant la bénédiction de Dieu sur eux (2) ; il demande également à Dieu, Glorieux et Haut, le pardon pour lui et pour la communauté (3) de Muḥammad que la paix soit sur lui. »

Le manuscrit porte en outre, sur la page du titre et sur les deux dernières pages, plusieurs marques de consultation, de possession et d'autres inscriptions.

Sur la page de titre on trouve les indications suivantes :

— En haut de la page à gauche, marque de propriété, datée de 835/ 1431-32 et dont la première ligne est effacée [mot effacé]... *sana 835 Muḥammad b. ʿUmar b. Aḥmad b. Abi...*

— En marge à gauche, verticalement, marque de consultation datée 829/1425-26 ; elle porte le nom du médecin Abū Bakr b. Yūsuf b. Muḥammad.

Naẓara fī hāḏā al-kitāb faqīr raḥma rabbihi/Abū Bakr b. Yūsuf b. Muḥammad al-ṭabīb ʿafā Allāh ʿanhu/ wa-ḏālika fī šuhūr sana tis ʿa wa-ʿišrīn wa- ṯamān miʾa.

— En marge à gauche, plus bas horizontalement, marque de possession datée de 885/1480-81 : *Min kutub*/[nom illisible]/*sana* 885.

— En haut de la page, à droite, un cachet illisible, au-dessous duquel deux dictons comportant des lacunes :

Qāla baʿd al-fuḍalāʾ infarid bi-sirrika.

[Mot effacé] *al-ʿāqil wa-l-ǧāhil... wa-qīla ʿāqil muʿānid ḫayr min ǧāhil munṣib.*

« Un dignitaire dit : « Cache ton secret. »

[Mot effacé] le savant et l'ignorant. On dit qu'un savant opiniâtre est préférable à un ignorant hostile. »

— En marge, à droite verticalement, deux autres dictons :

Wa man lam yaḥkam nadima wa man ṣabara ġanima/... al-ʿāqil ḫayr min muqāranat al-ǧāhil.

(Celui qui ne raisonne pas regrettera et celui qui patiente profitera.

[Mot effacé]... du savant, est préférable aux liens avec l'ignorant).

En haut de la page 3, à gauche, figure une *tuġra* ottomane qui semble être celle du Sultan ʿUṯmān III, fils de Muṣṭafā II, qui régna de 1754 à 1767.

En bas de la page 240, verticalement, apparaît une marque de consultation, datée de 810/1407-08. Elle est en partie effacée mais elle figure encore en bas de la page suivante : elle porte le nom de Ismāʿīl b. Ḥasan b. Sālim al-Fawʿar.

(1) L'épithète *ummī* accolée au prophète Muḥammad figure dans *Coran,* II, 156, 158 ; voir article *ummī,* dans *EI.,* 1.

(2) C'est la formule bien connue *Ṣallā llāhu ʿalay-hi wa sallam (Que Dieu répande ses grâces et ses bénédictions sur lui),* variée et amplifiée.

(3) La lecture de ce mot est incertaine mais il semble qu'il s'agit de *li-ummat.*

Naẓara fīhi al-mamlūk Ismā'īl ibn Ḥasan ibn Sālim al-Faw'ar/ muta'ammilan li-ma'ānīhi al-bāliġa/ dā'iyan li-mālikihi bi-l-ni'am al-sābiġa/ wa ḏālika fī šuhūr sana 'ašr/wa-ṯamān mi'a.

La page 241 porte plusieurs indications :

— En haut de la page, à gauche, en lignes penchées, marque de consultation non datée :

Naẓara fī hāḏā al-kitāb/ al-'abd al-faqīr ilā Allāh ta'ālā/ al-rāǧī 'afwa rabbihi 'Ubayd al-kataba/wa-l-ḥamd li-llāh rabb al-'ālamīn Abū Bakr.

— Au milieu de la page, à droite verticalement, la même marque de consultation légèrement amplifiée et sur laquelle il y a la signature d'Abū Bakr b. Yūsuf apposée horizontalement :

Naẓara fī hāḏa al-kitāb/ al-'abd al-faqīr ilā Allāh ta'ālā/ al-rāǧī 'afwa rabbihi 'Ubayd al-kataba/ Abū Bakr ibn Yūsuf/ ġafara Allāh li-dawlat al-muslimīn.

— Au milieu de la page, à gauche, marque d'une personne ayant copié le traité, datée de 626/1228-29 :

Naqalahu Ḥasan b. Muḥammad b. Ismā'īl al-'Alawī/ dā'iyan li-mālikihi/bi-ṭūl al-baqā' wa-mazīd al-mulk/ wa-l-'alā fī ṣafar sana sitt wa-'išrīn wa-sitt mi'a/ bi-l-manzila al-ma'rūfa bi-tall al-'aǧūl.

— En bas de la page, à gauche en diagonale, une marque de consultation datée de 804 :

Naẓara fīhi al-mamlūk Aḥmad b. Ḥasan al-Dunaysarī/muta'ammilan li-ma'ānīhi al-bāliġa dā'iyan li-mālikihi bi-l-ni 'am al-nābiġa/ wa-ḏālika fī šuhūr sana arba'wa-ṯamān mi'a.

— En bas de la page, à droite en diagonale, une reproduction de la marque de consultation qui se trouve à la page 240.

Les trois derniers feuillets contiennent diverses mentions qui n'ont aucun rapport avec le traité, ni avec la musique. Néanmoins, nous avons pu identifier une partie de la page 245 et les pages 246-247. Il s'agit de divers passages tirés de l'ouvrage de Barhebreus, *Ta'rīḫ muḫtaṣar al-duwal* (1).

Page 245, lignes 9-8 à partir du bas, *Kāna al-wazīr... ilā al-ṣadaf:* deux vers de Šibl al-dawla concernant le vizir Niẓām al-Mulk (Barhebreus, p. 194).

Lignes 5-3 à partir du bas, *Lanā ṭabīb... fī-l-ḥadīd:* vers concernant le célèbre médecin juif Abū l-Barakāt (Barhebreus, p. 209-210).

Lignes 3-2 à partir du bas, *Wa-daḫaltu ǧannatahu... waǧh al-mālik:* vers composés par Hibbat Allāh b. al-Ḥusayn al-Ṭabīb (Barhebreus, p. 211).

Lignes 2-1 à partir du bas, *Yaḥyā ibn Sa'īd... nuǧūm al-ruǧūm:* vers du médecin chrétien Yaḥyā b. Sa'īd b. Mārī (Barhebreus, p. 238).

Page 246 : épître adressée par Hūlāgū au souverain ayyoubide al-Malik al-Nāṣir (Barhebreus, p. 277-278).

Page 247 : extrait des pages 30-31 de l'ouvrage cité de Barhebreus.

(1) Les références données *infra*, le sont d'après l'édition de Beyrouth, 1958.

II. L'AUTEUR

L'origine et l'identité de l'auteur de cet important traité demeurent inconnues ; les recherches que nous avons effectuées dans les grands ouvrages bibliographiques arabes n'ont donné aucun résultat (1). Seuls, Brockelmann et Farmer le signalent, mais sans fournir à son sujet de renseignements bibliographiques. A défaut de données certaines, nous pouvons nous en faire une idée à partir du traité lui-même, de son titre, des idées, doctrines et conceptions qui y sont développées et enfin de la longue liste des auteurs qui y sont cités. Au fur et à mesure de notre travail sur le texte, nous avons essayé de nous représenter cet auteur mystérieux pour enfin le situer dans le temps et l'espace.

L'auteur intervient fréquemment dans le traité. Il reproduit le texte de ses discussions avec des musiciens contemporains ; nous le rencontrons dans des banquets et des concours musicaux en tant qu'expert à qui l'on demande un avis sur un chanteur, une composition ou une interprétation ; on vient le consulter au sujet de certaines questions théoriques. Tout cela, raconté dans un style vivant et agréable, rend familières sa personne, ses préoccupations et ses aspirations. Qu'il nous soit donc permis de livrer sous toutes réserves les remarques et observations suivantes, qui pourront jeter, je l'espère, quelque lumière sur cette question obscure.

Tout d'abord la mention de 'Alī et des Imāms au début du texte (p. 12) témoigne manifestement que l'auteur était chiite. Cela pourrait expliquer dans un certain sens son souci constant de la recherche du beau et son insistance sur la nécessité de former le goût du musicien et de l'auditeur. Le titre et la toute première phrase du traité en sont une preuve car c'est la perfection, l'idéal ou le degré suprême de l'art musical que l'auteur se propose de rechercher dans sa longue étude.

A la fin de l'introduction, devons-nous noter en second lieu, l'auteur nous informe de l'existence d'un autre traité de sa composition, sans en donner le titre. Ce dernier nous est fourni dans le chapitre des « définitions des notes » où sont étudiés les rapports numériques des diverses notes fixées sur le '*ūd* et au terme duquel le lecteur est renvoyé, pour de plus amples informations au *Kitāb al-Muqni' fī l-naġam wa-l-iqā'* « *le livre qui satisfait l'esprit sur les notes et les rythmes* » (2). Un deuxième renvoi au même ouvrage figure dans le chapitre suivant qui traite de l'échelle du *ṭunbūr* (3). Puis nous en

(1) L'auteur n'est mentionné dans aucun des ouvrages suivants : *al-Fihrist* d'Ibn al-Nadīm, *'Uyūn al-Anbā'* d'Ibn Abī Uṣaybi'ā, *Wafayāt al-A'yān* d'Ibn Ḫallikān, *Tāriḫ al-Ḥukamā'* d'Ibn al-Qifṭī, *Mu'ǧam al-Udabā'* de Yāqūt et *Kašf al-ẓunūn* de Ḥaǧǧī Ḫalīfa.

(2) *Infra*, p. 89.

(3) *Infra*, p. 90.

trouvons trois autres dont un dans le chapitre des « systèmes » et deux dans le chapitre de la « rythmique ». Enfin, on en trouve un dernier à la fin du traité et, quoique nous ignorions ce qu'est devenu le *Kitāb al-Muqni'*, nous pouvons facilement nous en faire une idée en nous référant à son titre et aux remarques précédentes. Il s'agissait d'un traité purement spéculatif portant sur le calcul mathématique des intervalles, des échelles et des rythmes. Il est à déplorer qu'un pareil ouvrage soit perdu, car il aurait pu nous renseigner sur les conceptions théoriques de l'auteur. En effet, dans le traité qui nous occupe, tous les faits théoriques sont plus ou moins des emprunts, sauf les modes ou la pratique modale, que malheureusement les illustres devanciers de l'auteur avaient passés sous silence. Le système modal que l'auteur étudie dans le chapitre XXXII et qui sera commenté plus loin émane, selon toute vraisemblance, de la pratique courante de l'époque et présente beaucoup de similitude avec la théorie correspondante développée dans le *Kitāb al-Aġānī*. Cela aussi pourrait nous servir d'indice pour déterminer l'époque probable de la rédaction du traité.

Puis, dans un très intéressant chapitre où fourmillent des renseignements précieux sur les formes et sur l'interprétation du chant artistique, l'auteur écrit à propos du terme *tafāġur*, un des 48 termes techniques étudiés : « Ce fait se produit à l'émission des lettres avec la voyelle *a*. Les gens de Bagdad ont pour cela une méthode connue. Ils pratiquent également les *naġāniġ* et les *maġāmiz*. Nous, nous n'utilisons pas ces dénominations. » Il ressort de là que l'auteur n'était pas de Bagdad.

On sait ensuite que l'auteur était *kātib* « secrétaire », autrement dit qu'il occupait cette honorable fonction officielle qui fut une marque de haute distinction et qui exigeait, selon les règles de l'époque, une culture universelle, un goût raffiné, un talent poétique, rhétorique et artistique, de belles manières, une belle écriture. Bref, il possédait, en principe, tout ce qu'un homme de sa classe devait connaître. Or, au IIIᵉ/IXᵉ siècle, on désignait les connaissances qui sont nécessaires à une catégorie spéciale de personnes par le mot *adab*. Ce même mot figure dans le titre du traité, mais il n'y est pas pris tout à fait dans le même sens. « *Adab*, écrit C. A. Nallino, est un de ces mots qui, avec le temps et le changement des habitudes, des idées et des goûts, ont le plus modifié leur sens d'origine. » A la fin de son étude détaillée sur les acceptions du mot *adab* aux divers siècles, Nallino dresse un tableau représentant la filiation des divers sens de ce mot. En procédant par élimination, le mot *adab*, tel que l'auteur l'utilise, ne peut correspondre qu'aux deux catégories suivantes du tableau : « somme des connaissances » et « toutes les sciences véritables, les arts, les professions, soit arabes, soit empruntées aux Grecs et aux Persans, sauf les sciences juridiques

(IIIe et IVe siècle de l'hégire ; cesse peu après) » (1). Étant donné que le traité déborde le cadre strict de l'art musical et s'étend sur d'autres domaines, étant donné aussi que le vocable *adab*, dans ce titre, pourrait dissimuler son sens ancien « le respect des coutumes ancestrales », nous avons opté pour « connaissances ». Quoiqu'il en soit, selon Nallino, l'un ou l'autre sens disparaît au ve siècle.

En cinquième lieu, l'utilisation du mot *adab*, la conception encyclopédique de l'ouvrage, le recours au discours direct et à des anecdotes, la recherche d'un style « susceptible de procurer le plaisir de la nouveauté et l'agrément de la finesse » (p. 20) feraient croire que le traité n'est pas scientifique, mais se présente plutôt comme une œuvre de littérateur. L'auteur, pourtant, se défend contre une telle assertion, en soulignant à plusieurs reprises le peu de valeur que présentent les œuvres des littérateurs et il met en garde ses lecteurs contre cette catégorie d'écrits sur la musique. En réalité la teneur de son ouvrage, l'analyse profonde qu'on y trouve de plusieurs phénomènes ayant trait à l'univers musical et auxquels on ne prête pas attention généralement, en font un témoignage précieux sur la musique et sur la vie musicale de l'époque, prouvant que lui-même était un musicien averti et sincère. Tout le long du traité on trouve ce parfait éducateur soucieux de communiquer son amour pour la musique, de transmettre les résultats de ses expériences personnelles, ses réflexions sur l'art de s'exprimer au moyen du langage musical. Il aboutit parfois à des remarques étonnantes, qui témoignent des longues observations d'un homme ayant vieilli dans son art et son métier. Les nombreux conseils pratiques, les multiples passages consacrés à l'éducation musicale, nous font croire que le portrait du parfait maître décrit par l'auteur est le reflet de sa propre image. D'autre part, il semble qu'il était chanteur et qu'il appréciait très peu la musique instrumentale. Seul, en effet, un chanteur professionnel pouvait fournir de telles précisions sur la voix, ses ressources, ses qualités, son utilisation ; seul, il pouvait nous donner des analyses si nuancées sur l'art du chant, la respiration, la composition vocale, la cantillation, le comportement du chanteur, etc. (voir par exemple les chapitres XVIII, XXIII, XXXIV, XXXV, XXXIX). En outre, la musique instrumentale ne reçoit sous sa plume aucun développement sérieux ; elle nous est même présentée souvent sous un jour peu favorable, ainsi à la page 220 du manuscrit où on lit : « Certains estiment que la musique instrumentale pure est plus noble que le chant accompagné. Or, cette opinion est sans fondement, car le chant est bien plus noble et plus utile que la musique

(1) C. A. NALLINO, *La littérature arabe des origines à l'époque Umayyade*, trad. Ch. PELLAT, p. 7-26.

instrumentale. Bien plus, il semblerait que lorsque le chant s'associe à une musique instrumentale et s'accorde avec elle, l'un comme l'autre souffrent alors d'imperfection. L'opinion de ces gens est donc contraire à la vérité... »

A la lumière de ce que nous venons de dire nous pouvons admettre que l'auteur était un musicien-chanteur et peut-être aussi un maître de musique et un conseiller au goût sûr.

Mais un autre fait primordial d'ordre esthétique mérite alors d'attirer notre attention : la longue et âpre querelle des Anciens et des Modernes. Celle-ci avait éclaté à l'époque omeyyade à la suite d'un changement des conditions de vie et d'une rencontre avec diverses civilisations florissantes ; elle atteignit son point culminant dans les deux siècles suivants et elle concernait aussi bien la littérature que la musique. La vigueur avec laquelle l'auteur y participe laisse penser qu'elle était encore en cours de son temps. Quant à son attitude, elle est tout à fait formelle et sans équivoque : il défend avec acharnement et vénération l'art ancien et lance à toute occasion les flèches de sa critique acerbe et ironique contre le modernisme. Le respect de la tradition musicale des anciens, sa fidèle transmission, la mise en évidence de sa beauté intrinsèque jouent dans ce traité le rôle d'un *leitmotiv*.

Nous arrivons maintenant à cette avalanche de noms illustres que cite l'auteur. Si l'on exclut ceux des auteurs grecs, qui ne peuvent nous être d'un grand secours dans nos recherches pour identifier l'époque de l'auteur, nous pouvons classer tous les autres en quatre catégories : *a.* — poètes et écrivains ; *b.* — musiciens arabes célèbres ; *c.* — théoriciens-philosophes ; *d.* — littérateurs qui ont écrit des ouvrages sur la musique. En ce qui concerne les deux premières catégories, nous trouvons les noms de poètes tels qu'al-ʿAbbās b. al-Aḥnaf (m. 191/807) ; Abū Nuwwās (m. 195/811), ʿAlqama b. ʿAbda (ɪᵉʳ/vɪᵉ siècle), l'écrivain Abū l-Farağ al-Iṣfahānī (m. 356/967) dont le *Kitāb al-Aġānī* fut la source principale de l'auteur pour la plupart des anecdotes concernant les grands musiciens anciens, Ibn Misğaḥ (m. *ca* 96/715), Ibn Surayğ (m. 107/726), al-Ġarīḍ (m. 106/724), Maʿbad (m. 125/743), ou les grands musiciens de l'époque abbaside tels qu'Ibrāhīm al-Mawṣilī (m. 188/804), son fils Isḥāq (m. 235/850), le prince Ibrāhīm b. al-Mahdī (m. 225/839), Ibn Ğāmiʿ (m. 193/809), ʿAbd Allāh b. Ṭāhir (m. 300/912) et ainsi de suite. Or, tous ces noms, ainsi que ceux que nous avons omis, sont antérieurs au vᵉ/xɪᵉ siècle. En ce qui concerne les troisième et quatrième catégories, l'auteur lui-même les étudie dans le dernier chapitre du traité où, à l'instar d'un bon professeur, il énumère ses sources, les classe, les analyse et en donne toutes les références. Parmi les théoriciens-philosophes, nous trouvons trois noms illustres cités fréquemment dans le traité, al-Kindī (m. 260/874), al-Saraḫsī (m. 275/889) et al-Fārābī (m. 338/950). C'est en particulier ce dernier qui a fourni à l'auteur le plus grand nombre d'emprunts et lui a servi de modèle permanent dans la partie théorique. Parmi les littérateurs nommés dans le dernier chapitre le plus tardif serait Abū l-Fatḥ al-Za'farānī (m. 374/984). Le dernier nommé dans la liste est un certain Ḥarra al-Kātib, personnage que nous n'avons pas pu identifier. Néanmoins, nous savons que le traité que l'auteur lui attribue fut écrit à l'intention d'un souverain connu de l'Égypte, Kāfūr al-Iḫšīdī (m. 356/967), ce qui implique que Ḥarra était contemporain de Kāfūr. Dans la note ironique qui clôt le traité, l'auteur rapporte qu'un certain musicien vint le consulter au sujet du rythme lourd-deuxième. Puis ce musicien qui était incapable d'étudier les traités des éminents théoriciens s'en remit au dit traité de Ḥarra, lequel, selon l'auteur, ne présentait pas grande valeur. Or, comme on peut supposer que l'ouvrage d'un auteur médiocre ne lui survit pas longtemps, il est possible que le fait rapporté au terme du traité soit relatif à une période correspondant à celle de Ḥarra, ou suivant de très près sa mort.

A la lumière de tout ce que nous venons de dire, nous retiendrons les points suivants :

— L'auteur emploie le mot *adab* dans un sens qui, selon Nallino, cesse d'être employé après le IVe/Xe siècle.

— Il participe activement à la querelle des Anciens et Modernes.

— L'autorité du célèbre musicien Isḥāq al-Mawṣilī (m. 235/850) est souvent invoquée dans le traité, ce qui s'expliquerait par le fait qu'Isḥāq, lui aussi, était à son époque un fidèle défenseur de l'art ancien.

— Les traditions et les anecdotes concernant Isḥāq et tous les autres grands musiciens du passé figurent dans le *Kitāb al-Aġānī* que l'auteur devait connaître de près.

— L'autre source importante, le *Kitāb al-Mūsīqī al-Kabīr* d'al-Fārābī a été conçu à peu près à la même époque que le *Kitāb al-Aġānī* (Xe siècle), dans le même lieu et dans le même cercle, à savoir celui de l'illustre souverain Sayf al-Dawla à Alep. Rappelons qu'à ce même cercle appartenait le grand poète al-Mutanabbī, qui perpétua dans son œuvre poétique l'esprit et la tradition de la poésie classique.

— Contrairement aux trois grands philosophes précités qui inspirèrent la partie théorique de notre traité, l'auteur ne passe pas sous silence la question des modes. Toutefois, malgré la terminologie énigmatique qu'il emploie à cet effet, il semble développer un système très proche de celui que l'on trouve dans le *Kitāb al-Aġānī*.

— Les nombreux noms cités sont tous antérieurs au ve/xie siècle, et, fait curieux, l'un des plus grands noms de la philosophie arabe, Avicenne (m. 429/1037) qui a écrit également deux traités de musique, ne figure pas parmi eux. Il est difficile d'admettre que l'auteur eût négligé de le nommer s'il l'avait connu.

Ces quelques remarques nous conduisent à l'hypothèse selon laquelle notre auteur aurait vécu entre la deuxième moitié du ive/x^{e} et le début du ve/xie siècle. Quant au lieu de sa résidence, il pourrait s'être situé entre la région d'Alep et celle de Mossoul.

III. ANALYSE ET PLAN GÉNÉRAL DU TRAITÉ

Le traité est divisé en quarante-trois chapitres, dont certains sont extrêmement courts, de l'ordre d'une page environ, faisant suite à une importante introduction que précède elle-même une table des matières analytique (1). Chaque chapitre est consacré à l'étude d'une question particulière annoncée dans le titre, mais parfois l'auteur y évoque d'autres sujets, soit par association d'idées, soit parce qu'il croit apporter ainsi un supplément d'informations susceptibles d'éclairer le sujet principal. La nature de chaque exposé est commandée par le sujet étudié, mais on remarquera qu'il existe une inégalité évidente dans la rédaction des divers chapitres : les uns sont clairs, bien construits, pleins de saveur et se lisent facilement ; les autres sont confus, voir même incohérents, remplis de points obscurs et de passages inextricables. D'une manière générale, la deuxième catégorie coïncide avec la partie purement théorique et technique du traité. Toutefois, il ne semble pas que le manque de rigueur et les imprécisions qui se manifestent dans certains chapitres théoriques — et dans d'autres — soient dus à un défaut fondamental de connaissances chez l'auteur. Cela pourrait être expliqué par diverses raisons suivantes. D'une part l'auteur, dans son désir d'embrasser tous les faits de la musique, était obligé de s'exprimer brièvement et de négliger ainsi toute espèce de développement. D'autre part nous croyons que son ouvrage fut rédigé à la suite d'un enseignement oral, en suivant plus ou moins fidèlement le plan adopté au cours de cet enseignement.

Si nous partons de cette hypothèse d'un enseignement oral, nous pourrons mieux comprendre les particularités du plan mis en œuvre par

(1) Voir, pour le décalage entre la table de matières de l'auteur et la répartition des chapitres, p. 209-211.

l'auteur. Puisque ce dernier ne s'était pas proposé d'écrire une théorie musicale proprement dite, il ne commence ni par une définition de la musique, ni par une définition du son qu'il réserve pour beaucoup plus tard. Étant donné que son but principal était une éducation globale du musicien professionnel et du mélomane profane, il commence par des considérations d'ordre général et esthétique et introduit pas à pas son lecteur au cœur du vaste univers musical et à travers des sentiers qui conduisent à ses mystères.

Enfin, étant donné la concision recherchée dans plusieurs endroits et le passage inopiné d'un sujet à l'autre, un copiste non avisé aura pu contribuer à la multiplication des points obscurs.

Considérations préliminaires. — Après une phrase générale développant l'idée qu'il existe un degré suprême de perfection dans chaque art et qu'il faut le poursuivre de toutes ses forces, l'auteur nous informe que l'art musical se divise en deux parties : la théorie et la pratique. Cette division que l'on trouve chez des auteurs de l'antiquité a été inspirée d'al-Fārābī et d'al-Saraẖsī. L'auteur y revient plusieurs fois (1), en répétant les idées alors répandues sur la supériorité de la science musicale qui obéit à la raison, et consacre à ce sujet un chapitre entier (chap. VII). Toutefois, malgré de nombreuses assertions en faveur de la science musicale, il ressort de l'analyse complète du traité que l'auteur aspire en vérité à l'union parfaite de ces deux aspects de la musique. En effet au fond de lui-même il ne va pas jusqu'à dénigrer la pratique au profit de la théorie et il ne prêche point leur séparation absolue ; au contraire, il insiste sur la nécessité de leur union qui constitue la perfection de l'art musical. La recherche du parfait équilibre entre science et efficience, raison et sentiment, savoir et talent naturel, fait l'objet des pages suivantes de l'introduction. Nous sommes donc renseignés dès le départ sur l'intention qu'a l'auteur d'étudier la musique sous ses deux aspects, théorique et pratique : car la théorie nous fait comprendre jusqu'à la raison d'être de la pratique. C'est pourquoi, pour être un bon musicien et aussi un bon mélomane il faut posséder des dispositions naturelles et s'adonner à la spéculation. Un individu qui se livre à des recherches théoriques sans être doté d'une aptitude musicale ne pourra jamais pénétrer les mystères de la musique ; de même, quiconque se contente de son

(1) Voir son *Kitāb Iḥṣā' al-ulūm*, chap. sur la musique.

talent naturel sans chercher à acquérir les éléments de savoir nécessaires ne saurait atteindre la maîtrise, car la perception et l'instinct qui n'obéissent pas aux lois de la raison aboutissent à des résultats erronés. C'est à cet effet que l'auteur invoque l'autorité de Pythagore qui, selon lui, chercha à fixer les rapports consonants au moyen des instruments pour éviter le jugement trompeur de l'oreille (p. 15-17).

En outre, les dialogues de l'auteur avec des musiciens contemporains, les observations et les illustrations que renferment l'introduction ont pour dessein de montrer le peu de connaissances des musiciens et du public, leur mauvais goût, de dénoncer des erreurs de grammaire, de prononciation, de prosodie, de poétique et de théorie musicale. Tout cela constitue évidemment une raison suffisante pour entreprendre la rédaction d'un traité que l'auteur conçoit sur une base très large et qu'il destine à la formation globale de l'esprit et de l'âme.

Considérations générales d'esthétique. — Les chapitres I à IX, qu'il est fort difficile de résumer, ont ceci de commun qu'ils développent des idées relevant de l'esthétique générale. Ce n'est pas par hasard que leur série commence par l'étude du *ṭarab* « émotion », terme complexe qui désigne une gamme étendue de réactions émotionnelles consécutives à l'audition de la musique et allant de la délectation intellectuelle et de la douce émotion jusqu'à l'extase. En effet, la musique est avant tout pour l'auditeur et le musicien sensibles une manifestation qui les ébranle et les arrache à leur état normal. Mais l'auteur précise immédiatement qu'il existe deux sortes d'émotions : celle de l'auditeur qui subit la musique et s'en enivre facilement et celle de l'auditeur averti qui allie le plaisir de l'esprit et celui du cœur en interprétant les perceptions auditives au moyen de la raison, cette dernière émotion étant infiniment plus élevée que la première. Ajoutons que l'émotion idéale ne peut être atteinte que lorsque le musicien et l'auditeur retrouvent l'harmonie entre la sensibilité et la raison.

Le chapitre II commence par évoquer l'avis de certaines gens qui considèrent la musique comme un moyen devant agir sur les sens, comme un jeu pour lui-même, un divertissement, un passe-temps agréable. Ce faisant, ils dégradent la beauté intrinsèque de la musique et dévient l'art musical de son véritable objet qui est de créer en nous des sentiments nobles et des passions nous incitant à faire de bonnes actions. Ceci confère à la musique un immense pouvoir et une influence moralisatrice certaine. Vient alors une série d'anecdotes destinées à illustrer cette influence et la grande utilité de la musique dans la vie des hommes.

Dans les chapitres III et IV sont développés les sujets suivants : nature du langage musical, significations des sons, effets divers que provoquent en nous les mélodies et autres choses semblables.

L'essentiel du chapitre V est consacré à une longue et véhémente attaque contre la musique moderne qui se caractérise par la sensualité, l'éclat brillant, l'effet riche et voluptueux, le jeu pour lui-même, la variété à l'infini, le surprenant, le luxueux, bref, l'art de caractère décoratif auquel il oppose l'art ancien qui se distingue par sa simplicité, sa sobriété, sa sérénité et sa stabilité. A cet effet l'auteur ajoute un chapitre court sur l'excellence de la poésie ancienne.

Le chapitre VII qui traite de la prééminence de la science est presque tout entier une compilation d'al-Kindī et d'al-Saraḫsī. Nous y trouvons, entre autres, plusieurs considérations sur le musicien. Là aussi, nous remarquons ce souci constant de l'auteur de concilier des conceptions différentes. D'une part, nous y lisons des définitions issues de la doctrine phytagoricienne, par exemple que le vrai musicien, c'est-à-dire le musicien-philosophe est celui qui sait, qui juge de tout suivant la raison, à qui sont familières toutes les données de la science ; ce musicien est comparable à l'architecte, au maître menuisier, au roi, etc., tandis que l'interprète n'est qu'un simple serviteur (p. 51-52). D'autre part, en donnant dans ce même contexte un exemple d'honneurs rendus au musicien par rois et dignitaires, l'auteur cite une anecdote concernant Ibrāhīm al-Mawṣilī qui n'était qu'un très grand compositeur-interprète. Pour notre part, nous croyons que l'auteur, voulant donner à son traité un tour scientifique, a adopté des doctrines en vogue auxquelles il a superposé les siennes et créé par ce mélange une espèce de synthèse. De fait, l'auteur revient à la définition du musicien dans les chapitres XXXIII-XXXIV et nous laisse entendre alors que le vrai musicien est celui qui réunit la connaissance des faits théoriques, la faculté de discernement, le don de pratiquer la musique et de la communiquer aux autres, la sensibilité, une belle voix, une formation générale, une bonne mémoire, le respect de la tradition, le soin de sa transmission fidèle et enfin la faculté d'imiter les styles et les manières des grands maîtres consacrés par la tradition.

Dans le chapitre VIII l'auteur emprunte à al-Fārābī toutes les définitions qui classent la musique en diverses catégories. Il y a d'abord une distinction entre musique sensuelle et musique parfaite, puis une subdivision de cette dernière en trois espèces, et enfin une description des quatre manières d'être du son. Vient ensuite une définition de l'émotion que provoque la musique dans l'âme et ceci conduit l'auteur à parler des effets d'interaction naturelle entre le sujet et l'objet. La recherche de similitude entre l'harmonie de l'âme et celle de la musique constitue une parfaite transition avec le chapitre IX qui traite des similitudes entre l'âme, la musique et la sphère céleste, toutes régies par l'harmonie. Ce chapitre est le point d'aboutissement et le couronnement de cette longue partie relative à l'esthétique musicale. Nous y retrouvons la conception pythagoricienne selon laquelle les mêmes lois numériques régissent l'harmonie céleste, l'harmonie musicale et l'harmonie de l'âme. Au cours de ce chapitre l'auteur touche à certains faits théoriques, ce qui annonce la deuxième série de chapitres relatifs à la théorie.

Le son. — Les chapitres X-XI nous offrent des considérations d'ordre acoustique et une définition de la note ou de la consonance qui régit la conduite mélodique. En général, l'auteur n'y apporte rien d'original : il reproduit textuellement la doctrine d'al-Fārābī. Toutefois, il y a ceci de particulier que l'auteur, avant d'exposer les causes de la production du son, traite de la note musicale. Il rapporte, d'après al-Fārābī, que les modalités de notes sont quantitatives et qualitatives. L'on entend par quantitatives l'acuité et la gravité du son et par qualitatives les timbres et les diverses expressions sonores. Cette assertion est suivie de la définition suivante de la note : « La note est un son unique qui se poursuit un certain temps au sein du corps où il est né. » Étant donné que la note suppose le son, l'auteur consacre le chapitre XI à l'exposition de la théorie complète de la production du son. Toutes les expériences, toutes les mesures d'intervalles sont effectuées à partir du *'ūd*, car les notes émises par la voix ne se prêtent pas à un calcul précis et elles doivent en l'occurrence être confrontées avec celles qui ont été fixées sur le *'ūd*.

Pour compléter cet exposé, il y aura lieu d'ajouter le premier paragraphe du chapitre XXXI qui est de la même nature et qui apporte un renseignement supplémentaire au sujet des mouvements (vibrations) plus ou moins rapides de la corde qui déterminent, entre autres, l'acuité et la gravité du son.

Au milieu des faits théoriques, l'auteur intercale le chapitre XII intitulé « Le nom de la musique ». Il semble qu'il ait voulu par là montrer, avant d'aller plus loin, quels sont, en plus des notes, les éléments premiers de la musique, c'est pourquoi, après une phrase obscure se rapportant à l'éthymologie du mot « musique », l'auteur apporte trois définitions de la musique ; l'une, sous le nom d'al-Kindī, est en réalité celle de Platon, à savoir que la musique se compose de trois éléments : « parole, harmonie et rythme » ; les deux autres sont les définitions d'al-Fārābī. Puisque la musique parfaite suppose l'alliance de la mélodie et du *logos*, l'auteur consacre tout le reste du chapitre aux diverses manières d'associer les notes aux lettres qui composent un discours. La totalité de ce paragraphe est une compilation d'al-Fārābī.

Les rapports numériques des notes usuelles. — Les chapitres XIV-XV reprennent les questions théoriques et nous offrent une étude détaillée sur les notes usuelles dont se composent l'échelle du *'ūd* et celle du *ṭunbūr* ainsi que sur leurs rapports numériques, calculés suivant les longueurs des cordes. Malheureusement, le texte est souvent défectueux et incomplet, ce qui, par moments, rend l'exposé inextricable. Il serait inutile de reproduire ici tous ces rapports qui sont d'ailleurs, à quelques variations près, ceux d'al-Fārābī. Il suffit de parcourir les chapitres mentionnés et de recourir au commentaire inclus dans les notes.

Les systèmes, les genres, les aspects et l'intervalle. — Les chapitres XV-XVI étudient les diverses successions des notes, les consonances d'octave, de quinte et de quarte, les aspects d'octaves, quintes et quartes, le rôle de la note du *médius* (3e degré à partir de la note qu'émet la corde libre qui peut se situer à l'intervalle de tierce mineure ou neutre ; au dit médius il faut ajouter la note de *l'annulaire* ou la tierce majeure). L'auteur souligne ensuite l'impossibilité pour la note du *médius* et pour celle de l'annulaire de se succéder dans une même échelle modale ; il traite du rôle du *muǧannab* (deuxième degré abaissé à partir de la note émise par la corde libre) ; il donne une définition des intervalles et en fournit une énumération complète comprenant notamment l'intervalle de quart de ton, etc.

Les modes. — La question des modes ne fait pas l'objet du chapitre qui suit la description des systèmes : l'auteur lui consacre le chapitre XXXII et ceci, après avoir étudié toute une série de faits qui se rapportent à la composition, à l'interprétation, aux formules préférentielles dans les mélodies, à la rythmique en générale et aux modes rythmiques en particulier. Mais, comme dans le dit chapitre sont inclus à la fois des modes mélodiques et des modes rythmiques, des notions ayant trait aux échelles modales et d'autres qui se rapportent à l'ensemble des conventions qui constituent l'univers modal, l'auteur semble avoir voulu y résumer la doctrine de base concernant les modes. A cet égard, l'auteur est certainement en avance sur ses illustres devanciers, lesquels se livraient tout au plus à des descriptions minutieuses des modes rythmiques et passaient sous silence les modes mélodiques. Il faut descendre jusqu'à Ṣafī al-Dīn (m. 1293) pour trouver une étude systématique des modes, car chez Avicenne (m. 1037) on n'en trouve qu'une ébauche. Malheureusement, dans son étude, notre auteur ne nous dévoile pas beaucoup de secrets et, sur bien des points, nous laisse dans l'obscurité. Apparemment, il ne cherche à expliquer que ce qu'il énonce dans le titre, à savoir « les noms des modes » *(asmā' al-ṭarā'iq)* et semble, autrement dit, se limiter à une étude étymologique. Cependant il va en parler de nouveau plus loin et fournit alors des détails qui devaient être familiers aux gens de l'époque, mais qui nous embarrassent fortement aujourd'hui. Pour essayer d'y voir plus clair, nous avons d'abord confronté les faits rapportés dans ce chapitre avec les autres renseignements sur les modes dispersés dans le traité. Puis, nous avons comparé la théorie de l'auteur avec celle d'auteurs contemporains ou ultérieurs. Il est certain, en tout cas, que le terme général *ṭarīqa* recouvre, dans l'esprit de l'auteur, l'ensemble de conventions présidant à la conception modale, aussi bien dans le domaine de la mélodie que dans celui de la rythmique. Ce terme ancien est bien antérieur au mot *maqām* et semble avoir coexisté longtemps avec lui, car on le trouve dans des récits tardifs des *Mille et une nuits* (1) et chez un auteur du xe/xvie siècle, al-Lāḏiqī (2).

Ṭarīqa signifie « voie », « état », « manière d'agir » et « moyen d'arriver à une fin ». Or, tous ces sens conviennent admirablement à l'idée du « mode-formulaire » (3). Ce même terme désigne aussi le « système » ou « l'échelle modale », mais c'est un fait rare. En outre, nous trouvons sous la plume de l'auteur le mot *ṭarīqa* comme dénomination des « mélodies ou formules mélodiques de la musique instrumentale persane », qui selon toutes vraisemblances illustrent la pratique modale chez les Iraniens bien avant l'avènement de l'islam. Il semble que les théoriciens de l'époque ultérieure tels que Ṣafī al-Dīn (viie/xiiie siècle) et al-Lāḏiqī, (x^e^/xvie siècle), assignent à *ṭarīqa* un sens qui se rapproche du dernier cité, à savoir « formules mélodiques déterminées et rythmées issues probablement des chants anciens que l'on exécute sur des instruments de musique ». En définissant les diverses mélodies qui sont à la base de la composition musicale Ṣafī al-Dīn écrit notamment : « ... D'autres (mélodies) sont constituées

(1) Voir H.-G. Farmer, *The Minstresly of the Arabian nights*, dans *Journal of the Royal Asiatic Society*, 1945, p. 56-57.

(2) Voir Erl., IV, p. 484.

(3) Nous empruntons cette expression à Jacques Chailley, *Imbroglio des modes*, p. 5-6.

par un ensemble de notes arrangées comme les précédentes (c'est-à-dire d'une façon déterminée et harmonieuse), mais où il est tenu compte des rapports des temps qui séparent ces notes ; ce sont les *ṭarā'iq...* » (1). Puis Ṣafī al-Dīn ajoute une autre espèce de mélodies auxquelles on associe des paroles. Il est donc tout à fait clair que les *ṭarā'iq* dans ce cas se rapportent à la composition instrumentale. Al-Lāḏiqī, de son côté, en donne une description plus détaillée. Il écrit qu'une *ṭarīqa* est un ensemble de notes arrangées dans un ordre que l'oreille accepte et selon un rythme harmonieux. Puis il ajoute que l'association des modes mélodiques aux modes rythmiques usuels donne naissance à un grand nombre de *ṭarā'iq*. Malgré ces assertions, il ne semble pas que l'auteur applique la notion de *ṭarīqa* à la seule musique instrumentale mais aussi à la musique vocale. De plus, l'auteur adopte la conception qui assigne un rôle important aux modes rythmiques dans la notion de *ṭarīqa*. C'est là, croyons-nous, un fait primordial sur lequel on n'a pas suffisamment insisté. En effet, pour bien comprendre la théorie de l'*ethos* des anciens, il est absolument nécessaire de tenir compte du rôle que joue le rythme dans le mode. Ce n'est donc pas par hasard que le grand philosophe al-Kindī avait tissé les fils de sa théorie de l'*ethos* autour des modes rythmiques. Curieusement, notre auteur lui-même reproduit une idée analogue à la page 199, en parlant de « la théorie de l'effet des modes rythmiques sur l'âme ».

En dehors du terme *ṭarīqa*, d'autres noms anciens sont ici et là utilisés par l'auteur pour désigner le « mode ». Tels sont *laḥn* « mélodie », *naġma* « note », *šadd* « tension de la corde », *dastān* « touche » et *iṣba'* « doigt ». L'emploi de ces noms — qui sont moins généraux que *ṭarīqa* —, ainsi que d'autres indices, nous conduit à l'hypothèse que la théorie développée par l'auteur n'est qu'une variante de celle du *maǧrā* « voie ou course », laquelle se trouve dans le *Kitāb al-Aġānī*. Le système appliqué dans le *Kitāb al-Aġānī* — qui consiste à indiquer l'échelle modale par le *iṣba'* « doigt » et le *maǧra* « course » — est attribué à Isḥāq al-Mawṣilī, attribution confirmée par l'auteur à la page 182. Reste à savoir dans quelle mesure la théorie de l'auteur s'écarte de celle de Isḥāq ; c'est ce que nous verrons dans les conclusions. *Dastān* « touche », *iṣba'* « doigt » et *šadd* « tension de la corde » sont des termes relatifs aux modes et proviennent de la nomenclature du *'ūd*. Néanmoins selon al-Ḫwārizmī *dastān* servait comme « dénomination que l'on donne à chacune des mélodies (modes) attribuées à Barbad ». Ce dernier est le grand musicien persan de l'époque sassanide (2).

(1) Erl., III, p. 519.
(2) Cf. *Mafātiḥ al-'ulūm*, p. 131.

On sait que le *'ūd* comporte quatre ou cinq cordes dont on fait sonner des sections différentes pour obtenir les diverses notes musicales (1). C'est sur le quart de la longueur de chacune des 4 ou 5 cordes qu'on établit les ligatures ordinaires qui, comme les doigts appliqués à raccourcir les cordes,

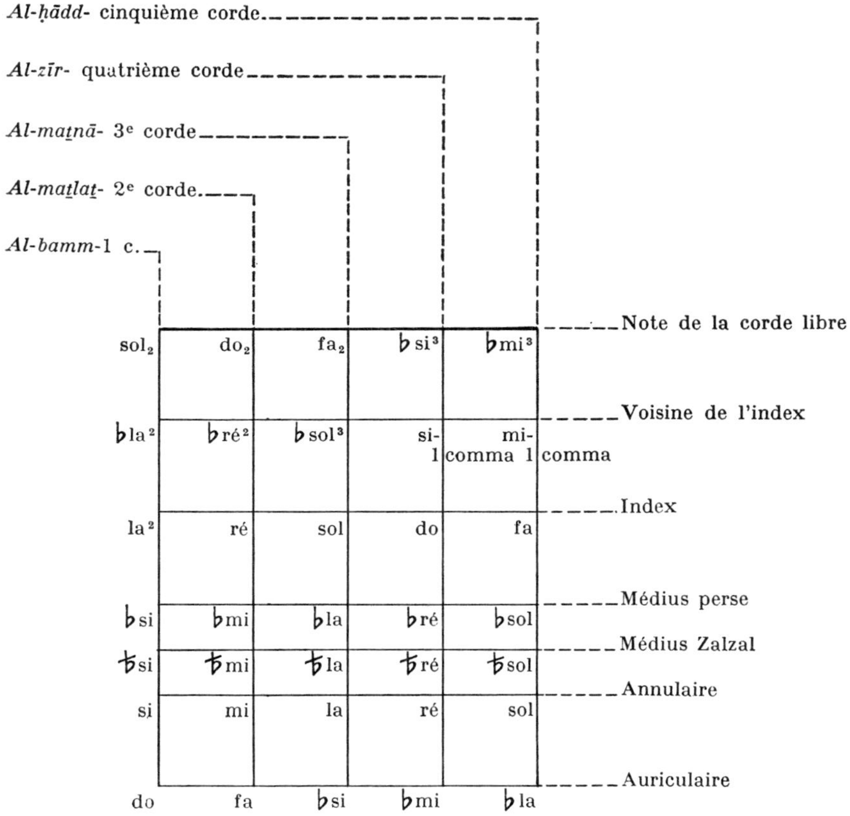

Fig. 1. — Limite du quart des cordes

(1) Le *'ūd* classique comportait quatre cordes dont les deux extrêmes portaient des noms persans et les deux autres des noms arabes. La plus aiguë se nommait *al-zīr ;* la deuxième, *al-maṯnā ;* la troisième, *al-maṯlaṯ*; et la quatrième, *al-bamm*. La cinquième corde — qui a été ajoutée aux xe-xie siècles — pour doter le *'ūd* du «système complet» a été nommée *al-ḥādd*. Pour l'auteur, le *bamm* est la première corde, contrairement aux autres théoriciens qui la considèrent comme la quatrième

sont au nombre de quatre. Le plus grand intervalle que l'on obtient ainsi sur chaque corde est la quarte, laquelle correspond au cadre mélodique chez les arabes. Les ligatures ordinaires, ainsi que les notes qui leur correspondent, portent les noms des doigts, à savoir la *sabāba* « index », la *wusṭā* « médius », le *binṣir* « annulaire », le *ḫinṣir* « auriculaire ». Avec le *muṭlaq* « la corde libre » cela faisait cinq sons sur chaque corde. Comme les cordes du *'ūd* sont tendues, d'après l'usage commun, de manière à ce que la deuxième produise, lorsqu'elle est jouée à vide, une note identique à celle rendue par la première arrêtée au niveau de la touche de l'auriculaire de la seconde, etc., il suit qu'on obtient une même succession d'intervalles sur chacune de quatre ou cinq cordes (voir fig. 1).

Partant de ces éléments, Isḥāq a établi sa théories des *aṣābi'* (pluriel de *iṣba'* « doigt ») et des *maǧārī* (pluriel de *maǧra* « course » ou « voie ») qui indiquaient aux musiciens l'échelle modale à employer. Par *iṣba'*, il désignait le point de départ ou le degré principal qui correspond à l'un des quatre doigts ou les notes équivalentes, ainsi que le *muṭlaq* « la corde libre », et par *maǧrā* il indiquait la nature de la tierce (1). Il disait par exemple : *muṭlaq fī maǧrā al-binṣir* « corde libre par la voie de l'annulaire », autrement dit : sol-la-si-do. Ce type d'indication, accompagné souvent d'un supplément relatif au mode rythmique, se rencontre presque à chaque page du *Kitāb al-Aġānī*. En voici la liste complète (2) :

(1) L'intervalle *muṭlaq-binṣir*, tierce majeure $\frac{81}{27}$, restait fixe, alors que l'intervalle *muṭlaq-wusṭā* variait autour d'une tierce mineure. Il en existait environ cinq. Parmi celles-ci, on compte la tierce neutre $\frac{27}{22}$ dite *wusṭā Zalzal*. Il y a lieu aussi de signaler que, dans une échelle, on pouvait employer une des trois tierces : majeure, mineure ou neutre.

(2) Comme le mot *wusṭā*, dans *Aġ.*, pourrait désigner les deux tierces mineure et neutre, nous avons inclus ces deux possibilités dans les exemples notés. D'autre part, la note *sol2*, point de départ du système, est choisie arbitrairement et le schéma vise seulement à montrer les successions d'intervalles.

Les érudits de notre époque omettent généralement les aspects comprenant la *wusṭā* 2, car on ne trouve pas dans la théorie en question une distinction nette entre les deux *médius*. En effet, l'auteur reproche à Isḥāq ce manque de précision, mais il ajoute : « Si Isḥāq sous-entendait, en disant médius, les deux intervalles, cela lui était permis. » Pour notre part nous croyons que l'on doit inclure le deuxième médius dans la description de cette théorie. En outre, les trois derniers aspects sont éliminés du système de notre auteur, étant donné qu'ils correspondent aux *muṭlaq*, c'est-à-dire aux trois premiers.

Signalons enfin que, dans le paragraphe du *Kitāb al-Aġānī* consacré à la réforme d'Isḥāq, il est dit que ces *aṣābi'* « doigts » = « points de départ » et *maǧārī* « courses » = « types de successions d'intervalles » furent appliqués aux *ṭarā'iq* « modes ». Malgré cette assertion, *iṣba'* et *dastān* « touche » sont le plus souvent confondus avec *ṭarīqa*.

En ce qui concerne le terme *šadd* « tension », il se réfère aux changements de tension des cordes destinés à la mise en relief des degrés importants d'un mode donné.

Laḥn « mélodie » signifie, par extension, « musique vocale » et « musique » tout court. Il désigne aussi un caractère propre à la musique de tel ou tel musicien célèbre, caractère qui, par sa beauté, s'intégrera dans une formule et sera sous cette forme consacré par la tradition. C'est là sans doute la genèse de tout ce qui constitue l'univers modal. Les noms topiques qui seront adoptés par la suite pour représenter les modes pourraient être considérés comme une généralisation de ce procédé, avec en outre ceci qu'ils représentent des formules caractéristiques des chants d'une région, d'un peuple, etc. Lorsque l'auteur, qui est partisan de l'ancienne musique arabe, recommande aux musiciens de se référer aux mélodies anciennes, il entend vraisemblablement qu'il faut s'inspirer de leurs manières et des formules particulières qui en découlent.

Si les termes généraux que nous venons de mentionner correspondent à l'esprit et à la nomenclature de la théorie modale des anciens, notamment de la théorie du *Kitāb al-Aġānī*, il n'en est pas de même des noms particuliers employés dans ce traité. Parmi ces noms, le *muṭlaq* « libre », le *mazmūm* « serré », le *maḥmūl* « porté » et le *maḥṣūr* « mis à l'étroit » semblent former les quatre modes principaux. Les autres, *al-mu'allaq* « suspendu », *al-muğannab* « mode relatif à la note *voisine* », *al-musarrağ* « mode relatif au musicien Ibn Surayğ », sont mentionnés accidentellement. Malheureusement, l'auteur n'en donne qu'une description rudimentaire, qui ne permet pas de les définir de façon précise. A défaut des indications de l'auteur lui-même, nous avons tenté de trouver des passages parallèles chez les contemporains ; seuls les Iḫwān al-Ṣafā' mentionnent le terme *mazmūm* mais ce dernier n'y est donné que comme équivalent de la note de l'index (1). Néanmoins, cette indication confirme l'attribution du mode *mazmūm* à la note de l'index faite par notre auteur. Signalons au passage que ce terme est appliqué également à l'un des modes de la musique andalouse et qu'il figure encore dans la nomenclature actuelle de la musique d'Afrique du nord. Ce dernier sens n'a d'ailleurs aucun rapport avec le *mazmūm* de l'auteur. Nous trouvons ensuite chez al-Lāḏiqī (xe/xvie siècle), dans un chapitre consacré aux *ṭarā'iq*, tous les termes en question, sauf le *maḥṣūr*.

En ramenant à une même tonique les systèmes correspondants aux diverses dénominations assimilées à *aṣābi'* « doigts », nous obtenons ceci :

(1) ***Rasā'il***, éd. Bombay, I, p. 81.

1) *al-iṣba‘ al-muṭlaq*

$\frac{1}{1}$ $\frac{256}{243}$ $\frac{9}{8}$ $\frac{9}{8}$

2) *al-iṣba‘ al-mazmūm*

$\frac{1}{1}$ $\frac{12}{11}$ $\frac{88}{81}$ $\frac{9}{8}$

3) *al-iṣba‘ al-musarraǧ*

$\frac{1}{1}$ $\frac{12}{11}$ $\frac{9}{8}$ $\frac{88}{81}$

4) *al-iṣba‘ al-mu‘allaq*

$\frac{1}{1}$ $\frac{9}{8}$ $\frac{256}{243}$ $\frac{9}{8}$

5) *al-iṣba‘ al-maḥmūl*

$\frac{1}{1}$ $\frac{9}{8}$ $\frac{12}{11}$ $\frac{88}{81}$

6) *al-iṣba‘ al-muǧannab*

$\frac{1}{1}$ $\frac{9}{8}$ $\frac{9}{8}$ $\frac{256}{243}$

Malheureusement, cette description ne concorde pas tout à fait avec celle de l'auteur. Il est probable que pendant la longue période qui sépare les deux auteurs, les termes aient dévié de leur sens original.

Enfin, les termes *muṭlaq* et *mazmūm maḥmūl* figurent dans un fragment de manuscrit trouvé dans le *Geniza* du Caire, lequel est étudié actuellement par H. Avenary : l'auteur de ce fragment fournit trois exercices pour les *‘ūd*, dont l'un est en *maḥmūl*, le second en *muṭlaq ṯaqīl al-ṯānī* (nom du mode rythmique) et le troisième en *mazmūm*. Les exercices sont extrêmement courts, néanmoins ils nous permettent de tirer trois conclusions qui nous aideront à mieux comprendre à quoi correspond la nomenclature de l'auteur :

— Il s'agit de formules et non pas d'échelles proprement dites. C'est là une des caractéristiques marquantes de la notion modale.

— Il y a fréquence et prédominance de la note principale. Cela est en parfait accord avec ce que l'auteur avance : « un mode, écrit-il, se confirme quand il correspond aux finales *(maqāṭi')* ou au début » (p. 187). « Le mode est attribué au degré le plus fréquent dans une mélodie (...). Celui-ci doit être prédominant. » (p. 177).

— Dans la première ligne du fragment il est écrit à propos du *maḥmūl:* « On modifie l'accord du *bamm* (première corde) et on lui fait rendre la note du médius de la troisième corde » (la note principale du *maḥmūl*). Or, c'est dans les mêmes termes que s'exprime notre auteur à la page 177 où il est question de la modification de l'accord du *bamm*, visant ainsi à renforcer et à mettre en évidence la note principale du mode.

En assimilant les dénominations en question aux *aṣābi'* « doigts » et en traitant, dans le même chapitre, du *maǧrā* «course», l'auteur nous invite à conclure que les noms en question désignent les notes principales des modes fondamentaux et que ces notes coïncident avec les quatre *doigts.* Nous rejoignons par là l'ancienne théorie du *maǧrā*, telle qu'elle figure dans le *Kitāb al-Aġānī.* En plus de la note principale et de la succession des intervalles, ces noms, ainsi que le terme générique *ṭarīqa*, impliquent un ensemble des faits conventionnels qui se rattachent à l'univers modal et qui, par habitude et par tradition, sont connus de tous les praticiens.

Après ce long développement, revenons au chapitre XVII. Celui-ci traite d'un problème phonétique : le problème des lettres qui, ayant elles-mêmes des qualités mélodiques, sont susceptibles de se prolonger avec les sons. Ces lettres jouent un rôle important dans le chant et dans la composition. Nous pénétrons donc ici dans le domaine de l'exécution et de la composition. Comme, dans cette musique, l'interprète est souvent doublé du compositeur ou, du moins, doit conférer un cachet personnel à la composition qu'il interprète, il nous sera donc difficile de distinguer dans les chapitres suivants les limites qui séparent l'interprétation de la composition.

Le chapitre XVIII traite de la respiration ; c'est, si l'on veut, l'élément qui détermine en quelque sorte la facture mélodique. De ce fait, la respiration ne peut être fantaisiste : elle doit obéir à la prosodie du chant, qui, elle-même, est commandée par la division fixe du vers en deux hémistiches. C'est pourquoi ce chapitre est suivi d'une étude de la prosodie dans le chapitre XIX. Outre quelques considérations relatives à la prosodie et à sa correspondance avec le chant, l'auteur évoque la question du rapport entre mètres et rythmes. A ce propos, il nous laisse entendre que la concordance des mètres et des rythmes n'est pas d'un effet agréable et que le rythme doit être de préférence différent de la division métrique du poème mis en musique.

Ces liens de parenté, qui unissent le chant et la poésie et qui s'expriment aussi dans l'emploi d'une terminologie sensiblement commune, s'étendent à un autre domaine qui est celui du *taǧwīd* « la parure de la récitation coranique » ou « la cantillation ». Nous trouvons à cet effet maintes correspondances dans la terminologie, dans l'art de respirer, de placer les diverses pauses et arrêts, de suivre les inflexions du texte et de veiller sur sa prononciation correcte, en particulier dans les chapitres XXV et XXVI. Tout cela constitue un remarquable préambule au long chapitre XX, consacré à la composition.

Le petit chapitre XXI commence par une définition des trois genres de la musique grecque, suivie d'une définition d'al-Fārābī sur les notes fondamentales et sur les notes supplémentaires ou notes de fioriture dont se compose une mélodie ; puis vient une très intéressante classification des mélodies, qui semble être originale. En tout cas, l'auteur emploie à cet effet des termes qui sont fort rares (1). Voici quels sont les genres exposés :

Le *ḫarmī* se compose de trois éléments : poésie, harmonie et rythme.

Le *basṭī* comporte deux éléments, soit poésie et mélodie (cantillation et chant à rythme libre), soit mélodie et rythme (composition instrumentale rythmée). La troisième combinaison de poésie et rythme n'est pas possible étant donné que, selon l'auteur, ces deux éléments ne peuvent pas se rencontrer.

Le *ḫaṭṭī* se compose d'un seul élément, la mélodie. Il s'agit de l'improvisation instrumentale qui s'effectue au moment de l'accord des instruments, ou dans les introductions au chant.

Le chapitre XXII nous introduit dans le domaine de la pratique et insiste sur la nécessité de placer les mélodies dans les poèmes qui leur conviennent et, d'autre part, de tenir compte de l'état d'âme particulier de l'auditeur au moment de l'audition.

Les chapitres XXIII et XXIV constituent un précieux trésor : une sorte de glossaire technique comprenant quelque 65 termes. Nous y trouvons toute l'infinie richesse des timbres, des formes et la délicatesse d'expression de la musique à l'époque de l'auteur. C'est là, ainsi que dans les autres chapitres relatifs à la pratique (chapitres XXVII, XXIX, XXX, XXXIII, XXXIV, XXXVI, XXXVII), que nous devons puiser les

(1) Seul le terme *basṭi* se trouve dans la *risāla* d'al-Kindī *Fī ḫubr ta'lif al-alḥān*. Voir Carl Cowl, éd. et traduction anglaise, dans *The Consort*, 1966, p. 166.

renseignements touchant les traits caractéristiques de la musique vivante. Artiste délicat, doué d'une observation pénétrante et mêlé à la vie musicale, l'auteur nous rapporte dans chacun de ces chapitres un aspect particulier de la pratique musicale. Il nous informe comment il faut ouvrir une séance musicale et met en garde le musicien contre la musique de caractère incantatoire (chapitre XXVII). Il traite du sentiment rythmique et de la composition d'un chant à partir d'un noyau rythmique préalablement établi (chapitre XXIX). Il évoque les diverses manières de varier un modèle, qui est un chant emprunté, au point de dissimuler l'original : il parle aussi des styles propres aux musiciens illustres (chapitre XXX). Il traite de la composition d'un programme, des passages d'un chant à un autre et des modulations (chapitre XXXVI), de la qualification de l'interprète et de l'enseignant, du maintien et du comportement du musicien, de ses gestes et des tours de bravoure qu'il effectue (chapitres XXXIII et XXXIV), de la réaction de l'auditeur, de ses diverses interventions pendant le déroulement d'un chant, des applaudissements et de l'appréciation (chapitre XXXVII). Il faut ajouter à ces chapitres, qui fourmillent de renseignements précieux, les caractéristiques des voix (chapitre XXXV) où l'auteur énumère environ vingt espèces de voix, le traitement de la voix ou du gosier (chapitre XXXIX) et les passages très significatifs, sur la formation et l'éducation musicale, contenus essentiellement dans les chapitres XXXIII, XXXVIII et XLI.

Au milieu de tous ces chapitres figure, dans le chapitre XXVIII, une étude très complexe sur la rythmique et sur les modes rythmiques en usage chez les Arabes. Cette étude est malheureusement confuse, surtout dans sa partie la plus importante, consacrée à la description des modes rythmiques. Dans l'ensemble, les vues de l'auteur s'apparentent à celles d'al-Fārābī. Néanmoins, il se peut qu'il ait une conception quelque peu différente des modes rythmiques, conception qui fit l'objet de son autre traité perdu. En effet, c'est à deux reprises qu'il renvoie à ce traité le lecteur qui voudrait approfondir la question. Quant aux détails les plus importants de la théorie rythmique, ils ont été élucidés dans les notes de ce chapitre.

Restent les deux derniers chapitres. Dans l'avant-dernier, l'auteur mentionne tout ce qui a pu lui échapper dans les chapitres précédents, notamment le long et très intéressant exposé sur l'origine de la musique et de ses instruments. En dehors de quelques lignes au début et à la fin de l'exposé, les nombreuses pages consacrées à cette théorie forment une citation plus ou moins textuelle d'al-Fārābī.

Enfin, dans le dernier chapitre, l'auteur nous révèle ses sources ; il les analyse, il énumère les ouvrages connus sur la musique et formule à leur endroit ses appréciations, il met, enfin, en garde contre certains écrits qu'il estime inutiles, voire souvent nuisibles.

*
* *

A la lumière de cette analyse générale, il s'avère que le *Kamāl adab al-ġinā'* est en quelque sorte un traité encyclopédique dans lequel l'auteur tente de résumer les diverses conceptions se rapportant à la musique sous une forme facile et agréable à la lecture. De ce fait, il serait difficile de le classer dans une catégorie précise. Dans la première partie du traité, on retrouve de façon évidente des doctrines pythagoriciennes relatives à l'harmonie dans son sens le plus général, au pouvoir merveilleux de la musique, à son influence sur les mœurs et sur l'âme, etc. ; il y a même l'ébauche de la division tripartite de la musique chère à certains auteurs médiévaux : *musica mundana* « musique universelle », *musica humana* « musique humaine » et *musica instrumentalis* « musique instrumentale ». Toutefois, l'auteur n'adopte pas tous les éléments des doctrines précitées ; on ne trouve chez lui ni spéculations arithmologiques, ni notions de thérapeutique musicale. Bien plus, il va jusqu'à réfuter certaines idées des pythagoriciens (chapitre XL). En cela l'auteur rejoint le philosophe al-Fārābī dont il parle avec une très grande vénération. Mais bien que l'autorité d'al-Fārābī soit invoquée tout le long du traité, l'auteur n'adopte qu'en partie l'ensemble de la doctrine de ce grand maître.

Ce flottement des vues n'a rien d'étonnant, l'auteur semble avoir tenté de donner dans son ouvrage une synthèse réunissant des vues différentes en prenant dans chaque tendance ce qui paraissait conforme à son goût et juste à ses yeux, et en rejetant d'autre part ce qui lui paraissait « absurde ».

D'un autre côté, l'auteur, à l'exemple d'un bon nombre de théoriciens médiévaux, vante les grands mérites de la théorie musicale qui, fondée sur la spéculation, est seule à pouvoir nous dévoiler les fondements de l'harmonie et les lois de la musique. Mais il ne va pas jusqu'à dénigrer la pratique au profit de la théorie. Il cherche à expliquer l'une par l'autre et à les concilier. C'est là précisément que résident l'intérêt particulier de ce traité et son originalité. Car, en plus d'un résumé plus ou moins convenable des diverses doctrines musicales, il nous offre, sous une forme vivante et attrayante, une foule de renseignements précieux sur la pratique musicale de son époque. Nous revivons à travers certaines pages un problème posé par l'art si ancien et si moderne, à savoir la querelle éternelle des Anciens et des Modernes. L'auteur, partisan de l'art ancien, classique et dépouillé, aussi bien dans le domaine poétique que musical, attaque avec véhémence la tendance à l'exubérance, au luxe et au jeu qui anime certains musiciens de l'époque. Il s'élève également contre ceux qui donnaient une préférence à la musique instrumentale pure, laquelle était considérée par la majorité des gens de l'époque comme la « suivante » de la musique vocale et rien d'autre. Nous trouvons également des précisions sur l'exécution musicale, sur la voix et ses différentes qualités, sur l'éducation musicale, sur l'auditoire, sa réaction et sa psychologie, sur la critique musicale, sur la composition musicale, etc., bref, sur tout ce qui est d'un énorme intérêt pour nous et qui fait généralement défaut aux traités scientifiques submergés par une avalanche de données numériques et de caculs mathématiques.

Nous sommes riches en traités théoriques de grande valeur, mais extrêmement pauvres en ouvrages du genre de celui que nous traduisons aujourd'hui. C'est pour cette raison qu'un tel ouvrage a revêtu pour nous une grande importance et nous semble devoir être destiné à compléter les connaissances que l'on avait jusqu'à présent de la musique dans le monde islamique de cette période.

LA PERFECTION
DES CONNAISSANCES MUSICALES
d'al-Ḥasan al-Kātib

Traduction annotée

AU NOM DE DIEU
LE CLÉMENT LE MISÉRICORDIEUX
À QUI JE ME CONFIE

TABLE DES CHAPITRES (1) ET CONSIDÉRATIONS PRÉLIMINAIRES

Chapitre de l'émotion musicale, qui traite des manières d'être de l'émotion, de ses causes qui sont profitables au moment de l'agitation de l'âme et de ce qui la rend (2) plus parfaite.

Chapitre de la prééminence de la musique, traitant de l'importance du profit procuré par la musique, des opinions émises par les anciens à ce propos et ainsi de suite.

Chapitre des significations des mélodies, exposant les buts que l'on vise à travers elles, le besoin que l'on a de chacun de leurs genres et ce qui les rend plus parfaites et plus excellentes.

Chapitre des effets des mélodies, qui traite de la connaissance des divers
3 effets // provoqués par les mélodies sur l'âme ainsi que des images qu'elles
y font naître.

Chapitre de la prééminence de la musique ancienne, qui traite de la supériorité de cette musique.

(1) Cette table des matières appelle quelques observations. Au lieu des quarante chapitres qui y sont mentionnés il y en a quarante-trois dans le traité lui-même et, à partir du chapitre IX, le décalage est continu entre l'ordre des chapitres de la table et celui du traité. Une autre main a d'ailleurs noté, sous forme d'ornement sur la lettre *bā* allongée du vocable *bāb* « chapitre », les titres des chapitres décalés. L'opération s'arrête au bout de huit chapitres. Sur le plan graphique, noter que le scribe fait ressortir les titres des chapitres par des caractères plus gros.

Afin de mettre au clair les différents décalages, nous proposons dans l'appendice I un tableau de concordance entre la table des matières de l'auteur et la répartition réelle des chapitres à l'intérieur du traité.

(2) Il y a ici un mot effacé. Nous proposons la lecture *mā yakun* à l'exemple de la fin du titre du troisième chapitre.

Chapitre de l'excellence de la poésie ancienne, qui montre la prééminence des poèmes utilisés pour la musique ancienne, la force avec laquelle chaque art s'adapte à celui qui le pratique, l'opinion des compositeurs à ce sujet et ainsi de suite (1).

Chapitre de l'excellence de la science, qui montre la prééminence de la théorie musicale, son mérite et le mérite des théoriciens.

Chapitre des propriétés des mélodies, qui traite des différents genres
4 des mélodies //, de leurs noms, de leurs espèces, de ce que l'on attribue à
chacune d'elles et de ce qui les caractérise.

Chapitre des manières d'être des notes, qui expose les qualités des notes, leurs quantités et ainsi de suite.

Chapitre de la similitude, comprenant la connaissance des rapports qui existent entre l'âme rationnelle et les sons harmonieux.

Chapitre du nom de la musique, qui traite de la signification de la musique, de la façon dont les notes s'associent aux lettres, de leur répartition sur ces dernières et ainsi de suite.

Chapitre des définitions des notes, qui expose les diverses sortes de notes
groupées et ordonnées dans les différentes sortes de mélodies, leur nombre,
5 la façon dont elles sont produites par les touches qui divisent la corde
en sections.

Chapitre des éléments fondamentaux des mélodies, renfermant les différentes sortes de notes dont se composent les mélodies, les espèces d'évolutions sur les touches, les noms des groupements structurels communs aux sons ainsi que les consonances et les dissonances.

Chapitre des lettres mélodieuses, réunissant les lettres qui revêtent un caractère mélodieux dans les mélodies et qui se prolongent avec les notes, leur nombre, celles dont l'usage est avantageux, leur mode d'emploi et ainsi de suite.

Chapitre du dosage, qui traite du dosage de la respiration (2) dans l'exécution d'une mélodie selon l'opinion d'Isḥāq et ainsi de suite.

6 Chapitre de la prosodie, qui réunit un ensemble de diverses sortes des
mètres, la connaissance de la forme simple d'un mètre et de sa forme composée, les éléments égaux et inégaux d'un vers et ainsi de suite.

(1) Il semble que la deuxième partie de ce titre relève du chapitre suivant.

(2) Lire *al-taqdīr* « le dosage » ou « l'évaluation » suivant ce que l'auteur écrit dans l'étude consacrée à ce sujet. Néanmoins *taqahhur al-anfās* « essoufflement » pourrait aussi être retenu.

Chapitre de la composition musicale, qui traite des éléments de séparation dans la mélodie, de la composition d'une mélodie et de ses diverses parties.

Chapitre de la qualification des mélodies, qui expose les qualifications des différentes mélodies et la façon de s'en servir convenablement.

Chapitre de la conception des mélodies, qui traite des divers genres poétiques et du besoin qu'a chacun d'entre eux d'un genre de mélodies qui lui corresponde, suivant la description donnée plus haut dans le chapitre
7 des genres et ainsi de suite.

Chapitre des formules et des sons préférentiels, qui expose les noms des formules et des sons préférentiels approuvés dans les mélodies et dont les mélodies ne sauraient être exemptes, puis le commentaire les concernant.

Chapitre des formules et des sons préférentiels dans la musique instrumentale, qui expose ce qui y est préférentiel et approuvé ainsi que le commentaire le concernant.

Chapitre qui traite de ce qu'il est recommandé de mettre en relief dans le chant, de ce dont l'assimilation sera d'un effet fâcheux et de ce qui est défectueux.

Chapitre de ce qu'il est recommandé d'assimiler, qui contient la mention de ce dont l'assimilation dans le chant est plus avantageuse que sa mise en relief, de ce qui est défectueux et ainsi de suite.

8 Chapitre des ouvertures qui expose ce que le musicien a besoin [d'inclure] dans ses ouvertures et les mesures à prendre pour éviter les effets fâcheux et ainsi de suite.

Chapitre des modes rythmiques, qui comprend la mention des genres rythmiques employés dans les mélodies des Arabes, la façon de les établir, les choses qui s'y rattachent, l'énumération de leurs combinaisons, le nombre de leurs percussions et les différentes sortes de leurs temps.

Chapitre de l'entrée en rythme, qui expose la manière d'entrer en rythme et d'employer le rythme dans la composition d'une mélodie.

Chapitre des emprunts, qui comprend l'énumération des espèces d'emprunts qui ont un heureux effet dans les mélodies, la manière de les employer lorsqu'on a besoin d'eux et ainsi de suite.

9 Chapitre des cordes, qui traite des mesures des cordes, de leur rapport, de leur nombre et de la façon de les établir.

Chapitre des noms des modes, qui expose les noms des modes et leurs sobriquets, les controverses des gens [à leur propos] et ainsi de suite.

Chapitre de la qualification du chanteur-musicien, qui montre ce que le chanteur-musicien doit garantir et à quoi il doit s'appliquer et ainsi de suite.

Chapitre du maintien, qui expose ce que le musicien doit observer dans son maintien et ses mouvements, ce qui de ces derniers est considéré comme beau ou laid et ainsi de suite.

10 Chapitre des caractéristiques des voix, qui expose les noms des voix, leurs qualités et ainsi de suite.

Chapitre de l'agencement des parties de la musique, qui traite de l'agencement des parties de la musique dans les séances, des méthodes relatives approuvées et ainsi de suite.

Chapitre des applaudissements et de leurs exigences, qui traite des conditions nécessaires pour les applaudissements, de leur utilité, de la manière de les employer et ainsi de suite.

Chapitre de l'examen, qui traite des épreuves auxquelles on doit soumettre celui qui prétend à cet art, de la nécessité de dévoiler ses prétentions et ainsi de suite.

Chapitre de ce qui convient au larynx, pour montrer ce qui, parmi
11 les choses facilement accessibles, est utile au larynx et ce dont on doit se garder.

Chapitre des dimensions, qui traite des dimensions des instruments, de la disposition des ligatures et du choix des cordes.

Chapitre de la formation, qui réunit ce qui est nécessaire à celui qui veut s'exercer à cet art et ainsi de suite.

Chapitre des *addenda*, qui expose les détails n'ayant pas été inclus dans le traité et se rapportant à l'origine de la musique, à sa transformation, à son état d'achèvement et ainsi de suite.

Chapitre de l'instruction, qui réunit des allégations en faveur de nos propos brièvement exposés, un avertissement au sujet des faits que nous avons négligés, l'indication des ouvrages appropriés où ces faits sont étudiés et ainsi de suite.

AU NOM DE DIEU
LE CLÉMENT LE MISÉRICORDIEUX

PRÉFACE

Louanges à Dieu qui confère les bienfaits et qui détient (1) la puissance et la générosité. Que Dieu répande Sa faveur sur Muḥammad l'élu, sur 'Alī le bien-aimé, sur les Imams appartenant à l'élite de leur famille et qu'il les comble de Ses bénédictions.

Chaque art comporte un idéal de perfection et un degré d'utilité grâce auquel cet art devient plus parfait et d'un mérite supérieur. Aussi faut-il déployer toutes ses forces à la poursuite de cet idéal.

Étant donné que la musique, c'est-à-dire les mélodies (2), se

(1) Nous trouvons le terme *ahl* dans le sens de possesseur ou de détenteur dans *Coran*, LXXIV, 55. Voir aussi LANE, *An Arabic-English Lexicon*, I, p. 121 c. D'autre part, nous trouvons une formule sensiblement semblable sous la plume du géographe Ibn al-Faqīh (IVe/Xe siècle), qui remplace *ahl* par *ḏū*, et *al-karam* par *al-mann* (*Kitāb al-buldān*, p. 75).

(2) « *Mūsīqī* a pour sens «les mélodies », écrit l'auteur à la page 79, et c'est la définition exacte que donne al-Fārābī au début de son *Kitāb al-Mūsīqī al-Kabīr*. *Laḥn* (pluriel *alḥān*), donné ici comme équivalent de *mūsīqī*, signifie, pour l'un comme pour l'autre, soit une succession d'intervalles qui constitue l'échelle de base d'un mode, soit un chant, c'est-à-dire la réunion des paroles et de la mélodie.

« *Mūsīqī*, écrit al-Ḫwārizmī, signifie la composition des mélodies. Le mot est grec... » (*Mafātiḥ al-'Ulūm*, p. 137). Dans les *Rasā'il Iḫwān al-Ṣafā'* (I, p. 78), nous lisons la définition suivante : « la *mūsīqī* est le *ġinā* (terme qui signifie en général « chant ») et le *mūsīqar* est le *muġannī* » (en général « chanteur »).

Dans le présent traité nous trouvons tantôt *mūsīqī*, *mūsīqar*, et tantôt *ġinā*, *muġannī*. Dans ce dernier cas, il y a toujours équivoque et il faut se référer au contexte pour s'assurer s'il s'agit de chant et de chanteur, ou bien de musique et de musicien. En tout cas, il est évident que le terme *mūsīqī*, dans la littérature arabe, recouvre aussi bien les faits pratiques que théoriques, contrairement à l'usage exclusif qu'en fit le moyen âge latin, à savoir *Musica* spéculative : voir Solange CORBIN, « *Musica* » *spéculative et* « *cantus* » *pratique*, dans *Cahiers de Civilisation Médiévale*, 1962, p. 1-12. Toutefois, al-Fārābī fait remarquer : « On croit que la musique est un art à la fois théorique et pratique, par la confusion que fait naître l'emploi du même mot *(mūsīqī)* pour ces deux arts (ERL., I, p. 28).

divise en deux parties dont l'une est théorique et l'autre pratique (1), j'ai constaté que l'une d'elles occupe une place plus élevée, est d'une utilité plus universelle, d'un profit plus grand, d'un dessin plus ferme et d'un nom
13 plus noble : c'est la théorie. // J'ai aussi constaté que l'autre est moins profitable et moins durable que la première ; elle est plus fuyante, plus irrégulière, se prête davantage à induire les esprits en erreur et à les égarer et constitue une charge plus lourde pour les sens. Elle ne parvient au degré le plus haut, à la perfection du plaisir qu'elle procure, à la révélation de ses beautés, de son point fort et de son point faible, du juste et du faux, à l'impression dans l'âme de sa forme et de son affermissement (2) que lorsqu'elle s'associe à celui qui la possède, lui convient et s'harmonise entièrement avec lui, grâce à la supériorité du premier art sur le second en dignité et en mérite. En effet, la théorie fait gagner de l'estime à la pratique, elle lui donne sa raison d'être et la domine, bien que nous trouvions des propos en faveur de l'art pratique en raison de son accès plus facile, du besoin qu'en ont la plupart des gens et de l'amour qu'ils lui portent.

En observant le désir ardent manifesté par la plupart des rois, des notables, des hommes d'esprit instruits et doués de natures excellentes, de comprendre cet art et d'en être informé, j'ai constaté qu'ils n'avaient à leur
14 disposition que deux catégories d'écrits sur la musique : les uns, difficiles à comprendre mais d'une grande utilité, les autres, faciles à comprendre mais d'une médiocre utilité (3). L'expérience enseigne que tous ceux qui ont écrit des ouvrages appartenant à l'une ou l'autre catégorie, ont plus excellé dans l'un des deux arts : la théorie ou la pratique, étant donné que chacun d'eux accapare le chercheur et le détourne de l'autre, ceci en dépit du besoin qu'ils ont l'un de l'autre et de leur dépendance réciproque.

(1) Cette division de la musique en deux parties distinctes est assurément inspirée d'al-Fārābī qui l'a exposée et développée très longuement dans l'introduction de son traité. L'auteur en fait cas et lui emprunte à plusieurs reprises les idées touchant la supériorité de la théorie et son immense avantage sur la pratique, laquelle ne peut devenir art sans l'intervention de la théorie. Cependant, tout en suivant de près les idées d'al-Fārābī à ce propos, l'auteur nous en offre dans son traité un aspect nuancé, car, par-delà les considérations d'ordre général, il insiste sur la contribution de la théorie à l'expansion de la pratique, sur leur insuffisance respective et leur dépendance réciproque, plutôt que sur l'indépendance de la théorie qui se sert de la pratique comme prétexte à spéculation.

(2) On trouve ici un mot mal écrit et qui n'est pas, semble-t-il, de la même encre. Ce pourrait être une interprétation d'un lecteur qui a éprouvé le même embarras que nous à trouver un sujet grammatical à *yaqwa*. Ce mot ajouté semble être *sababuhu* qui est fréquemment accouplé à *yaqwa*, dont le sens primitif se rapporte au tressage des cordes.

(3) Il s'agit vraisemblablement d'ouvrages de littérateurs d'une part, d'ouvrages de savants et de philosophes d'autre part (cf. *infra*, p. 205-206 où l'auteur évoque le même fait avec plus de détails).

Puis j'ai observé le peu de cas que font les gens de ces deux arts, la manière dont ils les ont délaissés, surtout la négligence des praticiens pour des éléments qui sont indispensables à leur art ainsi que l'introduction dans cet art d'éléments falsificateurs, générateurs de désordre.

S'il arrive qu'un praticien manifeste ses bonnes qualités et ses prouesses, ce n'est que parce qu'il s'appuie sur le témoignage d'un auditoire incapable de distinguer le bon du mauvais, le vrai du faux, le beau du laid.

15 Nous avons constaté et ne cessons de le faire que // parmi les gens, certains possèdent des sens qui fonctionnent anormalement (1), percevant les choses contrairement à leur véritable nature. De même, il en est aussi certains parmi eux qui sont incapables de discerner le bon du mauvais, même quand il s'agit de choses évidentes et bien claires, et d'autres dont la nature ne se prête pas à [l'acquisition d']une grande partie des arts et des sciences, même s'ils s'y efforcent. C'est ainsi que nous trouvons un grand nombre de personnes privilégiées, cultivées et douées d'intelligence, qui sont incapables d'assimiler quoi que ce soit de l'art musical ou de l'imaginer, même après s'y être longuement exercées et en avoir beaucoup écouté. De telles personnes n'éprouvent de plaisir que pour la mauvaise poésie, les mélodies imparfaites et les instruments de musique désapprouvés.

Le philosophe Pythagore (2) soutient que certains facteurs extérieurs empêchent l'ouïe d'agir à son gré et la rendent trompeuse.

Ce sont d'abord les différences de tempéraments qui font que chez cer-
16 tains l'ouïe // est lourde, et que chez d'autres elle est aiguë pour toute la durée de leur existence. Pour cette même raison il arrive que certains sont bons compositeurs et d'autres mauvais.

Puis, interviennent d'autres causes comme la maladie, la vieillesse, ou toute autre déficience ; dans ces conditions l'ouïe s'altère.

(1) D'une manière générale, les éléments de ce paragraphe sont de faibles échos des idées équivalentes développées par al-Fārābī dans l'introduction de son traité (Erl., I, p. 9-10).

(2) Pythagore est à l'honneur dans ce traité ; son autorité est invoquée à plusieurs reprises et même lorsqu'il n'est pas mentionné nommément, ses conceptions ou du moins celles qu'on lui attribue planent sur une grande partie du traité. Nous ne savons pas où l'auteur a puisé les faits du passage suivant qu'il attribue à Pythagore, à l'exception toutefois de la question de l'invention des instruments : celle-ci se rattache à l'anecdote bien connue relatant comment le philosophe a abouti à la fixation des rapports musicaux. L'auteur rapporte cette anecdote lorsqu'il est question de l'origine de la musique et de ses instruments (cf. *infra*, p. 38). Il semble qu'il faille interpréter ce passage, d'une part comme une extension des idées développées auparavant sur l'incapacité de certains d'étudier ou de pratiquer la musique, et, d'autre part, comme une argumentation contre le jugement de l'oreille. La faillibilité de celle-ci requiert que les perceptions auditives soient interprétées par la raison, prouvées et fixées par la science. C'est là une conception tout à fait pythagoricienne en opposition avec ce qu'enseignaient Aristoxène et son école.

D'autres éléments interviennent et affectent les sens et sont à l'origine de toute altération. Ce sont les conséquences : de la réplétion, de la fatigue, de l'ivresse, de la paresse, d'un malaise, ou d'un mauvais état des humeurs (1).

Le quatrième facteur concerne les points (2) qui déterminent la diversité des sons émis par la voix humaine ; il existe en effet certains endroits où les sons se trouvent réduits au silence, d'autres où ils ne le sont pas. Certains renvoient le son, le font tourner dans un mouvement circulaire et créent une sorte de bourdonnement, d'autres ne le font pas. C'est pour cette raison que Pythagore a songé à un moyen ayant la vertu de lui permet-
17 tre de déterminer convenablement les rapports exacts des notes et de fixer un ordre qui ne peut ni disparaître ni se modifier. Cette réflexion l'amena finalement à l'invention des instruments. Il en fut donc le premier inventeur selon la tradition transmise à Nicomaque (3).

Quand un musicien est engagé au service d'un homme privilégié ou possédant pouvoir et richesse, il croit pour cela même mériter le nom de maître et un rang de faveur.

Une de ces personnes auxquelles on reconnaît une réelle maîtrise en la matière, m'a dit quand je lui signalai une erreur : « J'ai chanté ceci à un tel, et il ne l'a pas désapprouvé ; pourquoi donc, toi, le fais-tu ? » En disant cela cette personne attribuait la faute à l'homme en question et prétendait la lui faire partager.

J'ai entendu un musicien expert chanter une mélodie dont les paroles m'étaient incompréhensibles ; pourtant j'avais entendu des notes bien ordonnées et un rythme mesuré, je lui dis alors : « Quel est le poème de ce chant ? »

(1) Littéralement « un mauvais état du chyme ». Mais il doit s'agir d'un mauvais mélange d'humeurs qui s'écarte de l'équilibre parfait. Le rapport entre la musique et les humeurs, l'influence que peut exercer la musique sur les humeurs ainsi que d'autres faits corrélatifs sont développés par les Iḫwān al-ṣafā' (voir *Rasā'il*, p. 92).

(2) Les « positions » ou « endroits », doivent, à notre avis, se rapporter aux cordes vocales et autres organes de la bouche dans lesquels se forment les sons. En effet, les qualités vocaliques changent d'un individu à un autre et, qui plus est, chez un même individu suivant les circonstances. Apparemment, ce facteur ne concerne pas le fonctionnement de l'ouïe, mais nous croyons comprendre que l'auteur a voulu dire : étant donné le caractère instable de la voix, l'oreille ne peut pas s'y fier dans son jugement de la musique. D'ailleurs cette mention reviendra souvent dans le traité : « la justesse des notes de la voix, dira l'auteur, ne peut être évaluée qu'en fonction de celles qu'émettent les instruments à cordes ».

(3) Nicomaque de Gérase, philosophe pythagoricien de la seconde moitié du premier siècle. Certains de ses écrits ont été traduits en arabe au IXe siècle (voir FARMER, *The Sources of Arabian Music*, p. 25). Il est souvent cité par notre auteur comme le transmetteur de la tradition pythagoricienne.

Il répondit : « C'est une mélodie sans poème que j'ai composée comme tu vois. » Ceci dit, il crut avoir ainsi excellé et mis au jour une belle invention (1.)

Je l'entendis aussi chanter sur un poème décrivant un cierge, au cours duquel il disait entre autres :

« Il est jaune et élancé. »

Je lui fis remarquer que je n'avais jamais entendu personne d'autre que lui
18 chanter // sur un poème parlant d'un cierge. Il répondit : « Il ne s'est agi dans ma pensée que d'une esclave jaune. » En effet, il était de ceux qui aiment les [femmes] jaunes. Par la suite il y eut une controverse entre nous au sujet d'un mode rythmique auquel il avait donné deux noms croyant qu'il s'agissait de deux modes. « Quelle est la différence entre eux ? » demandai-je. « La différence, répondit-il, est que l'un se termine sur l'*index* tandis que l'autre se termine sur le *médius.* » En disant cela il ne distinguait pas les rythmes d'avec les notes (modes mélodiques) (2). Cette même personne fut questionnée au sujet de la signification du rythme. Elle répondit : « Voici ce que c'est » et se mit à gesticuler comme si elle battait la mesure (3), sans avoir rien d'autre à ajouter et croyant ainsi avoir répondu à la question.

J'ai rencontré un jour cette personne en compagnie d'un homme ignorant qui lui avait posé une question absurde en lui disant : « Est-il possible que le mode *muṭlaq* soit *maḥmūl*, ou que le *mazmūm* soit *maḥṣūr?* » (4). Il fut incapable d'y répondre tout en prétendant dépasser en savoir les maîtres de cet art.

Un homme en qui j'ai confiance m'a appris qu'il avait posé une question à l'un de ces musiciens au sujet du nombre de percussions du mode rythmique
19 *lourd-premier.* « Cent, répondit ce musicien, et moi j'en emploie plus de cent. » Selon lui ce mode serait de plus de cent mille percussions (5).

J'ai rencontré l'un de ces musiciens, vieilli dans cette pratique et sans autre moyen d'existence, qui exécuta un chant en appliquant la même éten-

(1) Il est admis qu'on puisse chanter sans paroles quand il s'agit des certaines formes vocales libres où l'interprète peut vocaliser à sa guise, mais dès qu'il s'agit d'une mélodie structurée à rythme précis, le texte est de rigueur et il doit être de bon choix. Ce dernier fait explique la critique dans le paragraphe suivant adressée au même chanteur.

(2) Voir *supra,* p. 16-23.

(3) Le verbe *ḍaraba* signifie « battre le rythme, jouer d'un instrument à cordes »; voir, *infra,* chap. XXIV ; Farmer, *The Music of the Arabian Nights,* p. 56-57.

(4) Pour les commentaires de tous ces termes, voir *infra,* chapitre XXXII et *supra,* p. 22-23.

(5) Le *lourd-premier* est l'un des sept modes rythmiques en usage chez les Arabes à l'époque de l'auteur (voir *infra,* p. 144-145).

due mélodique au premier vers et au seul hémistiche du second. Or, c'est la chose la plus laide et la plus criante qui puisse exister (1).

Si par ailleurs l'un d'eux est exercé à la prosodie et interprète un chant correctement ou peu s'en faut, il jurera par Dieu — grand est Son nom — par le divorce et l'affranchissement, que personne parmi les Anciens n'a pu faire mieux que lui ou atteindre son degré de perfection. Puis il critiquera Isḥāq (2) et d'autres musiciens célèbres reconnus comme maîtres.

Quant aux erreurs de lecture, aux fautes de langage et de métrique elles défient l'énumération. Ainsi, par exemple, une chanteuse experte chanta :

« Ma constance fléchit, ma fidélité s'amoindrit. »

Nous dîmes que ce n'est pas exact mais qu'il faut dire :

« Ma patience s'est amoindrie. »

Elle me répondit : « Toute ma vie je l'ai chanté ainsi et je l'ai enseigné
20 dans les demeures des gens, // sans que personne y trouve à redire. »

Guidé par ma disposition naturelle et grâce à des recherches poussées que j'avais effectuées, j'ai pu aboutir à la composition de ce livre qui vient à la suite d'un autre rédigé auparavant (3). J'y ai résumé mes recherches en y réunissant les deux aspects théorique et pratique dans une rédaction accessible et pourtant concise, en prenant garde de rien laisser de côté qui puisse être utile aux deux aspects et qui puisse être exprimé sans de trop longs développements. Je lui ai choisi un nom qui dérive de sa signification : *Kamāl adab al-ġinā'* « La perfection des connaissances musicales » et je l'ai divisé en chapitres. En plus de sa grande utilité, ce livre est susceptible de procurer le plaisir de la nouveauté et l'agrément de la finesse. En le consultant, on découvrira les sources de cet art et ses mystères et on pourra, s'il plaît à Dieu, renoncer à la plupart des livres traitant de la musique.

(1) Voir *infra*, chapitre XX.

(2) Isḥāq al-Mawṣilī (149-235/767-850), nommé familièrement Isḥāq tout court, est le nom le plus cité dans ce traité. Ce fut, en effet, le musicien le plus célèbre de son temps et un pilier de l'art musical arabe, devenu le symbole de la perfection artistique, comme l'indique le passage en question. C'était, de plus, un chef de file qui défendait inlassablement les principes de l'art ancien contre la vague de modernisme qui déferlait alors. Notre auteur, qui était lui aussi un partisan acharné de l'art classique, trouva en Isḥāq un appui idéal. Néanmoins, la profonde vénération qu'il avait pour cet artiste de choix ne l'empêcha pas, comme on le verra, de le critiquer à toute occasion.

Isḥāq al-Mawṣilī a écrit dix-neufs ouvrages sur la musique qui sont tous perdus (Farmer, *Sources*, p. 16). C'est pourquoi les citations que nous trouvons dans ce traité sont extrêmement précieuses. Voir sur ce personnage : *Aġ.* V, 56-139 ; Farmer, article *Isḥāq al-Mawṣilī*, dans *E.I.;* Caussin de Perceval, dans *Journal Asiatique*, nov.-déc., 1872, p. 588-589.

(3) Il s'agit de l'ouvrage intitulé « Le livre qui satisfait l'esprit sur les notes et les rythmes » *(Kitāb al-Muqni' fī l-naġam wa-l-īqā');* cf. *infra*, p. 89.

chapitre premier

L'ÉMOTION MUSICALE (1)

La plupart des gens de notre époque, quand ils entendent les opinions
21 relatives à cet art émises par les savants, les trouvent déplaisantes //, les considèrent comme trompeuses et les attribuent au délire et à la folie. A leur sens, la musique est ce qui provoque une émotion à l'exemple de Isḥāq al-Mawṣilī (2). Ces gens s'imaginent donc que la musique est ce qui les émeut, eux et leurs semblables ; alors que la musique a pour objet d'émouvoir ceux qui possèdent sa connaissance (3).

On demanda à Isḥāq après qu'il eut bu quatre *raṭl* (environ 10 kg) en écoutant le chant de ʻAqīd, esclave affranchi de Ṣāliḥ, fils de Hārūn al-Hāšimī [al-Rašīd] : « [Quel est le meilleur musicien d'entre les hommes ? » Il répondit : « Celui qui m'a donné à boire quatre *raṭl*] » (4). Il avait négligé de dire qui avait servi la boisson aux assistants pour que les connaisseurs ne puissent dire en faveur de qui Isḥāq avait décidé.

(1) Sur le terme employé, *ṭarab*, voir appendice II.

(2) Nous croyons que le recours à l'exemple d'Isḥāq pourrait avoir trait à un fait précis, exposé d'une manière très défectueuse à la phrase suivante.

(3) Ibn ʻAbd Rabbihi (m. 328/940) rapporte une anecdote selon laquelle un homme vint trouver le célèbre Isḥāq et lui dit, après avoir écouté un très beau chant « ... j'ai failli m'envoler d'émotion, mais ensuite cette émotion me paraissait troublée et incomplète, étant donné qu'il n'y avait personne avec moi capable de comprendre ce chant ». IBN ʻABD RABBIHI, *al-ʻIqd*, III, p. 254.

(4) Il y a ici une lacune évidente, car, tel qu'il est, le texte ne présente aucun sens. Comme l'anecdote en question se trouve en entier dans *Aġ.*, XVI, p. 138, nous y avons puisé la courte addition mise entre crochets, pour essayer de combler la lacune et reconstituer le texte. La phrase qui suit ne figure pas dans la version du *Kitāb al-Aġānī;* elle est ajoutée par l'auteur et serait un commentaire visant à justifier Isḥāq. Il en ressort que l'énoncé de Isḥāq n'est qu'une anecdote qui ne doit pas être prise au sérieux.

Aḥmad b. al-Ṭayyib al-Saraḫsī (1) dit : « La rapidité de l'auditeur à s'émouvoir seul ou en compagnie n'est pas une preuve de son intelligence ; au contraire l'émotion qui se manifeste rapidement indique plutôt l'ignorance de l'auditeur et le peu de connaissance qu'il a de ce qu'il a entendu. Ceci devient clair pour toi en observant le cas d'une personne qui n'excelle ni dans la musique, ni dans la poésie, ni dans la grammaire, ni dans la prosodie et qui, lorsqu'elle écoute un certain chant, fût-il entièrement défectueux,
22 irrégulier et faux, s'en émeut ensuite quand on lui dit // que c'est du chant. Par contre, si une autre personne versée dans la grammaire, mais pas dans la musique, écoute le même chant, son émotion se trouvera réduite proportionnellement à la place qu'occupe la mélodie dans ce chant. Puis, si une autre personne versée dans la grammaire, la poésie, la prosodie et la musique écoute ce même chant, elle ne ressentira guère d'émotions ; au contraire, ce chant sera pour elle comme une inconvenance de langage, désagréable à entendre. Il en résulte que les gens les moins avertis en matière de musique sont les plus rapides à s'émouvoir de tout ce qu'ils entendent, tandis que les plus avertis et les mieux versés dans la connaissance de cet art, sont les plus lents à s'émouvoir et les moins satisfaits de ce qu'ils entendent. Cette faculté humaine est une faculté qui se manifeste rapidement et il serait bien plus souhaitable que la majorité des gens en soit exempte ; car le propre de l'homme parfait est la faculté de jugement. » Il dit encore : « Pour saisir entièrement la grandeur de cet art nous avons besoin de la faculté du sens
23 auditif et de la faculté du jugement. // En effet, la beauté des sons qui émeut les animaux et les hommes ignorants est identique à celle qui émeut les hommes, tandis que l'émotion des gens avertis, due au discernement de la beauté d'une composition musicale, de son harmonieux agencement et à la connaissance de ce qui est discordant, irrégulier et dissonant, n'appartient qu'à l'élite à l'exclusion des ignorants et des animaux. C'est pourquoi tu pourras constater que les plus riches en savoir musical sont les plus dépourvus d'émotion musicale et les plus ignorants, les plus prompts à s'émouvoir, car le savant a besoin de la réunion de toutes les causes de l'émotion pour s'émouvoir entièrement ; autrement, l'imperfection le troublera et le défaut

(1) Aḥmad b. al-Ṭayyib al-Saraḫsī (m. 285/899), élève du grand philosophe al-Kindī, était philosophe, médecin, géographe, diplomate et musicien. Il a écrit six ouvrages importants sur la musique, tous perdus (voir Farmer, *Sources*, p. 22 ; F. Rosenthal, *Aḥmad b. Al-Ṭayyib Al-Saraḫsī*, p. 125). Farmer écrit : « Il semble que tous ces livres aient été détruits après sa mort. » Il est difficile de contrôler cette opinion. Quoiqu'il en soit, les larges citations de cet auteur contenues dans ce traité et dont l'authenticité ne paraît pas faire de doute, sont importantes car elles constituent un échantillon de ses conceptions sur la musique.

l'empêchera de tirer du plaisir, tandis que l'ignorant ne ressentira point de peine en entendant les défauts et les imperfections. Il en résulte que, pour éprouver une émotion musicale à son plus haut degré, l'homme a besoin d'un sentiment des plus subtils, d'une prompte connaissance du vrai, afin que cette connaissance du vrai s'allie à la sensation [ou à la pleine réalisation] du vrai. Ceci a lieu quand les natures humaines sont parfaites
24 //, quand on entraîne l'ouïe et quand on persévère plutôt dans la recherche des preuves et des démonstrations que dans celle de la virtuosité (1). » Il dit encore : « L'art musical n'appartient pas à ces disciplines qu'il suffit de vouloir étudier pour les assimiler ; il ne saurait suffire qu'un maître habile prenne soin de l'éducation du postulant et tâche de lui faire comprendre cet art ; il ne saurait non plus suffire d'écouter longuement les plus grands virtuoses. En effet cet art nécessite une certaine aptitude de l'âme qui la rende capable d'assimiler, une nature qui se laisse conduire facilement à travers ses sentiers, une capacité à saisir prestement l'enseignement qui lui est dispensé, une finesse dans l'acquisition de ses éléments mystérieux, un pouvoir de retrouver les rapports relatifs aux positions de ses notes, ses modes mélodiques *(šudūd)* (2) et les temps de ses rythmes. Bref, l'enseignement ne pourra suffire à l'élève s'il est dépourvu de talent naturel, ni le talent naturel à celui qui est sans instruction. Quand celui qui aspire à cet art dispose d'un heureux caractère, d'une bonne faculté d'assimilation, d'un maître habile, s'il persévère dans les exercices et dispose d'un temps libre suivi et fait preuve d'un désir ardent, il est rare qu'il ne réussisse pas.
25 S'il lui manque une ou plusieurs de ces conditions, // sa chance de réussite se trouvera diminuée proportionnellement à ce qui lui fait défaut. »

Si le musicien réunit ces qualités de maîtrise et de savoir-faire, si, d'autre part, l'auditeur a la faculté de saisir ces mêmes qualités, l'émotion sera parfaite, la musique entendue pénétrera jusqu'à l'esprit, la générosité apparaîtra, la faculté de jugement se manifestera, l'âme se parera des ornements de la connaissance, elle vêtira la robe d'honneur de l'action commune avec la musique, elle galopera dans la carrière de la joie scientifique, elle s'abstiendra des vices pour se protéger et elle cherchera les bienfaits afin de s'élever jusqu'à eux et de s'y honorer. Si elle était lâche auparavant, elle se remplira de courage, si elle était avare, elle deviendra généreuse et si elle était inquiète,

(1) Il est question ici de la conception très répandue dans l'antiquité suivant laquelle comprendre la musique et savoir la raisonner est infiniment plus élevé que de la pratiquer.

(2) *Šadd* (pluriel *šudūd*), c'est l'action de serrer ou de tendre les cordes et par extension la série de notes qu'on obtient à la suite des différentes tensions du *'ūd*, d'où l'application de ce terme au *mode* (voir Introduction, p. 18).

elle sera apaisée. Tous les dangers, toutes les terreurs auxquelles elle s'expose diminueront d'importance. Elle choisira le vêtement du bienfait pour briller, la sécurité pour jouir ; elle nagera dans la mer de l'émotion et galopera sur l'hippodrome de la joie (1).

chapitre II

LA PRÉÉMINENCE DE LA MUSIQUE

26 Il y a des gens qui ignorent la valeur du profit qu'offre la musique et croient que ce profit se réduit à l'excitation de l'âme, à l'agrément des beuveries et à l'acquisition du plaisir de l'ouïe (2). Or, la valeur de ce profit s'avère plus grande et plus digne quand les principes de la musique sont mis au clair et quand on est informé de l'importance de son objet. La musique comporte en effet un aspect par lequel elle apporte du plaisir à l'ouïe et excite l'âme, mais c'est là le rôle le plus infime qu'on puisse lui attribuer. Certains se sont imaginés qu'elle fut inventée pour le jeu, alors qu'il n'en est rien ; seulement la plupart d'entre eux, étant incapables de saisir son véritable but, se sont arrêtés à la limite de leurs possibilités (3). De ce fait, il y a deux sortes de musique. Cependant certains, qui en discourent superficiellement, s'imaginent que ces deux catégories sont identiques, ce qui a mené à les amalgamer et à les voir sous le même jour.

(1) Les idées développées dans ce paragraphe font penser à ce ce que Platon écrit au sujet des rapports entre musique et philosophie : voir Moutsopoulos, *La musique dans l'œuvre de Platon*, p. 1-4.

(2) Voir appendice II.

(3) Ces quelques lignes doivent nécessairement être complétées par le passage occupant les derniers paragraphes du chapitre. Ces deux fragments forment un tout et sont une adaptation libre d'un long paragraphe du traité d'al-Fārābī évoquant le même sujet avec beaucoup plus de clarté (voir *Mūsīqī, fol.* 190-191 ; Erl., II, p. 97-99). La longue partie intermédiaire, compilée de différentes sources, constitue l'essentiel du chapitre car elle démontre l'excellence de la musique, son véritable pouvoir et, indirectement, la fausseté de l'opinion de ceux qui voient dans la musique un divertissement et un simple plaisir de l'ouïe. Ayant achevé la démonstration à l'aide d'une série d'anecdotes, l'auteur revient au sujet initial pour montrer les conséquences qui en découlent.

27 La première espèce [de musique] est celle que les savants // ont utilisée dans la pratique des différents régimes politiques, dans celle des fictions légales et de l'art de guérir, pour insuffler au lâche du courage et à l'étourdi de l'application (1).

On raconte qu'un certain roi grec apprit qu'une nation voisine connue pour son courage et sa vigueur, pressée par un ennemi peu capable de lui tenir tête, ne réussissait pourtant point, même à la longue, à venir à bout de lui. Il eut la curiosité d'en savoir la raison. On lui dit qu'une population efféminée avait jadis résidé tout près de cette nation et s'était multipliée au point de lui communiquer sa mollesse de caractère et sa passivité. Ce roi ordonna de lui envoyer des musiciens pour leur rendre du cœur et réveiller leur ardeur ancienne, en même temps faisait expulser la race efféminée de leur territoire. Ainsi fut fait et la nation revigorée opposa une valeureuse résistance à son oppresseur (2).

28 Parmi les anecdotes célèbres il y a celle que raconte Nicomaque au sujet d'Empédocle *(Ambādūqulūs)* (3). Celui-ci était l'hôte d'un homme lorsque un autre individu tira l'épée pour abattre le maître de maison. Empédocle qui avait entre les mains une lyre — c'est un instrument à cordes — s'empressa de modifier l'accord et joua une mélodie qui avait pour vertu d'apaiser la colère ; du coup, l'assaillant se calma et l'homme fut sauvé de la mort (4).

Une autre anecdote célèbre est celle des deux musiciens Terpandre (5) et Arion (6) qui sauvèrent de la peste qui s'était abattue sur eux les habitants de Lesbos *(Lazbus)* — localité — et ceux d'Antisse ? *(Anussa)* (7),

(1) On remarquera l'absence de la deuxième espèce. Elle serait sous-entendue dans celle que l'auteur appelle « espèce badine » ou « musique légère » et à laquelle il revient à la fin du chapitre. Tandis que cette dernière est futile, la première espèce, qui va être illustrée amplement, représente le pouvoir merveilleux de la musique et son influence moralisatrice.

(2) Nous n'avons pas pu trouver l'origine de cette anecdote.

(3) Philosophe grec (vers 450 av. J.-C.), pythagoricien, et peut-être même disciple de Pythagore. A la seconde apparition de ce nom, on lit Asādūfilūs, mais cela doit être une erreur car il s'agit bien d'Empédocle (voir *infra*, n. 4).

(4) C'est une variante de l'anecdote rapportée par Cicéron que cite Saint Augustin dans le *Contra Julianum* V, 5, 23 ; voir *Patrologie latine*, t. 44, col. 797 ; cf. aussi Potiron, *Boèce*, p. 37-38. Nous trouvons d'autre part une anecdote semblable dans *Rasā'il*, I, p. 85.

(5) Terpandre, poéte-musicien, né à Antissa, dans l'île de Lesbos vers l'an 675 av. J.-C.

(6) La transcription de ce nom est sans points diacritiques. On peut donc lire soit Orion soit Arion. Nous avons préféré cette dernière lecture parce qu'elle cadre mieux avec le nom de Terpandre ; Arion était, en effet, un poète-musicien contemporain de ce dernier et originaire de la même île de Lesbos.

(7) En ce qui concerne le premier nom, l'addition d'un point diacritique sur le *rā'* nous donne *Lazbūs ;* quant au second, je propose de lui ajouter un *tā' (t)* après le *nūn (n)* pour obtenir *Antūssa*

au moyen de mélodies qu'ils composèrent et qui avaient pour vertu de chasser la peste.

Nicomaque raconte aussi que Pythagore vit un jeune homme amoureux qui, ayant appris quelque chose au sujet d'une femme qu'il aimait, se dirigea vers la maison de celle-ci pour y mettre le feu. Il avait été amené à prendre cette décision en écoutant une mélodie jouée par un aulète de Pythagore dans un mode que ce dernier intitulait phrygien (1). Pythagore ordonna
29 alors // à l'aulète de jouer un chant spondiaque (1). Quand celui-ci eut exécuté l'ordre donné, le jeune homme abandonna son projet, et ceci après que Pythagore eut en vain auparavant interdit cet acte au jeune homme et l'eut vainement semoncé (2).

Une autre anecdote du même genre est celle d'Achille *(Asalios)* (3) qui fut caché par sa mère Thétis *(Tatis)* de peur qu'il n'allât à la guerre. Alors, Ulysse *(Adosos)* usa de ruse et fit entonner à la trompette *(būq)* (4) une mélodie empruntée aux modes *(luḥūn)* (5) qui conviennent à la guerre. Achille en fut excité et partit pour la guerre. Cette anecdote fut racontée à Nicomaque. On trouve plusieurs autres anecdotes semblables dans son livre.

Les peuples anciens possédèrent des mélodies dont ils se servaient au moment de l'assaut ou de la retraite. Certaines de ces mélodies leur procuraient vivacité et force, d'autres, quiétude et délassement (6).

(Antisse). En effet, Terpandre est né à Antissa dans l'île de Lesbos. De plus, nous lisons dans l'*Institution Musicale* de Boèce une anecdote similaire attribuant à Terpandre le mérite d'avoir guéri les Lesbiens des plus graves maladies grâce aux accords de sa lyre (Potiron, *Boèce*, p. 37-38).

(1) Le scribe n'étant plus sûr de la lecture de ces deux mots, comme d'ailleurs des autres noms et mots d'origine grecque inclus dans ce chapitre, a, par prudence, omis les points diacritiques et dessiné certaines lettres d'une façon élusive qui rend impossible leur lecture sans l'appui de textes parallèles valables. A la lumière de ceux que nous avons pu trouver il est facile de déchiffrer, pour le premier mot, le terme « phrygien » après avoir éliminé le petit crochet au-dessus de la quatrième lettre ; on peut à la rigueur lire sans élimination *frūyğyōn* ou *furwīğyōn*. En ce qui concerne le second mot, nous pouvons remarquer après le *sīn* deux flexions légères qui représenteraient le *bā'* et le *nūn*, ce qui permet ainsi de lire *sbandiaqon* « spondiaque ».

(2) Nous trouvons cette anecdote à quelques variantes près dans Boèce (cf. Potiron, *Boèce*, p. 37-38). Potiron apporte, dans ce même passage, une autre variante de l'anecdote.

(3) On reconnaît ici, sous une transcription incertaine, le célèbre héros grec dont l'*Iliade* a chanté les exploits sous les murs de Troie. L'anecdote fait partie d'un cycle de traditions tardives ayant trait à son enfance (cf. *La Grande Encyclopédie*, t. I, p. 383-384, où apparaît une tradition analogue à celle racontée ici).

(4) D'après Farmer, *būq* était le nom générique pour tous les instruments de la famille du cor et de la trompette, spécialement à tube conique (*The Music of the Arabian Nights*, p. 47).

(5) Il existe deux pluriels de *laḥn*: *luḥūn* et *alḥān*. Il semble que le premier soit employé comme équivalent de « modes » et le second pour désigner « chant », « mélodies » et « musique ».

(6) Il s'agit des philosophes grecs, et, plus particulièrement, des pythagoriciens. En effet,

Les philosophes soutiennent que la musique offre aux hommes des profits, de la sagesse, d'heureuses dispositions, de bonnes mœurs, qu'elle pousse l'homme à entreprendre les actions que l'on désire de lui, qu'elle procure la science, les richesses, les vertus humanitaires, et qu'elle les fait parvenir à la connaissance de l'âme parlante [universelle] (1). C'est pour cette raison que Pythagore et ses disciples avaient recours à elle. Ils avaient aussi des mélodies nommées « célestes » qu'ils cachaient au commun des gens (2). Ils employaient aussi des mélodies qu'ils intitulaient: l' « harmonie de l'âme » (3) et ils soutenaient que l'univers tout entier correspond à une harmonie musicale (4).

Platon dit que Dieu, puissant et grand, nous a fait retirer profit de la philosophie qui représente le plus haut bienfait, nous a dotés de la voix et

dans ce contexte d'anecdotes concernant le merveilleux pouvoir de la musique, les deux pages qui vont suivre constituent en quelque sorte une brève mise au point des doctrines pythagoriciennes et platoniciennes relatives à la nature de la musique. Malheureusement, l'exposé de l'auteur est très vague et fort confus. Quoiqu'il en soit, le dénominateur commun de tous les faits rapportés dans ces deux pages est la notion d'*harmonie* dans son sens le plus large, c'est-à-dire l'harmonie qui régit l'univers et l'homme et qui trouve son expression dans la musique (voir les notes suivantes).

(1) Les idées exposées dans ce paragraphe sont en grande partie d'inspiration platonicienne, notamment en ce qui concerne le prolongement moral de la musique, les rapports entre musique et philosophie, le rôle joué par l'harmonie de l'âme dans la formation des bons citoyens et des honnêtes gens. Il en est de même de la question de l'âme universelle ou âme du monde qui, selon Platon, est l'ordre idéal imprimé dans la matière et qui sert d'intermédiaire entre l'intelligible et le sensible. L'harmonie parfaite que l'homme réalise dans ce bas monde n'est que le reflet de l'harmonie suprême de l'âme du monde (voir, pour toutes les questions évoquées, E. Moutsopoulos, *La musique dans l'œuvre de Platon*, p. 6, 16-17, 236, 324, n. 5, 356-362).

(2) L'auteur fait allusion à « l'harmonie des sphères », et les douces mélodies qui résultent du mouvement des corps célestes que Pythagore entendait, comme nous assure Jérôme de Moravie, et que seule la faiblesse de notre ouïe nous empêche d'entendre (cf. Coussemaker, *Scriptorum*, I, 13 ; Nicomaque, chap. III du *Manuel d'harmonique; Rasā'il*, p. 99-100 ; Potiron, *Boèce*, p. 40-41 ; Moutsopoulos, *La musique*, p. 375-382).

Signalons enfin qu'al-Fārābī et Avicenne s'élèvent vigoureusement contre cette conception (Erl., I, 28 ; II, p. 106) ; cf. aussi G. Vajda, *Juda ben Nissim*, p. 101-102, n. 3.

(3) Il pourrait s'agir ici soit de la doctrine « âme-harmonie », soit de l'harmonie de la structure morale de l'âme. Voir l'exposé détaillé de cette théorie dans Moutsopoulos, *La musique*, p. 321-333.

En outre, le terme mélodies (= musique) employé ici aussi bien pour l'harmonie des sphères que pour celle de l'âme fait penser aux *trois musiques* des auteurs médiévaux savoir : celle de l'univers *(mundana)*, celle de la nature humaine *(humana)* et celle des instruments *(instrumentalis)*. Cette dernière est celle que nous pratiquons. Il n'en est pas fait mention ici.

(4) Selon Aristote, les Pythagoriciens voyaient l'univers comme une harmonie (*Métaphysique*, A, 5, 985 b, 87). Ils aboutissaient à cette doctrine par la science des proportions et par la similitude des mouvements des sphères, des astres et de la musique (voir *Rasā'il*, p. 102).

de l'ouïe comme il nous a conféré d'autres facultés (1). Il dit aussi que la chose qui nous fait acquérir la perfection de la philosophie et le profit du chant qui pénètre jusqu'à l'âme, c'est l'harmonie musicale qui a des affinités avec les mouvements qui habitent nos âmes (2). Donc, l'utilité de la composition musicale n'est pas l'acquisition d'un plaisir animal comme beaucoup pensent ; mais Dieu nous en a donné quelque chose pour que
31 nous ayons la force de lutter contre les fioritures de l'âme // qui sont en nous sans harmonie. Il dit aussi que Dieu, puissant et grand, sachant notre faiblesse, nous a donné les différents modes de la musique qui ont pour vertu de réformer l'état de nos âmes (3). C'est pourquoi nous nous en servons pour nos fêtes. Et, de même qu'il y a des hommes qui présentent à Dieu, puissant et grand, des offrandes de biens, de troupeaux, ou d'autres choses qu'ils possèdent, qui se rasent les cheveux, qui se coupent une oreille ou la percent, qui se mutilent d'autres parties de leurs corps (4), cherchant ainsi à satisfaire Dieu, puissant et grand, de même nous offrons à Dieu, qui est grand, ce que nous avons de meilleur parmi les choses appartenant à l'âme en le louant par la musique (5). C'est ainsi que nous agissons aussi quand il s'agit de louer les rois, les dignitaires et les gens de mérite.

L'effet de la musique est évident non seulement chez les hommes mais

(1) Ce passage obscur semble se référer aux affinités entre philosophie et musique qui, selon Platon, préparent l'homme à la meilleure vie morale et spirituelle; voir Moutsopoulos, *La musique*, p. 1-25.

(2) Ce passage semble se rapporter à une conception pythagoricienne développée par Platon dans le *Timée*. Cherchant à prouver l'origine céleste des âmes, les pythagoriciens, ainsi que Platon, aboutissent à ce parallélisme entre le microcosme et le macrocosme et à la conclusion que l'âme rationnelle et les astres sont immortels et ont une parenté commune qu'on peut déduire de la similitude de leurs mouvements. L. Rougier en donne un bon résumé dans *La Religion astrale des Pythagoriciens*, chap. IV, p. 54-65.

(3) Dans ces « citations », nous retrouvons certains thèmes platoniciens comme le rapprochement entre musique et philosophie qui aboutissent l'une et l'autre à une purification et au rétablissement de l'ordre et de l'équilibre troublés de l'âme. Nous y retrouvons aussi l'opinion des esprits incultes qui, à l'audition de la musique, n'éprouvent qu'un simple plaisir et qui ignorent sa portée morale et religieuse; voir Moutsopolous, *La musique*, p. 6, 15-17, 236, 324 ss. Nous retrouvons ces thèmes dans les *Aphorismes des philosophes*, chap. XVIII, de Ḥunayn b. Isḥāq et surtout dans l'*Épître sur la musique* des Iḫwān al-ṣafā'.

(4) Les dernières expressions font penser à la légende de Cybèle et l'Atys et aux différents cultes de ce couple divin en Asie Mineure, en Grèce et à Rome. Dans tous ces cultes, il est question d'un moment de frénésie et de délire pendant lequel les gens deviennent insensibles à la douleur physique, se font au bras de profondes blessures, se déchirent le bras ou quelquefois, à l'imitation d'Atys, vont jusqu'à se couper les parties génitales. Voir article *Cybèle*, dans *Dictionnaire des Antiquités*, p. 1681-1686.

(5) Il doit s'agir des incantations et des hymnes; voir Moutsopoulos, *La musique*, p. 11-12, 15-16.

aussi chez les animaux. C'est ainsi que les bergers possèdent des chants dont ils se servent quand ils conduisent au pâturage les troupeaux de chameaux, de moutons, de chevaux et quand ils les rassemblent. Chacune de ces
32 différentes espèces d'animaux // a des chants particuliers qu'elle connaît, qu'elle aime et qu'elle distingue (1).

Celui qui spécule sur les choses générales et particulières, constatera que l'univers entier a été conçu à l'image de l'harmonie (du livre) (2) de la musique. Les opinions de ceux qui soutiennent cette théorie sont fort nombreuses.

Mais quand les gens de cet art (3) eurent incliné de plus en plus vers le genre léger en prétendant que dans celui-là même réside le repos parfait, quand ils eurent persévéré et acquis la même opinion sur la poésie légère, ils en arrivèrent à de tels abus (4) que plusieurs rois et grands personnages se détournèrent de l'étude de la musique et refusèrent d'y prendre plaisir en s'abstenant de suivre le chemin de ceux qui l'avaient transformée en jeu et en avaient dégradé la beauté et la dignité. Il est donc évident (5) que les genres de musique sérieuse sont plus profitables que les genres de la musique légère. On se servait de ces derniers pour renforcer la faculté permettant d'assimiler, dans le genre sérieux, ce qui est le plus digne jusqu'au moment où plusieurs rois et notables se furent éloignés de
33 la musique, comme nous l'avons dit // ainsi que des exécutants qui négligent de se pencher sur les problèmes qu'elle pose.

On dit qu'il faut se servir des genres badins comme on se sert du sel dans les aliments (6).

Pythagore dit : « Les arts qui sont d'une utilité majeure pour la vie des hommes sont : la connaissance (7), la médecine et la musique. »

(1) L'effet magique de la musique sur les animaux fut un thème cher aux cœurs des Grecs et des Médiévaux. J. Combarieu a réuni un grand nombre d'anecdotes relatives à ce sujet dans son livre *Musique et magie*. Voir aussi : Ḥunayn, *Les aphorismes*, chap. XVII aphorisme 8 ; *Rasā'il*, p. 87 ; Ibn 'Abd Rabbihi, *al-'Iqd*, III, p. 230-232 ; Moutsopoulos, *La musique*, p. 159, n. 2-3.

(2) A notre avis, le mot « livre » s'est glissé là et il y est de trop, car c'est une variante de l'idée exposée à la page 47.

(3) Voir p. 44, n. 3. C'est ici que reprend l'emprunt à al-Fārābī.

(4) Lire *afraṭū* (troisième personne pluriel) et non *afraṭa* (3e pers. sing.).

(5) La phrase suivante est très mal rédigée et ce n'est qu'avec beaucoup de peine que l'on peut suivre la pensée de l'auteur ; elle donne l'impression d'une parenthèse suivie d'un retour à l'idée développée auparavant.

(6) Dans le traité d'al-Fārābī (M. *fol.* 191 ; Erl., II, p. 98) cet énoncé est attribué à Aristote.

(7) Le terme *ma'rifa* « connaissance » signifie, à l'époque de l'auteur, soit l'alchimie, soit la gnose dans la terminologie mystique. Le dernier sens doit assurément être écarté ; quant au premier, il semble improbable, mais non impossible. Enfin, peut-être l'auteur emploie-t-il le mot dans le sens de *ḥikma*, qui signifie « science » ou « philosophie ».

chapitre III

LES SIGNIFICATIONS DES MÉLODIES

Certaines personnes écoutent une mélodie comportant peu de notes et des modulations (1) faciles à saisir, et elles la dédaignent ; elles écoutent par ailleurs une mélodie comportant plusieurs notes difficiles à saisir et elles la trouvent excellente (2). Elles s'imaginent que le seul but recherché dans la composition de ces deux sortes de mélodies a été la multiplicité ou la rareté des notes. Or, il existe d'autres choses auxquelles il faut réfléchir, qu'on doit rechercher, car les mélodies comportent des choses apparentes et des choses cachées. Parmi les choses apparentes l'on compte, par exemple, l'acuité et la gravité, la lourdeur et la légèreté, la douceur et la dureté, la chaleur et la froideur.

34 Les choses cachées s'expriment de diverses façons dans le déroulement de ces [choses apparentes] (3). L'on compte parmi elles : la bonne composition, la répartition correcte (4), l'excellence de la création [d'un chant] (5) qui consiste à faire correspondre le caractère des mélodies à celui des poèmes ;

(1) *Šudūd* (sing. *šadd*), signifie littéralement « tension » et par dérivation « mode ». Nous pouvons aussi lire : *šuḏūḏ*, c'est-à-dire « motifs de séparation », car les vocalises et les différentes sortes d'ornements se placent exclusivement sur les fins des vers, des hémistiches, et des pieds, formant ainsi des sortes de « motifs de séparation » ou de jonction selon les besoins. Ces motifs donnent lieu à des traits de virtuosité et cela rejoint l'idée de la « multiplicité de notes » évoquée par la suite.

(2) En général, chaque fois qu'il est question de « beaucoup de notes » il faut sous-entendre un excès d'embellissement ou d'ornement. L'auteur, partisan acharné de la simplicité de l'art ancien, attaquera par la suite cette tendance qui était la marque de l'école moderne.

(3) Al-Baqillānī emploie l'expression *fī taḏā'īf* dans ce sens à plusieurs reprises ; cf. AL-BAQILLĀNĪ, *I'ǧāz*, I, p. 63, 82, 96.

(4) Il s'agit soit de la répartition de différentes phrases de la composition musicale (voir chapitre XX), soit de la répartition des notes sur les lettres composant un vers (voir p. 80-82).

(5) La racine *waḍa'a* est embarrassante car elle a plusieurs sens, entre autres « créer, inventer ». Mais l'auteur lui donne ici un sens plus large ; c'est le fait, dit-il, de donner à une mélodie une signification équivalente à celle d'un poème. Ce thème, qui sera développé dans le chap. XXII, se rencontre dans la *République* de Platon, 395 b et ss.,398 d. Toutefois, l'idée n'est pas nécessairement d'inspiration platonicienne.

ceci en est la plus difficile. Mais nous entrons dans le plus grand mystère quand il s'agit de reconnaître la signification des mélodies : plusieurs en sont complètement dénuées. D'autres en ont une à l'instar d'un vers à deux hémistiches. Or, celui-ci pourrait être d'une belle versification, éloquent, prosodiquement correct, sans avoir une signification appréciable. Toutefois, s'il contient une quelconque signification, il sera plus profitable, d'un effet plus marqué et il apportera une toute autre information. La signification de la mélodie est donc l'objet que le compositeur cherche à atteindre par son entremise, comme le poète se propose un certain but et une certaine signification ; ce faisant, il arrive qu'il réussise son entreprise et qu'il atteigne le but proposé ; il arrive aussi que ses forces le trahissent et qu'il s'en approche seulement.

35 Il faut donc que ces buts soient déterminés // par les mélodies, les notes, et les sons eux-mêmes ; ceux-ci doivent les refléter comme le langage articulé de l'homme reflète ses états d'âme et les différentes circonstances où il se trouve.

Tous les animaux possèdent des émissions sonores, intelligibles pour eux comme est intelligible le langage articulé. Ne vois-tu pas que la forme de l'articulation (1) de l'homme gai s'oppose à celle de l'homme triste, que la forme de l'articulation de l'homme en colère s'oppose à celle de l'homme satisfait, que la forme de l'articulation de l'homme qui irrite (2) autrui s'oppose à celle de l'homme qui apaise une personne agitée, que la forme de l'articulation du prédicateur s'oppose à celle du pécheur inattentif et irréfléchi, que la forme de l'articulation du savant pondéré s'oppose à celle du séducteur folâtre, que la forme de l'articulation du héros combattant s'oppose à celle du lâche fuyard, que la forme de l'articulation du chaste s'oppose à celle de l'impur, que la forme de l'articulation de l'homme qui s'abaisse
36 s'oppose à celle de l'homme qui a le dessus sur les autres // que la forme de l'articulation de l'opprimé s'oppose à celle du dominateur, que la forme de

(1) Par « forme » de l'articulation ou de l'expression, l'auteur entend : l'intonation de la voix qui varie selon les états d'âme ou selon la portée des choses exprimées. Ceci est valable aussi bien pour le parler ordinaire que pour le chant. Partant de ce fait du glissement de la parole vers la musique au moyen de la tension de la voix, l'auteur conclut que la musique est capable d'exprimer ce que le langage articulé exprime.

D'autre part, et c'est là l'objet principal de ce chapitre, l'auteur démontre qu'en plus de son influence sur l'âme, la musique exprime des idées, des passions et des sentiments divers. Ces deux aspects de la musique ont été traités dans un court chapitre de l'article de E. Werner et I. Sonne, *The philosophy and theory of music in judeo arabic literature*, dans *Hebrew Union college Annual*, t. XVI-XVII.

(2) Le mot est en partie effacé. Nous avons emprunté la correction *al-muǧīẓ* de la marge.

l'articulation de l'homme qu'on réprimande s'oppose à celle de l'homme qu'on félicite ? Il serait trop long de s'attarder sur ce phénomène ; nos remarques au sujet de ses différentes manifestations seront données à l'endroit approprié et au moment opportun.

En effet, on cherche, par l'entremise de la plupart de ces mélodies (1), à refléter des états d'âme et des situations pour les doter de significations. Et cela, à l'instar de ce qui se passe pour les poèmes, comme il a été dit auparavant. En effet tout poème, une fois établi, a besoin d'être doté de significations ; ou plutôt il arrive que la conception des poèmes soit due aux significations qu'ils renferment ; dans ce cas, ce sont tout d'abord les significations qui se créent dans l'âme, puis, le discours est composé en fonction d'elles et pour elles. Ce sont ces significations qui font naître des images et des passions dans l'âme. Or, ce qui est dépourvu de signification procure seulement un plaisir auditif, tandis que ce qui en est pourvu produit sur l'âme, dans la sérénité comme dans la légèreté, des effets universellement connus et nombreux ; aussi est-ce employé à tout moment et dans les pays les plus divers. En voici un exemple concernant le dénommé
37 al-Rašīd (2) ou son père. Celui-ci était en compagnie d'Anīs// b. Abī Šayḫ (3) qui jouait depuis un certain temps aux échecs avec un de ses courtisans. Ce dernier apercevant un coup qui annonçait la défaite, pour illustrer la situation, déclama le vers suivant :

« L'épée sortit sa langue désirant Anīs ; la mort guette ; le destin attend. »

Ayant entendu ce vers, al-Rašīd ordonna qu'on lui fasse parvenir la tête d'Anīs sur le champ.

On raconte aussi que ce calife s'était éloigné de sa femme esclave Mārida (4), mais quand il eut entendu ce vers de ʿAbbās b. al-Aḥnaf (5) :

(1) On ne voit pas bien de quelles mélodies il s'agit ici. C'est surtout le pronom démonstratif qui est gênant. Peut-être manque-t-il une phrase ou faut-il entendre par « la plupart des mélodies de ce genre », « la plupart des mélodies du genre expressif » ?

(2) Il s'agit de l'illustre calife Hārūn al-Rašīd (169-193/786-809).

(3) Sur ce personnage, familier de Ǧaʿfar le Barmakide, voir ǦAHŠIGĀRĪ, *Kitāb al-Wuzarāʾ wa-l-kuttāb*, éd. Caire, 1938, p. 238-40.

(4) Cette anecdote concernant la séparation du calife et de Mārida à la suite d'une dispute, puis, son retour à elle, figure dans *Aġ.*, V, p. 38, cependant, il y est question d'autres vers du poète al-ʿAbbās b. al-Aḥnaf mis en musique par Ibrāhīm al-Mawṣilī. Les vers rapportés ici figurent dans un autre contexte dans *Aġ.* VI, p. 71. Les vers cités par notre auteur ne représentent que le premier et le dernier d'un poème de quatre vers, d'ailleurs légèrement altérés. Nous présentons entre crochets les corrections d'après le *Diwān* d'Ibn al-Aḥnaf (voir *infra*, n. 5 et p. 53, n. 1).

(5) Ibn al-Aḥnaf (m. 191/807), grand poète, originaire du Ḫurāsān, courtisan du calife Hārūn al-Rašīd.

« Celui qui aime éperdument, aboutit fatalement à un arrêt situé entre
[la séparation [l'union] et la rupture (1).
... Jusqu'à ce que, ayant enduré trop longtemps la séparation [ayant été affecté par la souffrance de son amour], il revienne à sa bien-aimée malgré [lui]. »

Il s'exclama : « en effet, au nom de Dieu, c'est malgré moi. » Il se leva alors, se dirigea vers elle et chercha ses faveurs.

Nombreuses sont les histoires de ce genre. Ainsi, par exemple, les luttes en vers du mètre *rağaz* (2) à la guerre et le recours à ce genre de poèmes en cas de malheur.

38 Un autre exemple est // ce qui est arrivé à Sulaymān b. Hišām favorisé, ainsi que ses deux fils, par al-Saffāḥ (3) qui leur mettait des coussins à son audience, jusqu'au jour où se présenta devant lui le poète Sudayf qui récita les vers suivants :

« Qu'ils soient voisins du trône et des tapis afflige ma personne et mes proches
Rabaissez-les au rang assigné par Dieu, dans la demeure du mépris et de la perdition. »

Alors al-Saffāḥ ordonna de couper leurs têtes sur-le-champ (4). Les histoires de ce genre sont très nombreuses.

(1) Voir, pour le vers manquant, *Diwān*, poème 505, p. 251.

(2) Il s'agit de poèmes du mètre *rağaz* appartenant à une catégorie poétique appelée *hiğā'*, sortes de satires qui raillent et tournent en ridicule l'ennemi. Ce genre de poème fut considéré comme une arme redoutable ayant un pouvoir incantatoire, d'où le recours à lui par les anciens dans les chants de combat (voir chap. XXVII et p. 138, n. 3).

(3) Le premier calife abbasside Abū l-'Abbās surnommé al-Saffāḥ (132-136/750-754).

(4) Cette anecdote est un vague résumé de celle que l'on peut lire dans *Aġ.* IV, p. 93-97. Plusieurs détails importants sont omis, ce qui rend le sens confus. De même, les vers cités, bien qu'ils soient inclus dans le poème de Sudayf déclamé en la circonstance, sont glanés en différents endroits, et le second vers est antérieur au premier.

chapitre IV

LES EFFETS DES MÉLODIES

La mélodie est une autre chose qui prolonge la signification du vers et augmente sa beauté. L'idéal est que la mélodie s'adapte au texte qui lui est associé et le renforce, car beaucoup de mélodies avilissent de nombreux poèmes et diminuent leur beauté, mais il arrive aussi qu'elles les embellissent,
39 qu'elles augmentent leur éclat et cachent leurs défauts. Pour vérifier cette assertion, il n'est que de se rappeler les mélodies anciennes (1).

Si tu écoutes une mélodie en imaginant une quelconque signification, telle que la description du courage ou de la noblesse de caractère, et si ton imagination est en mesure de la saisir et de se figurer la personne décrite dans le chant au point de te sentir comme si tu étais à sa place, alors, le chant te touchera et produira son effet. De même, quand il s'agit d'inspirer à quelqu'un le désir de quelque chose, de la sollicitation, de la colère et ainsi de suite. N'importe quel homme qui éprouve un sentiment quelconque et qui arrive à lui trouver une expression équivalente et à l'adapter à son poème touchera l'auditeur et fera naître en lui un sentiment analogue. A cette catégorie appartient le chant que voici (2) :

> « Tu le supplies de revenir et de te répondre favorablement
> Et tu es las de n'entendre d'autre réponse que le silence. »

Or, c'est un chant laid et désagréable. La plupart des gens ne sauront prendre plaisir à sa mélodie ni à ses vers ; et si quelqu'un tentait d'en composer un semblable, cela lui serait difficile. Dans ce chant, la mélodie
40 est assortie au vers. Par contre, si tu observes // cette [autre] mélodie et si tu

(1) Outre le principe d'après lequel la musique doit s'accomoder aux paroles (voir chap. III, p. 50, n. 5), l'auteur avance ici deux autres idées : la mélodie est susceptible de prolonger le sens des paroles et de créer un effet particulier. Dès lors, indépendamment des paroles, une mélodie est bonne si elle imprime un effet moral dans l'âme de l'auditeur ; elle est condamnable et inadmissible dans le cas contraire.

(2) En se référant aux mélodies anciennes pour illustrer la bonne musique, l'auteur annonce l'attaque qu'il va livrer contre la « musique moderne » dans les chapitres suivants. En effet, pour l'auteur seul l'art ancien, simple, dépouillé et serein, répond aux exigences exposées ci-dessus.

la livres à ton imagination, tu verras que l'aspect de ces notes ressemble à l'aspect de l'expression d'un homme pondéré, réfléchi et sérieux qui, ayant été affligé par le spectacle d'une habitation déserte et abandonnée, est comme effrayé et étonné du changement qu'elle a subi. Or, si ton imagination est en mesure de saisir cet état de choses, tu seras comme si tu étais à la place de l'homme en question (1). Du même genre est le chant suivant :

« Interroge l'endroit où Layla a campé, s'il pouvait se manifester et parler, si un désert [plein de péril et aride pouvait répondre ;
si une demeure que de longues épreuves et le temps écoulé transformèrent en désert [nu, pouvait répliquer. »

C'est une mélodie assortie au poème, et dont les notes sont amplifiées ; cette mélodie incline à l'attendrissement et procure un sentiment d'affliction. De plus, elle est bien composée et avec un art fort étonnant.

Du même genre est le chant suivant :

« Oh compagnon ! as-tu jamais vu ou entendu dire qu'un berger rende à la ma-[melle le lait qu'il a trait ? »
« Ma fougue s'est consumée, ma jeunesse s'est éteinte, mes reproches se sont [arrêtés à force de me plaindre. »

41 Une autre tradition remplace « mes reproches se sont arrêtés » par « mon ignorance a été prise de court ». C'est une mélodie bien assortie au poème, elle aussi faisant partie du genre qui incline à l'attendrissement. Si tu la livres à ton imagination, tu verras qu'elle ressemble à l'expression d'un homme pondéré, affligé, évoquant le souvenir de son passé héroïque et de sa jeunesse dans un état d'âme semblable à celui d'un homme qui confesse ses péchés et les révèle au grand jour.

Du même genre est le chant suivant :

« Comblé de magnificence, loin des soucis, il passe devant la tribu, la nuit, et illumine [son chemin dans un désert sans eau et sans lune.
A le voir, les jeunes chameaux s'effrayent et se cabrent au point de briser les licous [attachés à leurs cous. »

C'est une mélodie bien assortie au poème, virile, d'un genre fort qui émeut l'âme vers la noblesse de caractère. L'auditeur, au moment de la tran-

(1) Le chant en question manque. En outre, le spectacle désolant d'une habitation déserte (celle de la bien-aimée éloignée), dont il est question ici, est un des thèmes favoris de la poésie pré-islamique (voir chap. VI).

sition du *našīd* au *basīṭ* (1) s'effraiera et sera secoué à l'écoute des mots : « Les jeunes chameaux s'effrayent... »

Il serait trop long d'énumérer toutes les espèces appartenant à cette catégorie, il suffit d'avoir recours aux mélodies anciennes pour saisir tout ce que je viens de mentionner. Par ailleurs, il ne sera pas difficile à celui qui y
42 a recours // d'assimiler la façon dont on s'en sert selon le besoin et les circonstances, puis, d'améliorer son âme par leur entremise, de modifier certains de ses traits de caractère, d'équilibrer son tempérament ; il pourra les manier selon les possibilités qu'elles offrent et le profit qu'elles peuvent lui procurer, à lui-même et à celui qui aimerait dominer sa nature et son âme, et produire l'effet qui lui plaira.

Quant aux mélodies agréables à entendre, elles ne sont secrètes pour personne. Par la suite, nous en donnerons comme preuve de nombreuses mélodies de nature à fournir des renseignements utiles à la compréhension et la démonstration de tout ce qui a été développé auparavant ; elles seront choisies parmi les mélodies célèbres et universellement connues. De même, nous attirons l'attention sur les sons et formules préférentiels (2) de ces mélodies et sur tous les autres renseignements utiles. Nous ferons de tout cela une étude séparée dans un livre (3).

(1) *Našīd* et *basīṭ* sont, selon Farmer, deux formes courantes aux XIVe et XVe siècles. « Le *našīd*, écrit-il, comportait deux parties, la première étant une composition arythmique de deux vers appelés *našr al-naġamāt* (dispersion des notes), la seconde, une composition rythmique appelée *naẓm al-naġamāt* (mise en ordre des notes)... Le *basīṭ* était une *qiṭʿa* (fragment) composée dans l'un des rythmes *ṯaqīl* (lourd)... » (*Encyclopédie de l'Islam, Suppl.*, p. 88). Ces formes existaient à l'époque de l'auteur, mais il semble toutefois qu'elles aient désigné alors respectivement un genre de récitatif libre ou une improvisation vocale sur un mot ou deux et un chant rythmé. Pour illustrer l'excellence de l'art du grand musicien Isḥāq, l'auteur du *Kitāb al-Aġānī* rapporte : « Il a commencé le chant par un *našīd* qu'il a fait suivre d'un *basīṭ*, il y employa le procédé d'octaviation, il y inclut un refrain... Tout cela en chantant quatre mots seulement » (*Aġ.* V, p. 128).

Ziryāb, le rival d'Isḥāq, fixa un plan immuable pour tout chant dans la musique andalouse; savoir : *našīd, basīṭ, muḥarrakāt* et *ahzāǧ* (chants rapides) MAQQARĪ, *Analectes*, II, p. 88.

(2) Ces mêmes mots forment le titre et l'objet du chapitre XXIII ; voir note de ce chapitre pour le commentaire que nous en donnons.

(3) Peut-être s'agit-il tout simplement du chapitre XXIII, lequel est consacré à l'étude des sons et formules préférentiels, à moins que l'auteur n'ait envisagé la rédaction d'un troisième livre, car son second livre est désigné nommément.

chapitre V

LA PRÉÉMINENCE DE LA MUSIQUE ANCIENNE

Certaines gens rabaissent la bonne musique ancienne et, quand ils
43 l'écoutent, ils s'en moquent en disant : « ce n'est // qu'un grincement de peigne de fer, que Dieu garde en paix l'âme d'Adam et celle de Abū Qābūs (1) » et : « ce sont là des vieilles histoires ».

Aḥmad b. al-Ṭayyib [al-Saraḫsī] écrit : « Les gens de cette époque firent du procédé de l'enrichissement *(taḥrīk)* (2) du chant *musammaṭ* (3),

(1) Il s'agit vraisemblablement d'Abū Qubays, personnage légendaire qui, d'après une tradition rapportée par Yāqūt d'après l'historien Ibn Hišām, aurait péri ou disparu dans une montagne sans laisser de traces. Son nom fut alors donné à cette montagne célèbre qui s'élève au-dessus de la Mekke. Toujours d'après Ibn Hišām, Yāqūt rapporte que chez les Arabes l'ancienneté d'Abū Qubays est devenue proverbiale. Yāqūt, *Mu'ǧam-al-buldān*, I, p. 101-102.

(2) *Taḥrīk* signifie « action de mouvoir, agitation, excitation, encouragement »; cf. appendice II. Ici, le mot est un terme technique. Signalons d'abord que l'expression *taḥrīk al-ġinā'* figure dans un intéressant dialogue entre les deux musiciens célèbres 'Allawīya et Isḥāq (*Aġ.*, V, p. 61). 'Allawīya raconte à Isḥāq que son rival Ibrāhīm b. al-Mahdī lui reproche l'abandon du procédé appelé *taḥrīk al-ġinā'*. A quoi Isḥāq répond : « Puissions-nous seulement transmettre ce que nous avons appris tel qu'on nous l'a enseigné. » Cet important énoncé est cité par notre auteur quelques lignes plus bas. 'Allawīya poursuit : « Ibn al-Mahdī prétend que la beauté du chant consiste en son *taḥrīk* et que son *taḥrīk* est le fait qu'il comporte plusieurs notes. » Voir, pour cette expression, *supra*, p. 50, n. 1.

Partisan de la tradition et de la simplicité de l'art ancien l'auteur emprunte à coup sûr les idées de base de ce chapitre au dialogue précité. Reste à savoir ce que signifie au juste l'expression « plusieurs notes ». Nous savons que l'une des plus marquantes caractéristiques de la musique orientale est que l'artiste ajoute par son interprétation à un chant ou à un mode donnés son apport personnel. Or, il apparaît que les artistes de l'école moderne de l'époque d'Isḥāq se livraient à des excès de fioritures faisant ainsi du moyen un but. L'école d'Isḥāq prêchait la simplicité et la fidélité aux anciens.

Taḥrīk serait donc pour les uns le fait d'insuffler une nouvelle vie à une mélodie au moyen de toutes sortes d'enrichissements, pour les autres, perturbation de l'ordre idéal et déviation de la théorie de l'effet. D'autre part, comme *naġam* « notes » désigne aussi les « modes », il peut s'agir également de modulations fréquentes. Nous estimons que le terme « enrichissement », choisi comme traduction pour *taḥrīk*, est de nature à couvrir toutes les possibilités. Notons enfin, que la supériorité de l'art ancien est développée par Platon ; voir Moutsopoulos, *La musique*, p. 242-243.

(3) Dans le passage du *Kitāb al-Aġānī* cité dans la note précédente, il n'est pas question de *musammaṭ*, terme de prosodie. Ce dernier s'applique à une nouvelle forme poétique qui venait

de son ornementation et de son embellissement, un moyen pour arriver à la force même des mélodies, aboutissant ainsi à détourner le chant de sa véritable essence ; cela vient de ce qu'ils ont été incapables de le réaliser sous sa forme véritable. Cette façon de faire est dommageable à l'élève, car les mélodies auxquelles on a appliqué le procédé de l'enrichissement ne sauraient être de bons exemples pour eux. Une même mélodie a en effet été enrichie de différentes manières par certains musiciens. Il en résulte qu'à chaque fois qu'une personne entend une de ces formules, elle oublie l'autre et son âme se trouve dans l'incapacité de les retenir toutes. C'est ainsi que se multiplient à leur propos les affirmations hasardeuses. »

Isḥāq al-Mawṣilī, malgré son éminence et son mérite, disait : « Puissions-nous transmettre ce que nous avons appris tel qu'on nous l'a enseigné (1). » Si c'est là ce que disait Isḥāq, pense à ce que devraient dire les autres.

44 Les gens de cette école se contentent de ce qu'ils // prétendent composer et de ce qu'ils croient enrichir. Il en est de leur nouveauté comme des fruits frais ; leurs chants ne subsistent que peu de temps et périssent comme les fruits. Après quoi, ils en créent d'autres. Ils ne cessent donc d'abandonner tous les ans ce qu'ils avaient créé l'année précédente. Nous ne sommes donc pas en mesure de nous tenir à leurs chants ni de les attribuer à l'un d'eux. Bien plus, leur façon d'agir, c'est-à-dire de créer tous les ans des nouveautés et de les oublier l'année suivante, est semblable à celle du singe et des sauterelles. Une fable persane raconte en effet qu'un singe partit à la chasse aux sauterelles, et que chaque fois qu'il en chassait une, il se reposait sur elle et patientait un moment. Lorsqu'il en voyait une autre, il sautait pour l'attraper, laissant échapper la première. Il resta ainsi longtemps sans avoir d'autre butin que la sauterelle qu'il avait attrapée en dernier lieu.

Semblable est le cas de ces novateurs ; eux aussi ne possèdent aucune autre mélodie valable que celle qu'ils ont créée pendant l'année en cours, alors que tout le reste perd sa valeur, hormis certaines œuvres qu'on a
45 intérêt à conserver à cause // des récits [qu'elles contiennent et qui sont] relatifs aux rois de l'époque. Celles-ci subsistent donc et ne se conservent que grâce à la poésie. S'il se trouve d'autres exemples différents de ce que nous venons de dire le nombre en est petit et insignifiant.

libérer la poésie de l'uniformité de la rime dans la poésie classique. *Al-ġinā' al-musammaṭ* serait donc la musique relative à cette nouvelle forme poétique,ou bien un néologisme de l'auteur désignant la nouvelle musique.

(1) Cet énoncé fait partie du dialogue cité à la note précédente (*Aġ.* V, p. 61).

Cette façon de varier le chant, en particulier, mettra le compositeur lui-même sur le point de méconnaître son propre chant. Chaque fois qu'il l'entendra, il le reniera à cause des modifications qu'il aura subies. Puis le compositeur reniera totalement son œuvre, et dira : « Ce n'est pas ainsi que je l'avais composée », et, dans son interprétation, l'artiste en question restera entre la porte et l'intérieur de la maison.

Voici donc ce qu'est la musique ancienne : elle se répète à nos oreilles toujours et à chaque moment, les chanteurs se la transmettent les uns aux autres depuis sa création jusqu'à nos jours sans que les âmes en éprouvent d'ennui ou que les oreilles en soient blessées, ou que le temps l'use ; chaque jour lui apporte un surcroît de beauté et de fraîcheur. Par conséquent, tout ce qui dans la musique moderne s'écarte des procédés de la musique ancienne, ne peut que rarement être considéré comme beau et plaire.

Le calife al-Rašīd interrogea Ibrāhīm b. Maymūn al-Mawṣilī (1) au sujet de la musique ancienne et moderne. « La musique ancienne, répondit ce der-
46 nier, // ressemble à un vieux tissu de soie à dessins dont la qualité et la beauté se distinguent avec évidence grâce à une longue et fréquente observation, tandis que la musique moderne ressemble à un tissu de soie à dessins neufs qui te ravit dans l'immédiat, mais dans lequel, à chaque fois que tu le regardes à nouveau, tu découvres des défauts et vois sa beauté diminuer.»

chapitre VI

LA PRÉÉMINENCE DE LA POÉSIE ANCIENNE

Beaucoup de gens lorsqu'ils entendent la poésie arabe qui traite de campements, de traces, de vestiges, de séjours printaniers, de lieux d'habitation, de demeures, de marche à travers le désert, du chameau, des déserts, de l'eau, de la solitude, de l'avidité, des conflits [entre les tribus], de combats, de rancunes et de vengeances (2), la trouvent déplaisante et s'en

(1) Ibrāhīm al-Mawṣilī (m. 188/804), musicien illustre et père d'Isḥāq.

(2) Les motifs invoqués ici sont en effet les principaux thèmes de la poésie pré-islamique dont la très grande valeur artistique et les précieux renseignements qu'elle apporte sur les conditions de vie des Arabes avant l'islam, sur leurs institutions sociales, leurs coutumes et l'histoire de leurs tribus, sont incontestés même pour les poètes des siècles ultérieurs qui

moquent, surtout quand il s'agit d'un vers isolé, détaché. En effet, ils ne peuvent ni savoir la raison d'être de ce vers unique, ni comprendre sa signification. Ces gens n'ont de préférence que pour la poésie qui traite de l'amour, de la nature, des boissons enivrantes, des esclaves musiciennes
47 *(qiyān* sing. *qayna)*, des réunions de réjouissance et d'autres sujets semblables (1), parce que ce genre de poèmes est à leur portée.

Or, le musicien a besoin dans cet art de s'exercer à la poésie ancienne, de connaître ses manières d'être à travers les siècles et de se pencher sur l'élucidation de tous ses éléments afin de comprendre ses significations et ce que l'on cherche en elle. Si les musiciens eurent recours à cette poésie, c'est parce qu'elle est renommée pour son langage et son évocation du passé. Elle est en effet établie dans une proportion harmonieuse, célèbre et consacrée par la tradition (2), elle contient l'histoire ancienne des Arabes, elle relate leurs combats dans les temps révolus, elle raconte leurs événements mémorables, elle peint leurs coutumes et leurs caractères. C'est cette poésie qui fut adoptée par les musiciens et transmise des uns aux autres. Elle est susceptible de procurer un plaisir à celui qui la comprend et la connaît. L'énumération de tous ses genres est inutile car ils sont universellement connus et faciles à saisir.

réagirent contre elle. La profonde vénération pour elle était telle que, même des poètes citadins vivant dans un cadre luxueux et n'ayant jamais vu le désert, continuaient à lui emprunter sa structure et ses thèmes, car, aux yeux des Arabes, les lois artistiques qui régissaient la poésie ancienne étaient les véritables lois de la poésie. Toutefois, déjà au deuxième siècle de l'hégire, nous assistons à la naissance de nouveaux courants, de nouvelles aspirations, qui prennent de plus en plus d'envergure sous l'impulsion des califes abbassides et au contact des diverses cultures étrangères. Aux IXe-Xe siècles, une véritable querelle oppose les partisans de l'art ancien et de l'art moderne.

En ce court chapitre, l'auteur prend une nette position en faveur de la poésie ancienne. Cela n'a d'ailleurs rien d'étonnant car ce n'est que le prolongement de ce que l'auteur vient de dire au sujet de la musique ancienne.

(1) Ce sont les motifs les plus caractéristiques de la poésie moderne.

(2) Il semble que l'auteur fasse ici allusion à la structure prosodique respectée même par les adversaires de la poésie ancienne et qui est à la base de la prosodie musicale; voir chap. XIX, p. 104, n. 6 et 105, n. 1.

chapitre VII

48
L'EXCELLENCE DE LA SCIENCE MUSICALE

Aḥmad b. al-Ṭayyib al-Saraḫsī dit : « Cette science ne cessa d'être chez les philosophes d'un mérite supérieur à celui des autres sciences mathématiques, à condition qu'elle fît l'objet d'une véritable recherche et qu'on poursuivît l'étude de tous ses points ignorés jusqu'à embrasser leur connaissance. Les philosophes considéraient en effet l'arithmétique, la géométrie et l'astronomie comme inférieures en mérite à la science de l'harmonie musicale (1). Quand le vulgaire cependant s'attacha au nom de cette science, vidée de sa signification, en s'attribuant une maîtrise qui ne lui appartenait pas et en tirant des bénéfices de ceux qui ne comprenaient rien, cet abus déprécia la valeur de la musique aux yeux de ceux qui sont incapables de précision scientifique, tandis que ceux qui en sont capables n'attribuaient nullement ces défauts aux vrais musiciens, ni ces imperfections aux connaisseurs. Ils jugent l'art à sa juste valeur, se penchent sur son étude avec respect et vénération et jugent ceux qui la pratiquent avec bonne foi et esprit conciliant. »

On raconte qu'Alexandre, surnommé *ḏū l-qarnayn*, se leva devant un musicien *(mūsīqār)* (2) et lui céda la place. Quand ses dignitaires eurent

(1) Placée dans le cadre du *Quadrivium* des Médiévaux, la science musicale, ou plutôt la science de l'harmonie et des rapports numériques, est considérée ici par les philosophes comme étant la plus distinguée des quatre sciences fondamentales. Nous retrouvons ici les doctrines pythagoriciennes et platoniciennes, notamment celle qui voit dans le nombre le principe de toutes choses. L'harmonie, qui est basée sur la notion de proportion, reçoit chez les pythagoriciens un sens métaphysique et devient l'élément central de la construction de l'Univers. Elle contient en germe et elle explique toutes les autres, d'où sa supériorité à tous points de vue. Le symbolisme numérique ainsi que le sens métaphysique de l'harmonie forment la base du traité de la musique des Iḫwān al-ṣafā'. Voir Moutsopoulos, *La musique*, p. 330-333, 348 et ss. ; E. Werner, *The Philosophy*, p. 262-264, 273-274.

(2) Le terme *mūsīqār* est donné par les Iḫwān al-ṣafā' comme équivalent de *muġannī* (*Rasā'il*, p. 87). L'auteur l'emploie dans ce traité pour désigner le musicien-philosophe ou théoricien ; dans les autres cas, il emploie *muġannī*.

désapprouvé ce geste il dit : « Je n'avais honoré que la musique (1) qui est en lui (2). »

C'est, en effet, parce que cette science est noble que les gens qui la
49 pratiquent ont été élevés au-dessus des gens de toutes les autres sciences. Alexandre disait encore : « Ce n'est pas moi, c'est leur science qui les a favorisés. » C'est pourquoi il leur assigna une place de choix dans sa compagnie. En outre, lorsqu'un souci l'accablait, il rassemblait ses musiciens et prenait un bâton avec lequel il battait la mesure en se livrant à des méditations jusqu'à ce que sa faculté de discernement fut en bon état. Alors, il lâchait le bâton et c'était le signe pour les musiciens de s'en aller. Il disait aussi : « Je n'ai jamais rencontré un ennemi sans savoir d'avance par la mesure de mon âme et par l'harmonie de ses nombres (3) si j'allais être vainqueur ou vaincu. Je pouvais ainsi prévoir les mesures nécessaires avant que les événements que je craignais eussent lieu et être ainsi sûr de mon affaire (4). »

Mūsa, surnommé al-Hādī (5), permit à Ibrāhīm al-Mawṣilī d'user à sa guise de son trésor public ; ce dernier y puisa cent sacs, et cela en dépit de la toute-puissance et de l'orgueil d'al-Hādī (6). On raconte plusieurs autres anecdotes de ce genre.

(1) Lire *(li-l-mūsīqī)* à la place de *li-l-mūsīqār*.

(2) Le sujet de l'élévation du musicien à cause de sa science figure au moins dans deux anecdotes que nous connaissons; cf. *Rasā'il*, p. 85 ; MAQQARĪ, *Analectes*, I, 119-120. Toutefois, dans ces deux anecdotes, fort semblables à celle que raconte l'auteur, il n'est pas question d'Alexandre.

(3) L'ordre et l'harmonie dans l'âme d'Alexandre, obtenus grâce aux rythmes (modes rythmiques), lui permettent de bien juger et de recouvrer la sagesse. Platon écrit : « Comment... la moindre espèce de jugement pourrait-elle exister là où il n'y a pas d'harmonie ? » *Lois*, III, 689 d, trad. E. DES PLACES. « De même, la tempérance se rapproche de l'harmonie ; elle est un ordre et un empire sur « les plaisirs et les passions » : *République*, IV, 430 e, trad. E. CHAMBRY. C'est donc seulement après avoir été libéré de ses tracas et de ses passions qu'Alexandre peut juger la situation lucidement. Le rapprochement de l'idée d'une âme ordonnée avec une théorie des nombres est pythagoricien; voir MOUTSOPOULOS, *La musique*, p. 342-343.

(4) Cette même anecdote, à quelques variantes près, figure dans le premier des trois chapitres relatifs à la musique du *Kitāb Ādāb al-falāsifa* de Ḥunayn ibn Isḥāq (193-259/809-873). On la retrouve également dans la *Taḏkira* d'al-Harawī, auteur du VIe/XIIe siècle ; cf. J. SOURDEL-THOMINE, *Les conseils du šayḫ al-Harawī à un prince ayyūbide*, dans *Bull. Et. Or.*, XVII, 1962, p. 231 (trad.) et 251 (texte arabe).

(5) Le calife al-Hādī, frère de Hārūn al-Rašīd, régna pendant une seule année(168-169/785 -786) et fut le compagnon intime d'Ibrāhīm al-Mawṣilī.

(6) C'est une adaptation de l'anecdote figurant dans *Aġ.*, V, p. 6. Al-Hādī, à la suite d'une forte émotion suscitée par le chant d'Ibrāhīm, invite ce dernier à demander tout ce qu'il désire. Mais, voyant Ibrāhīm solliciter une faveur de nature politique, le calife refuse gentiment et renvoie le solliciteur vers son trésor, non sans le faire accompagner d'un confident à qui il a dit

Un certain savant a dit : « La musique purifie l'esprit en le baignant dans la douceur de ses notes et de ses fioritures, par l'excellence (1) du
50 talent naturel // obtenu grâce à la connaissance précise de ses parties et de la prosodie du vers, par la purification de la nature qui permet de discerner ce qui en est juste et ce qui en est faux, son rythme et les divers aspects de ses genres. »

Un autre dit : « N'est considéré comme connaisseur des vertus attachées aux significations de la musique, des rapports de ses notes, de la correspondance de ses temps rythmiques que celui qui est doué de dispositions naturelles justes, qui le portent à comprendre les subtilités de la connaissance à laquelle il s'adonne, ainsi que d'une constitution harmonieuse qui le rend apte à déceler les particularités de cette science. »

Il disait aussi : « La musique pousse à agir avec douceur dans un moment de chagrin ; elle console dans l'affliction ; elle est affable avec celui qui est anxieux et solitaire ; elle satisfait le désir de l'être esseulé ; elle rafraîchit la passion ardente des cœurs ; elle sert à se concilier la bienveillance de la bien-aimée. »

Quant à la question de savoir lequel des deux arts, la théorie ou la pratique, est le plus noble, nous invoquerons à ce propos l'autorité de ceux auxquels on se fie et sur l'opinion desquels on s'appuie généralement.

Al-Kindī Ya'qūb dit (2) : « La science et la pratique sont les premières des qualités éminentes. Chacune d'elles se subdivise en trois parties. Les
51 parties relatives à la science sont : la physique, les mathématiques et la métaphysique. Les parties relatives à la pratique sont le régime de l'âme (psychologie), le régime de la maison (économie), et le régime de la cité (politique) (3). Les unes déterminent les autres. »

auparavant : « même s'il y puise tout, laisse-le faire ». Ibrāhīm ne prend pourtant que la somme modique de 50.000 dinars.

(1) Le scribe propose *yuğawwid* « améliore » au lieu de *ğawda* « excellence ». Certes, cette lecture est meilleure, mais elle n'est pas justifiable : par la suite en effet, et dans cette même phrase, l'auteur emploie un autre nom d'action *taṣḥīḥ* « purification ». En outre, toutes les idées exposées par la suite sur l'excellence et l'éminence du musicien qui raisonne sont un lieu commun de tous les théoriciens de l'antiquité qui, à l'exemple de leur vénérable maître Pythagore, vantaient les mérites du musicien qui fonde sa science musicale sur la raison.

(2) Al-Kindī (m. *ca* 260/874), nommé « le Philosophe des Arabes », écrivit plusieurs ouvrages importants sur la musique. Voir FARMER, *Sources*, p. 8-10. Ses traités eurent une influence considérable sur les générations des siècles suivants.

(3) Nous retrouvons cette classification péripatéticienne chez Cassiodore : « La philosophie est théorique *(inspectiva)* ou pratique *(actualis)*. La philosophie théorique comprend trois sciences : la science de la nature *(naturalis)*, la mathématique *(doctrinalis)*, la science de Dieu et des anges *(divinalis)*. La philosophie pratique comprend, elle aussi, trois parties : la morale individuelle, la

Nicomaque dit dans son livre *De l'harmonie musicale* (1) : « Nul ne doit penser que l'examen minutieux de (2)... »

Un autre dit : « N'est considéré connaisseur des vertus attachées aux significations de la musique, des rapports de ses notes et de la correspondance de ses temps rythmiques que celui qui est doué de dispositions naturelles justes, qui le portent à comprendre les subtilités de la connaissance à laquelle il s'adonne, ainsi que d'une constitution harmonieuse qui le rend apte à déceler les particularités de cette science. »

Les choses qui se rapportent à la musique (3) (ne) sont (pas) (4) pour celui qui s'adonne à la recherche précise de la philosophie, laquelle est plus nécessaire que l'exercice de la main concernant cet art. Car la supériorité de l'un des deux arts sur l'autre n'est négligeable ni en noblesse, ni en rang, ni en ce qui concerne la précision scientifique, but suprême du bonheur et perfection de la philosophie juste. L'exercice de la main au con-
52 traire n'est qu'une // des sections relatives aux artisanats domestiques (5).

Si l'on mesure le rapport de la pratique à la théorie *(al-muṭribī)* (6), celle-ci sera comme le maître menuisier qui ordonne la mise en exécution des travaux alors que son domestique exécute les dits travaux pour lui. Il en est de la théorie musicale comme d'un roi qui ordonne et prohibe.

Ceux qui dans leurs études de cette science suivent le chemin du raisonnement et convoitent la connaissance des choses que nous avons relatées, sont qualifiés de véritables maîtres de la musique. C'est à eux et non pas aux praticiens qu'on doit attribuer tout ce qui a trait à la com-

morale domestique ou familiale et la morale publique ou civique. » E. DE BRUYNE, *Esthétique médiévale*, I, p. 38.

(1) Il s'agirait du *Manuel d'harmonique* édité par MEIBOM dans *Antiquae musicae...*, vol. I, traduit en français par Ch. RUELLE, Paris, 1881.

(2) Il y a ici une lacune et une répétition textuelle d'environ deux lignes et demie de la page précédente. A remarquer qu'il y manque les trois derniers mots. Il se peut que par distraction, le scribe, au lieu de continuer la citation de Nicomaque ait copié de la page cinquante le passage en question.

(3) *Mūsīqī* ici ne recouvre que l'harmonie et les faits théoriques.

(4) Tenant compte de la suite, nous ne voyons pas d'autre moyen que de proposer la suppression de la négation.

(5) C'est le seul endroit dans ce traité où l'auteur, soucieux de vanter les mérites de la théorie, aboutit à la conception, commune dans l'Antiquité, qui consiste à amoindrir en quelque sorte la pratique pour mieux faire briller l'éclat de la théorie. En réalité, cette conception n'est pas tout à fait la sienne ; voir *supra*, p. 36, n. 1.

(6) *Al-muṭribī* dérive de *ṭarab* « émotion, plaisir, etc... » Cf. appendice II. On peut le traduire par « celui qui apporte la délectation ». Dans les *Mafātīḥ al-ʿulūm*, *muṭrib* est donné comme équivalent de *mūsīqī*, qui selon les dires d'al-Ḫwārizmī est un terme grec. C'est dans ce dernier sens que l'auteur l'emploie ici.

préhension de cette science, de même qu'on attribue l'œuvre d'un excellent édifice à son architecte et non pas aux maçons (1). En somme, le raisonnement et la compréhension sont plus nobles que l'exercice manuel. La théorie musicale est donc supérieure à la pratique. D'autre part, la pratique a besoin de la spéculation, comme le corps humain a besoin de l'âme et comme la perception a besoin de la raison. Socrate et Platon en ont témoigné ; quant à Archytas (2) il composa un livre spécial consacré au
53 musicien // où il dit : « Il ne convient pas d'appeler « maîtres de musique » ceux qui s'adonnent à la pratique musicale, qui appliquent leurs efforts aux exercices de la main, qui pratiquent le jeu des instruments de musique uniquement pour l'exécution sans raisonner sur les motifs, les causes et les raisons de la musique. Ce ne sont que de simples artisans, à classer chacun selon l'activité qu'ils pratiquent. [Mais] en ce qui concerne les théoriciens, il convient de les appeler « maîtres de musique ». Quant à la nécessité de la pratique, elle ne leur convient pas, encore que la noblesse de la pratique ne doive pas être ignorée. »

Ainsi avons-nous rapporté quelques propos tenus à ce sujet.

chapitre VIII

LES PROPRIÉTÉS DES MÉLODIES

Abū Naṣr dit (3) : « Les mélodies sont en général de deux sortes. Celles de la première sorte ont été composées dans le seul dessein de plaire aux sens ; elles n'ont aucun autre effet sur l'âme et n'y font naître aucune image. Les mélodies de cette sorte sont de peu de profit. Les mélodies
54 utiles sont celles de la deuxième sorte // ; elles sont [dites] parfaites. Ce sont celles qui s'associent à des paroles métriquement disposées, c'est-à-dire à la poésie. »

(1) La comparaison de la théorie musicale au menuisier et à l'architecte se trouve dans un même contexte dans le traité d'al-Fārābī (Erl., I, p. 12) et aussi chez certains théoriciens de l'Antiquité. Boèce écrit : « l'exécutant n'est qu'un serviteur ; la raison est reine... L'architecte est supérieur au maçon : son nom est gravé sur l'édifice. H. Potiron, *Boèce*, p. 42-44.

(2) Archytas, mathématicien et philosophe pythagoricien (vers 440-360 av. notre ère).

(3) Il s'agit d'Abū Naṣr al-Fārābī, grand philosophe et théoricien de la musique nommé « le second maître » (le premier étant Aristote). Il fut un éminent érudit de la musique en même temps qu'un excellent exécutant. Parmi les œuvres qu'il écrivit sur la musique figure son grand

« Les mélodies parfaites sont de trois espèces : les mélodies *fortes*, les mélodies *douces* et les mélodies *modérées*. Les mélodies *modérées* sont qualifiées aussi de tranquillisantes comme si elles procuraient à l'âme la tranquillité et la paix (1). » Elles sont qualifiées aussi de *gardiennes* car elles maintiennent l'âme dans un état modéré et ne la font pas dévier de cet état. Quant à l'art de construire chacune de ces sortes de mélodies, il a été étudié en son lieu propre dans le *Livre des philosophes* (2). Nous allons rapporter à ce sujet ce qui s'en présente à l'esprit.

Abū Naṣr dit : « L'aide que les mélodies apportent à la parfaite compréhension du but vers lequel tendent les paroles poétiques ne tient pas à la seule composition harmonieuse des notes aiguës et graves ; ces notes doivent avoir d'autres manières d'être qui rendent les mélodies plus parfaites, plus nobles et plus aptes à la recherche des buts vers lesquels
55 tendent // le plaisir et le profit [les paroles poétiques] (3). Ces manières d'être des notes sont au nombre de quatre. Les unes procurent à l'auditeur du plaisir et la plus plaisante des auditions (4) ; aussi donnent-elles à la mélodie élégance et beauté. D'autres font naître dans l'âme des images qui s'y établissent de la façon dont il est parlé en poétique. D'autres provoquent dans l'âme des passions telles que la satisfaction, l'emportement, la colère, la clémence, la cruauté, la tristesse, le regret et d'autres du même genre. La quatrième de ces manières d'être donne une meilleure compréhension du sens exprimé par les paroles dont les lettres sont associées aux notes des mélodies (5) ; nous entendons par là le poème mis en musique,la lecture [du Coran] et autres choses semblables. Lorsqu'on établit (6) ces manières d'être, chacune d'elles sera attribuée aux choses les plus particulières que l'âme cherche à reproduire par leur moyen. »

« Les notes qui provoquent des passions sont de trois sortes (7). Les unes

traité *Kitāb al-Mūsīqī al-kabīr* qui constitue indéniablement une œuvre monumentale d'une très grande valeur. Al-Fārābī fut le modèle permanent de l'auteur. Ce dernier invoque l'autorité du grand maître à plusieurs reprises et il le cite abondamment. C'est ainsi que le présent chapitre constitue, à l'exception de quelques gloses, une compilation du grand traité d'al-Fārābī.

A signaler, également, que nous quittons pour le moment les doctrines pythagoriciennes relatives à l'harmonie et entrons dans des détails fondés sur la technique musicale.

(1) M., fol. 189 ; Erl., II, p. 94-95.

(2) Voir chap. XLIII, p. 205, n. 6.

(3) M., fol. 186 ; Erl., II, p. 89. Les mots entre crochets viennent, dans le texte d'al-Fārābī, à la place de « le plaisir et le profit ».

(4) Lire : *wa-a'naq masmū'* corrigé d'après al-Fārābī *(ibid.)*.

(5) Ici se termine la citation tirée du fol. 186 ; Erl., II, p. 89.

(6) Lire : *iḏā u'iddat*.

(7) M., fol. 189 ; Erl., II, p. 94.

suscitent dans l'âme des passions fortes ayant rapport avec les caractères
propres à la force telles que : la puissance (1), la cruauté, la colère, l'aversion (2)
56 et d'autres du même genre. // D'autres procurent à l'âme des sentiments
de faiblesse tels que la crainte, la compassion, l'inquiétude, la lâcheté et d'autres semblables. D'autres enfin provoquent des passions mêlées des deux catégories opposées, autrement dit des passions *moyennes* qui maintiennent l'homme dans le même état de modération ; elles s'appellent également les gardiennes (3). »

« Les qualités des notes sont donc les manières d'être propres à chacune d'elles (4). Celles qui procurent à l'âme des passions n'ont pas reçu de noms de chez nous (5) ; ceux qu'on leur attribue dérivent de noms propres aux diverses passions. C'est ainsi que ce qui (6) provoque la tristesse *(ḥuzn)* sera dit *ḥuznī* ou *muḥzin.* Ce qui produit l'affliction *(asaf)* sera *asafī.* Ce qui provoque l'affection *(maḥabba)* sera *maḥabbī.* Ce qui provoque la haine *(buġḍa)* sera *buġḍī;* ce qui provoque la compassion *(raḥma)* sera *raḥmī.* Ce qui inspire la crainte *(ḫawf)* sera *ḫawfī.* »

Les passions sont les différents changements provoqués dans l'âme sous l'effet de différentes sortes de mélodies. C'est pour cette raison qu'il faut qu'il y ait ressemblance entre l'âme et les mélodies ainsi qu'ils [les philosophes] l'ont enseigné. Nous relaterons à ce sujet des traits caractéristiques, s'il plaît à Dieu (7).

57 Ces modalités de notes qui font naître des émotions seront d'autant mieux imaginées qu'elles sont associées à des paroles poétiques concordantes. En effet, l'on peut comprendre à travers les sons ce que l'on comprend à travers le discours articulé, étant donné qu'à chaque espèce de discours (8) correspond une espèce de son qui lui est propre. Lorsque telle ou telle sorte de mélodie est entendue on comprendra s'il s'agit d'une

(1) Inimitié *(ibid.).*

(2) Témérité *(ibid.).*

(3) Cette glose est de la même nature que celle qui suit la première citation.

(4) M. fol. 188 ; Erl., II, p. 93.

(5) Les mots entre crochets sont ajoutés d'après al-Fārābī *(ibid.).*

(6) Lire *fī mā,* correction marginale. D'autre part, ce groupe de mots revient cinq fois par la suite. Il est donc hors de doute qu'il s'agit de *fī mā.*

(7) En effet, cela fera l'objet d'une partie du chapitre suivant. Dans un chapitre intitulé « psychologie esthétique », De Bruyne traite du rapport entre l'âme et la musique qui passionna l'Antiquité et le Moyen Age. Il écrit notamment : « Entre le sujet et l'objet il y a une interaction naturelle : une âme passionnée compose des chants passionnés et y exprime son caractère, mais des chants passionnés, à leur tour, agissent sur le caractère et l'excitent à la passion. » (*Op. cit.,* I, p. 27 ; voir aussi Moutsopoulos, *La musique,* p. 236-237, 252-253).

(8) Lire *al-qawl;* correction marginale.

émotion de joie, de crainte ou d'un sentiment de sécurité. Nous en avons la preuve en permanence chez les oiseaux et les animaux qui émettent des sons spéciaux à travers lesquels nous saisissons s'ils sont en état de joie, de crainte ou de sécurité (1).

« Quant aux choses qui rendent les mélodies plus agréables à l'oreille il faut compter parmi elles les faits suivants (2) :

— que les notes produites par la voix ou les instruments en usage soient pures et non perturbées,

— que les notes de longue durée soient chevrotées et tremblées,

— que les notes ornées (3) soient douces (humides),

— que certaines (4) soient serrées entre les lèvres et que d'autres soient nasillantes,

— que l'on applique le procédé du *taǧnīb* (5) à certaines notes au milieu ou à la fin de la mélodie,

— que l'on donne parfois de l'emphase à une note en la chantant de poitrine et en élargissant le conduit de l'air. »

58 On peut ajouter à ces modalités // d'autres choses qui se produisent dans les mélodies d'une manière déterminée. Je les mentionnerai dans un chapitre approprié (6). Si nous comprenons ces modalités dans les mélodies anciennes et dans les mélodies modernes qui sont de la même espèce, nous serons en mesure d'apprécier chaque genre à sa juste valeur et de connaître l'ampleur de son effet sur notre âme. Par conséquent tout ce qui s'en présente à notre esprit, ne nous déroutera pas et nous permettra d'employer chaque genre dans le dessein qui lui est propre et qui lui convient. L'auditeur et le musicien qui en auront été avertis en tireront un profit considérable.

(1) Les éléments de ce dernier thème sont empruntés à deux chapitres différents du traité d'al-Fārābī (M., fol. 6, 187 ; Erl., I, p. 14-15 ; II, p. 91).

(2) M., fol. 187 ; Erl., II, 90.

(3) Il manque ici un mot. Dans le texte d'al-Fārābī il y a *mumaṭṭaḷa* « étendues ». Dans une note marginale, le scribe a ajouté *al-qiṣār* « les brèves ». Erlanger traduit : « les notes dont la durée a été allongée ». Or, cela fait double emploi avec le fait précédent. En réalité, l'expression *tamaṭṭaṭa fī* signifie « orner (un récit) » ; comme les notes d'ornementation sont généralement brèves, cela concorde avec la correction proposée par le scribe et nous avons ainsi un fait nouveau par rapport au second point.

(4) Mots ajoutés d'après al-Fārābī.

(5) Le *taǧnīb* est le remplacement de la deuxième note d'un tétracorde, ou *note de l'index*, laquelle se situe à un intervalle de 9/8 de la note qu'émet la corde libre, par la *voisine de l'index* (un demi ou un quart de ton plus bas). Erlanger a traduit « précipiter certaines notes... », il a sûrement dû lire *tuhaṯṯ* au lieu de *tuǧǧannab*.

(6) Voir chapitre XXIII.

chapitre IX

LA SIMILITUDE DE L'ÂME, DE LA MUSIQUE ET DE LA SPHÈRE CÉLESTE (1)

Nous exposons de cette doctrine quelques traits caractéristiques car il serait beaucoup trop long d'en faire une étude complète à cause du grand nombre de personnes qui se sont prononcées à ce sujet et de la multiplicité de leurs dires.

Voici l'avis d'al-Kindī ainsi que de quelques autres sur la similitude des activités de l'âme et des répartitions des assemblages consonants des notes *(al-ǧumū' al-muštarakāt li-l-aṣwāt)* (2). Le commentaire de ces derniers sera inclu dans un chapitre approprié, celui des *systèmes* (3).

59 Al-Kindī a dit : « Comme les consonances simples sont au nombre de trois — simple dans ce cas est le groupement dont les extrêmes se ressemblent et se trouvent entre eux en rapport noble — à savoir : le groupement de quatre notes (la quarte) le groupement de cinq notes (la quinte) et le groupement du tout (l'octave) (4) ; comme aussi les principes

(1) Il faut sous-entendre ici : *harmonie de l'âme, harmonie musicale* et *harmonie des sphères*. Ce titre dénote, en l'occurence, une analogie frappante avec la division tripartite de la musique chez plusieurs auteurs médiévaux (cf. *supra*, p. 47, n. 3). Par conséquent, l'auteur revient ici à la notion de l'harmonie dans son sens le plus large, suivant les conceptions de l'école pythagoricienne et celles de Platon (voir chapitre II, p. 46, n. 6 à p. 48, n. 3). Toutefois, cette reprise de l'étude de l'harmonie ne constitue pas une pure répétition des idées exposées dans le second chapitre. En effet, dans ce dernier chapitre qui clôt la partie consacrée à l'harmonie spéculative et à la philosophie de la musique, l'auteur tente d'expliquer, au moyen de son expression mathématique, le concept de l'harmonie en tant que principe de toutes choses, union des contraires et lien entre le limité et l'illimité. Malheureusement, l'exposé de l'auteur est fort diffus et aboutit souvent à des obscurités.

(2) *Ǧam'* (pl. *ǧumū'* traduit généralement le terme grec *systema*; voir, pour les détails concernant ce sujet, J. Chailley, *Imbroglio des modes*, p. 6-11. *Al-muštarakāt li-l-aṣwāt* serait la traduction de « consonances ». Il ne s'agit ici, tout au moins au début du chapitre, que des trois consonances : l'octave, la quinte et la quarte.

(3) Voir chapitre XVI.

(4) Cette définition correspond à la conception des théoriciens grecs, excepté la question d'octave qui, selon J. Chailley, ne fut considérée comme système simple qu'à partir de Ptolémée

de l'âme sont au nombre de trois : le rationnel, le sensible ou le sensitif et le naturel [végétatif] (1), la similitude de ces trois [groupements et principes] s'exprime ainsi : le principe rationnel s'identifie avec le groupement du tout et en diffère le moins (2) ; de même que là où se trouve la faculté rationnelle se trouvent aussi les facultés sensitive et instinctive — je veux dire par faculté rationnelle, la discrimination —, de même, l'intervalle d'octave embrasse par la force de son existence les intervalles de quarte et de quinte (3) ; de même aussi, [là où] (4) il y a un groupement de cinq (5), un groupement de quatre (6) s'y trouve. Le groupement qui correspond au principe sensible est celui de cinq notes, qui est le plus proche du rationnel. Le groupement qui correspond au principe naturel est celui de quatre.

60 Quant aux éléments constituant l'âme rationnelle, // ils sont au nombre de sept, nombre équivalent aux éléments du groupement du tout (l'octave) : la compréhension *(fahm)*, l'intelligence *('aql)*, la mémoire *(ḥifẓ)*, la réflexion ou la délibération *(rawiyya)* (7), l'estimation *(ẓann)*, le syllogisme *(qiyās)* et le savoir *('ilm)*.

au IIe siècle ap. J.-C. *(ibid)*. Toutefois, il semble qu'il s'agit ici des consonances et non pas des systèmes et qu'il faut entendre par conséquent : « les rapports les plus simples qui doivent traduire les consonances »; voir Potiron, *Boèce*, p. 48. D'autre part, les formules employées ici pour désigner l'octave, la quinte et la quarte sont les traductions de termes grecs : *diapason, diapente, diatessaron.*

(1) *Ġarīzī* remplace ici le terme généralement employé à cette époque, *al-nafs al-nabātiyya* « l'âme végétative » dans la doctrine de l'âme tripartite ou des trois parties de l'âme. Cette doctrine qui remonte à Aristote enseigne que « l'âme rationnelle » est l'âme, ou la partie de l'âme, qui est le principe de la pensée; « l'âme sensitive », l'âme, ou la partie de l'âme, qui est le principe de la sensation et de la sensibilité, même chez les êtres qui ne possèdent pas la raison ; « l'âme végétative », l'âme, ou la partie de l'âme, qui produit la nutrition, la croissance, la production et le déclin des êtres vivants, même non doués de sensation et de sensibilité. En outre, il semble que l'identification des trois parties de l'âme avec les trois intervalles : la quarte, la quinte et l'octave soit d'origine pythagoricienne. Voir Moutsopoulos, *La musique*, p. 331-333.

(2) Lire *min al-tabāyun fī-hi;* le mot *fī-hi* a été ajouté par une autre main.

(3) Dans un énoncé analogue, Philolaos ajoute le ton au nombre d'intervalles qu'embrasse l'octave. Moutsopoulos, *La musique*, p. 331.

(4) Lire *wa-ḥayṯu yakūn.*

(5) *Al-laḏī bi-l-ḫams.*

(6) *Al-laḏī bi-l-arba'.*

(7) Ce passage est extrêmement confus. Apparemment, l'auteur semble vouloir associer les sept aspects d'octaves aux différentes facultés spirituelles de l'âme. Mais l'exposé diffus qui suit ne correspond à aucun des systèmes connus relatifs à la doctrine en question. Il y manque certaines facultés fondamentales, les termes employés ne concordent pas avec les descriptions correspondantes et, enfin, certains termes n'expriment pas des facultés spirituelles de l'âme. Pour les détails concernant l'évolution de cette doctrine, on se reportera à l'excellente étude de H. A. Wolfson, *Internal senses*, dans *Harward Theological Review*, 1935, p. 69-133.

A la lumière de cette étude, nous ferons les remarques suivantes : *a.* — Les facultés spiri-

En ce qui concerne la compréhension, c'est ce que le sens fait venir à l'âme.

L'intelligence, c'est la formation des concepts dans l'âme à partir des images reçues par les sens.

La mémoire, c'est la rétention dans l'âme des images reçues par l'âme.

La délibération, c'est l'état dans lequel l'âme compare les choses de par leurs formes extérieures.

Le syllogisme, c'est l'état dans lequel l'âme établit une comparaison en avançant un argument correct, je veux dire en déduisant les conclusions à partir de prémices véridiques.

Le savoir, c'est la saisie de la vérité par l'âme.

L'âme sensitive se subdivise en quatre éléments, nombre équivalent à celui des éléments des quintes : l'ouïe, la vue, le goût et l'odorat (1).

Les éléments des quartes correspondent à ceux de l'âme végétative à savoir, le début de la croissance, le terme de la croissance et la dissolution ou le déclin (2). Voilà comment chaque espèce répond à ce qui lui est équivalent.

61 Étant donné que l'harmonie entraîne l'excellence des notes (ce qu'on a appelé *mālās*) (3) et la disharmonie leurs défauts (ce qu'on a appelé *amālās*) (3), étant donné que les vertus de l'âme leur correspondent et que ses vices sont comparés aux imperfections des notes, étant donné que l'harmonie

tuelles n'atteignent le nombre sept qu'à l'époque d'Avicenne. Cependant, celles dont parle notre auteur ne peuvent aucunement s'y apparenter, les deux dernières en effet, n'en font pas partie ; le « sens commun » *(al-ḥiss al-muštarak)* y fait défaut et, de toute manière, les autres facultés ne correspondent pas à celles d'Avicenne. *b.* — Même en éliminant les deux dernières, celles qui restent ne se rapportent ni aux cinq facultés d'al-Fārābī (Wolfson, *op. cit.*, 94), ni à celles des Iḫwān al-ṣafā' (*ibid.*, p. 77), ni enfin à celles des autres auteurs. *c.* — L'importante « faculté imaginative » *al-taḫayyul* que l'on trouve dans tous les systèmes, manque chez notre auteur. Par contre, la définition de *fahm*, la « compréhension » correspond parfaitement à celle que l'on donne à la « faculté imaginative ». De même, ce que l'auteur nomme *'aql* « intelligence » est l'équivalent de *al-quwwa al-mufakkira* « la faculté de délibération ou de réflexion ». *d.* — *Ẓann*, la « faculté d'estimation », que l'on trouve à partir d'al-Fārābī, ne reçoit malheureusement aucune définition dans cet exposé.

(1) La comparaison de quatre aspects des quintes avec les sens externes conduit l'auteur à la suppression pure et simple du toucher. Mais il écrit à la page 61 que les physiciens négligent le toucher parce qu'il est commun aux autres sens. Nous trouvons une théorie semblable dans le chapitre sur l'« audition » musicale de l'auteur mystique al-Ḥuǧwirī (*Kašf al-maḥǧūb*, p. 393).

(2) Avec cette troisième démonstration, l'auteur nous ramène à la division tripartite de l'âme.

(3) Le texte porte ici *amālās* ainsi qu'à la ligne suivante. Nous proposons de lire la première fois *mālās*, qui fait penser à *melos*, et de maintenir la seconde fois *amālās*, qui signifierait le contraire de *melos* (avec le *a* privatif). Nous ne voyons pas pour le moment d'autre solution.

en musique est l'assemblage des sons ayant entre eux des rapports consonants et que la disharmonie est la situation opposée, étant donné que les vertus de l'âme s'expriment dans sa tempérance et la composition harmonieuse de ses parties (1), il apparaît (2) clairement que la musique fait passer (3) l'âme par des états différents au moyen desquels elle indique qu'elle lui ressemble et qu'elle s'harmonise avec elle, si elle est bien ordonnée, et qu'elle la contrarie, si elle est incohérente (4). Si bien qu'elle la fait passer parfois au désir et à un laisser-aller joyeux, parfois à l'abstinence et au repliement sur elle-même, parfois au silence et à l'ascèse — je veux dire le sommeil — tantôt à la colère et à l'emportement, tantôt au calme et
62 à l'immobilité, tantôt au mouvement // et au saut, tantôt à la joie ou à la tristesse, et tantôt à la sécurité ou à la crainte.

Dionysos (5) fit mention de certains modes (6) qu'il prit pour des équivalences des vertus de l'âme. Il assigna la justice au mode de l'*index* de la deuxième corde (ré$_2$), la bonne compréhension au mode de la troisième corde à vide (fa$_2$), la pureté au *médius* de la deuxième corde (mi$\flat_2$), l'intelligence à l'*index* de la troisième corde (sol$_3$), la sollicitude à la quatrième corde à vide (si$\flat_3$), l'emportement au *médius* de la troisième corde (la$\flat_3$), la patience à l'*index* de la quatrième (do$_3$) et la virilité au *médius* de la quatrième (ré$\flat_3$). Les savants de l'Antiquité avaient à ce sujet de longues théories dont nous n'avons pas besoin.

Quant à la ressemblance entre la musique (7) et les sphères célestes

(1) Voir : Moutsopoulos, *La musique*, p. 98-99 ; 342-343.

(2) Il semble qu'on attendrait ici *faqad bāna,* plutôt que *wa-qad bān* cette lecture nous permettrait de considérer ce qui suit comme une proposition principale.

(3) Lire *tuḥīl,* ce même verbe revient à plusieurs reprises par la suite ; d'autre part, le verbe *tuḥayyil* ne peut pas aller avec *ilā.*

(4) De Bruyne, résumant des conceptions analogues des auteurs du Moyen Age, écrit : « L'harmonie qui se manifeste dans l'homme — *musica humana* — se rapporte tout d'abord aux rapports entre le corps et l'âme, ensuite aux relations entre la sensibilité et la raison ; elle est aussi la condition essentielle de l'accord ontologique entre le sujet connaissant et l'objet connu. C'est la perception de l'harmonie objective par l'harmonie du sujet qui engendre le plaisir... Entre le sujet et l'objet il y a une interaction naturelle : une âme passionnée compose des chants passionnés et y exprime son caractère, mais des chants passionnés à leur tour, agissent sur le caractère et l'excitent à la passion (*op. cit.*, I, 26-27); cf. aussi Potiron, *Boèce*, p. 35 ; *Rasā'il*, p. 84-87.

(5) Dionysos sera mentionné une seconde fois, dans l'avant-dernier chapitre (p. 203), parmi les philosophes et les théoriciens qui ont contribué au développement de la musique.

(6) Littéralement « notes », mais ce terme, comme nous l'avons dit, signifie aussi « modes » ; voir le paragraphe : « les modes » *supra*, p. 16-24.

(7) Littéralement « entre elle et la sphère » ; « elle » peut donc se rapporter aussi bien à la musique qu'à l'âme. En réalité l'identité des mouvements conviendrait mieux à l'âme et à la sphère qu'à cette dernière et la musique. Mais, immédiatement après les quelques notions d'astro-

dans leur position et leurs mouvements, elle tient à la nature propre de ces sphères et à leur position (1). En ce qui concerne la nature [de chaque sphère], il y a le fait que son mouvement, à savoir le mouvement de la sphère céleste, n'a pas de commencement pour ce qui touche à sa position. En ce qui concerne sa position, il y a le fait qu'il est possible de situer le commencement, dans chaque cas, en différents lieux, c'est-à-dire
63 que n'importe quelle position peut servir comme point de départ //, car la ligne du midi divise la sphère des Zodiaques en deux moitiés en tout endroit selon deux signes opposés, dont chacun peut servir d'extrémité du diamètre de la sphère des Zodiaques (2).

Le *système complet* qui est qualifié de double octave *(bis diapason)* renferme le plus grand intervalle sonore (3) deux fois, car le plus grand intervalle est *celui du tout* (l'octave). Les extrêmes de ces deux intervalles sont la *mafrūḍa (proslambanomenos)*, la *wusṭā (mese)* (4) et la dernière des *suraiguës* ; on entend par *mafrūḍa* la note de la première corde à vide (sol$_2$), par la *wusṭā* la note de l'index de la troisième corde (sol$_3$) et par l'autre la note de l'annulaire (5) de la cinquième corde (sol$_4$). Toutes ces notes sont qualitativement les mêmes car deux d'entre elles entendues ensemble formeront un mélange homogène à l'oreille (6). Il s'ensuit que le *système complet* est un cercle en puissance étant donné que son extrémité se courbe et rejoint l'origine (7). La sphère des Zodiaques se divise en douze parties qui représentent les mansions du Zodiaque. Nous pensons que
64 cette division fut établie (ou définie) ainsi parce que (8) le nombre douze est divisible en demis, tiers et quarts (9). Ce sont là les éléments qui se

nomie, l'auteur mentionne le *système complet* et c'est ce qui m'a conduit à trancher en faveur de la musique.

(1) Il est question une fois de « position et mouvements » et une autre fois de « nature et position ». Ce n'est pas la seule difficulté de ce passage.

(2) Les toutes dernières lignes sont peu claires. Ajoutons que le passage entier n'est pas non plus d'une clarté évidente. Néanmoins, nous pouvons en dégager l'opinion, répandue chez les philosophes, selon laquelle le mouvement de la sphère céleste n'a pas de commencement ; à ce point de vue, tous les instants et toutes les situations des corps célestes se valent. On peut donc prendre n'importe laquelle comme point de départ.

(3) Lire *al-ṣawtiyya*.

(4) En dehors de ce passage, le terme *wusṭā* désigne toujours : la note du médius. Voir *infra*, p. 84, n. 3.

(5) Lire *al-binṣir*.

(6) Voir M., fol. 43 ; Erl., I, 86 ; Potiron, *Boèce*, p. 48.

(7) On reconnaît ici la conception pythagoricienne qui assigne la plus haute perfection aux mouvements et figures circulaires.

(8) Lire *aw ḥudda li-ann*.

(9) Douze est le plus petit nombre entier ayant quatre diviseurs.

trouvent dans la division du système complet, car la dernière note de l'octave est la moitié de la première (2/1), la note de la quinte est avec la dernière en rapport de un et demi (3/2), la note de la quarte est avec la dernière en rapport de un et un tiers (4/3). L'excès du premier terme sur le second dans la quarte et avec l'octave existe pour la ressemblance des rapports de la sphère des Zodiaques et celui du *système complet*; l'étude de ces faits sera incluse dans le chapitre approprié (1).

chapitre X

LES MANIÈRES D'ÊTRE DES NOTES (2)

Les notes émises par les cordes quand elles sont ébranlées sont produites, soit par la vibration de l'air ambiant, [soit...], quand l'air vibre à la suite de l'ébranlement des cordes et que les instruments possèdent des concavités et des ouvertures permettant (3) à l'air de pénétrer à l'intérieur, il résulte de la compression de l'air un bruit (un bourdonnement) (4).

(1) Cette dernière phrase, traduite littéralement, est une énigme. A la suite de longues recherches, nous croyons que l'auteur exprime ici, fort mal, une théorie platonicienne qui concerne la « moyenne harmonique » : 12:8 :: 8:6. Cette théorie fut reprise et commentée par Nicomaque dans son *Manuel d'Harmonique*, p. 26-27, dans la traduction de Ch. Ruelle. Nous renvoyons le lecteur à cet ouvrage où la question est exposée très clairement et où il pourra vérifier notre hypothèse.

(2) Ce petit chapitre constitue une introduction à l'étude détaillée du son incluse dans le chapitre suivant. C'est aussi le premier chapitre qui traite de la théorie musicale proprement dite, car jusqu'ici l'auteur a développé des thèmes qui relèvent de l'esthétique générale.

Comme l'objet principal de l'étude du son *(ṣawt)* est la définition de la note musicale *(naġama)* qui serait l'équivalent de « la consonance qui régit la conduite mélodique », l'auteur commence par donner quelques généralités sur les modalités des notes musicales pour en arriver, en fin de compte, à la définition que nous trouvons chez Boèce, chez Nicomaque et d'autres : « La consonance suppose le son, or il n'y a pas de son sans impulsion ou percussion préalable ; ni percussion (de l'air) sans mouvement qui la provoque ». Potiron, *Boèce*, p. 45 ; Nicomaque, *Manuel d'harmonique*, p. 15-16 ; Euclide, *Division du canon*, p. 42-59.

(3) Lire *wa-kānat lahā taǧwīfāt wa-manāfiḏ*.

(4) Cette phrase est défectueuse. Il y manque d'abord le deuxième membre de la comparaison qui doit commencer par le deuxième *immā* « soit ». Nous aurions pu résoudre ce problème en lisant *innamā* « en effet ». Mais alors nous nous heurtons à d'autres difficultés. Nous pensons qu'il y a ici une lacune et qu'il doit s'agir de deux explications différentes de la production du son :

Étant donné que l'ouïe est incapable de distinguer une note musicale d'un simple bruit avant que ces bruits se groupent parce qu'ils sont de la même nature, il en résulte que lorsque ledit bruit est suivi d'un autre bruit avec lequel il concorde il sera entendu comme consonant ; mais si le second est discordant, le premier sera dissonant.

Les notes musicales sont celles dont les emplacements sont déterminés par des ligatures et dont nous traiterons dans un chapitre approprié (1).

Abū Naṣr dit : « Les modalités des notes sont de deux sortes : quantitatives et qualitatives. Les modalités qualitatives des notes se rapportent aux qualités qu'on leur attribue telles que : notes agréables ou désagréables, pures ou perturbées, dures ou molles, douces ou rauques.

Les modalités quantitatives se rapportent aux valeurs des notes telles que les degrés de leur gravité et de leur acuité (2).

Les causes de l'acuité et de la gravité des notes de la voix humaine sont les mêmes que celles qui déterminent les notes entonnées par les
66 instruments à vent // naturels, de même que les instruments à vent sont comme des larynx instrumentaux (3).

La note est un son unique qui se poursuit un certain temps [au sein du corps où il est né] (4) ; comme par exemple le son de la note qu'engendre la première corde à vide ou celle de la seconde corde ou celle de son index ou d'autres.

Le son précède la note : il est comme son espèce. Or, il n'y a pas de note sans son, ni son sans percussion préalable, ni son consonant sans notes » (5).

l'une relative aux cordes et l'autre relative aux instruments à vent. Cette double explication figure dans le traité d'al-Fārābī (M., fol. 43 ; Erl., I, p. 81-82) qui sert en la matière de modèle permanent à notre auteur.

(1) Une note musicale se définit par un rapport numérique qui est fonction de la longueur de la corde.

(2) C'est un bref résumé de *M.*, fol. 168-169 ; Erl., II, p. 54-57.

(3) *M.*, fol. 168 ; Erl., II, p. 55.

(4) *M.*, fol. 42 r ; Erl., I, p. 81. Les mots entre crochets sont ajoutés d'après al-Fārābī.

(5) Voir *supra*, p. 74, n. 2.

chapitre XI

LES CAUSES DE LA PRODUCTION DES SONS (1)

« Le son est produit par un choc. Le choc, c'est le contact d'un corps dur avec un autre corps dur, sur lequel il exerce une pression résultant de son mouvement propre (2). » « Le son se produit lorsque l'air s'échappant des corps heurtant et heurté est comprimé et que les molécules sont jointes entre elles. Plus la couche d'air s'échappant du corps heurté est comprimée, plus le son qui se produit est net et de bonne qualité. Ceci a lieu lorsque des corps solides heurtent d'autres corps durs et polis, comme c'est le cas du cuivre, du fer et de leurs semblables. Si le corps heurté est rugueux
67 ou ses molécules lâches //, la production des sons est moins probable » (3).

« Il en résulte qu'un son ne se produit que lorsque le corps heurté résiste au corps qui le heurte ; si, en revanche, il se laisse traverser et ne résiste pas, aucun son ne se produit » (4). « Tel est en général le principe de la production des sons » (5).

« Comment le son parvient-il à l'oreille ? C'est l'air s'échappant du corps heurté qui transmet le son ; celui-ci meut d'un mouvement pareil au sien la couche d'air immédiatement à sa suite, celle-ci reçoit le son de la première couche et le communique à la troisième, qui, à son tour, le reçoit et le communique à la quatrième ; c'est ainsi que le son continue à être transmis d'une couche d'air à une autre jusqu'à ce qu'il parvienne à l'oreille » (6). C'est cette dernière portion de l'air qui touche l'ouïe et c'est alors qu'on entend [le son].

« Les sons de la voix humaine se produisent par l'acheminement de l'air à travers le larynx et son heurt avec les parois concaves du larynx et avec les autres organes que cet air traverse, telles les différentes régions de la
68 bouche // et certaines parties du nez.

(1) La presque totalité de ce chapitre est une compilation du traité d'al-Fārābī.
(2) *M.*, fol. 41 ; Erl., I, p. 80.
(3) *M.*, fol. 41 ; Erl., I., p. 81.
(4) *M.*, fol. 41 ; Erl., I, p. 80.
(5) *M.*, fol. 41 ; Erl., I, p. 81.
(6) *Ibid.*

Cet air est celui que l'homme aspire du dehors, introduit dans ses poumons et au fond de sa poitrine [pour prendre haleine].Une fois chauffé, il l'expire au dehors. Or, si l'homme pousse toute la quantité d'air aspirée, à la fois et sans contrôle (avec relâchement), il ne se produit aucun son perceptible à l'oreille ; si par contre il retient cet air dans ses poumons et les autres cavités qui précèdent le larynx et s'il le renvoie par petites quantités et de façon continue tout en le pressant sur les concavités du larynx au point que ses molécules s'y heurtent, des notes se produiront, tout comme s'il s'agissait du passage de l'air à travers les instruments à vent. En effet, plus le conduit de l'air de ces instruments est étroit, plus la note engendrée est aiguë ; plus il est large, plus la note engendrée est grave. Il en est ainsi pour le larynx qui, lorsqu'il est heurté par une couche d'air ou par une partie de ses molécules dans un emplacement proche du siège de la force d'impulsion, lui fait produire une note aiguë, et, lorsqu'il est heurté dans un emplacement qui s'en éloigne, lui fait produire une note grave. De même, le son est plus grave ou plus aigu selon que la force
69 d'impulsion est plus faible ou plus forte. // De même, le passage de l'air dans une concavité du gosier dure ou rugueuse, ou molle et fortement polie, produit dans le premier cas des notes aiguës, dans l'autre, des notes graves. Les diverses parties du larynx situées le plus près du siège de la puissance impulsive sont comparables aux *touches* qui sont les plus près de la main de celui qui pince les cordes des *'ūd* et des *ṭunbūr* » — nous entendons par *touches* les plus proches celles qui sont situées à proximité du chevalet, comme par exemple la touche de l'annulaire et celles qui viennent à sa suite ; elles correspondent également aux ouvertures les plus rapprochées de la bouche du joueur d'un instrument à vent ; d'autre part, les points les plus éloignés de la puissance impulsive correspondent aux touches les plus éloignées de la main de celui qui pince les cordes des *'ūd* et des *ṭunbūr*, à savoir, la touche de la voisine de l'index *(muǧannab)* et celles qui viennent à sa suite ; ils correspondent également aux ouvertures les plus éloignées de la bouche du joueur d'un instrument à vent (1), « car, lorsque l'air qui traverse le
70 conduit tubulaire d'un instrument à vent heurte le conduit // en des points éloignés de la bouche du joueur, les notes engendrées sont graves » (2).

« Il n'est pas possible de déterminer exactement les points du larynx frappés par l'air renvoyé par les poumons, ou de mesurer la distance qui

(1) En guise d'interprétation, l'auteur intercale cette vaste glose dans la très longue citation d'al-Fārābī qui se poursuit encore.

(2) La deuxième partie, qui concerne les points les plus proches, figure plus haut dans la glose de l'auteur.

les sépare ; de même, il n'est pas possible [de préciser] (1) de combien le larynx se dilate ou se rétrécit par rapport aux notes qu'il fait entendre. Les valeurs des notes vocales ne peuvent être appréciées que par comparaison avec d'autres engendrées par les instruments à corde ayant des ligatures qui déterminent les places des notes (2) » (comme le *'ūd*, le *ṭunbūr* et le *rabāb*) [?]) (3).

Beaucoup de gens s'imaginent à propos de l'acuité et de la gravité des notes de la voix humaine que ces notes sont tantôt produites dans la tête, tantôt dans la poitrine, tantôt dans les organes placés entre les deux. Ils croient que ce sont là les causes de leur acuité et de leur gravité. Or, ceci n'est pas exact, car les causes sont celles que nous venons de mentionner, auxquelles il faut ajouter que la densité, la rareté, la lenteur et
71 la rapidité de l'air font que le son soit : // grand et intense, petit et faible, grave ou aigu (4).

Cet air pour parvenir à l'ouïe est refoulé par un mouvement circulaire semblable à celui qui se produit sur une surface d'eau constante et calme après qu'on y a jeté (5) quelque corps. Sous l'impulsion de ce corps, une onde se dessine, commençant à l'endroit où le corps était tombé, comme un mouvement qui débute du centre. Puis, l'onde oscille dans un mouvement circulaire, comme l'air dans son mouvement qui continue à tourbillonner en agrandissant ses cercles jusqu'à parvenir à l'ouïe ; il en est de même pour l'onde, qui continue à tournoyer jusqu'à parvenir au bord, si elle a assez de force pour y parvenir ; si sa force s'affaiblit auparavant, elle égalisera le niveau d'eau qui avait engendré son mouvement. Il en est de même pour le mouvement circulaire de l'air quand il (perd sa force) et se ralentit avant de parvenir à l'ouïe (6).

Si l'air dépasse sa propre force et s'échappe pour revenir au lieu
72 // du départ, il se produit un écho qui répond au son initial.

(1) Ces deux mots sont ajoutés d'après al-Fārābī : *M.*, fol. 170 ; Erl., II, 56.

(2) A quelque chose près, ce long passage constitue une citation d'al-Fārābī : *M.*, fol. 168-169 ; Erl., II, p. 55-56.

(3) Le *rabāb* (instrument à cordes frottées) ne peut pas figurer parmi « les instruments à cordes ayant des ligatures ».

(4) C'est une libre adaptation d'un passage de *M.*, fol. 170 ; Erl., II, p. 57.

(5) Lire *ulqiya* glose marginale.

(6) Cette comparaison des vibrations de l'air aux ondulations de l'eau provoquées par la chute d'une pierre se trouve chez Boèce. Potiron, *Boèce*, p. 46.

chapitre XII

LE NOM DE LA MUSIQUE

Le terme *mūsīqī* a pour sens « les mélodies ». La mélodie est un ensemble de notes composées d'une façon déterminée, auxquelles on a associé des lettres qui composent des mots, ordonnés selon les règles habituelles et exprimant des idées (1).

On dit que la musique tire son nom de celui de la grande sphère qui s'intitule *musiqaqaya* [?] (2) à cause de la noblesse de cette sphère et parce que cette science lui correspond en noblesse grâce à sa supériorité sur toutes les autres sciences [mathématiques].

Al-Kindī Ya'qūb dit : « La mélodie, c'est la composition d'un chant, de notes plus aiguës (3) et de notes plus graves ordonnées d'une façon agréable. »

Les anciens soutenaient que la mélodie la plus parfaite au point de vue de la composition musicale *(al-tāmm al-mūsīqārī)* (4), est celle qui réunit trois éléments : la poésie, l'harmonie et le rythme (5).

73 Abū Naṣr a, lui aussi, défini la mélodie // en disant : « La mélodie est un ensemble de plusieurs notes [dont le nombre est] déterminé, presque toutes consonantes, arrangées d'une façon donnée, choisies dans un système connu et déterminé, à l'intérieur duquel on emploie un genre déterminé, qui renferme des intervalles [disposés d'une façon] déterminés. Ce groupe a une tonalité déterminée à partir de laquelle on effectue une évolution déterminée en empruntant un mode rythmique déterminé » (6).

(1) AL-FĀRĀBĪ : *M.*, fol. 2 ; ERL., I, p. 5-6 ; ṢAFĪ AL-DĪN dans ERL., III, p. 519.

(2) Il se peut que l'auteur confonde ici deux théories différentes : *a.* — la définition étymologique des Muses et de la musique (PLATON, *Cratyle*, 406 a). Voir à ce sujet A. VAN DEN LINDEN, *Gloses sur l'étymologie du mot « musique »*, dans *Miscell. Gessleriana*, Anvers, 1948, p. 736. *b.* — La théorie qui rapproche l'harmonie des sphères et la musique.

(3) Littéralement *āḫar* « autres ». Je propose la lecture *aḥadd* qui est le contraire de *atqal*.

(4) *Mūsīqār* désigne le musicien. L'expression *al-tāmm al-mūsīqārī* employée ici est un peu étrange. Tenant compte du contexte il semble qu'il doive s'agir de « ce qui est composé à perfection ». En outre, quand ce même énoncé revient à la page 118, l'auteur emploie l'expression : *al-tāmm al-mutallat* « la mélodie parfaite à trois éléments ».

(5) Voir PLATON, *République*, III, 398, d, trad. E. CHAMBRY.

(6) *M.*, fol. 82 v ; ERL., I, p. 160.

« L'association des notes aux lettres combinées entre elles, c'est-à-dire les mots, se fait de la façon suivante (1) : lorsque le nombre de lettres d'un vers à deux hémistiches est supérieur à celui des notes destinées à la composition d'une certaine mélodie, on remplit les notes en associant une, deux, trois, quatre ou plus de lettres par note, de façon à ce que les notes englobent toutes les lettres du vers.

L'adaptation des lettres aux notes se fait de deux manières : ou bien les lettres sont placées sur les extrémités des notes, c'est-à-dire sur leurs attaques (2), ou bien elles remplissent la durée séparant les deux extré-
74 mités de la note // de sorte que l'espace compris entre l'attaque et l'extinction de chacune des notes de la mélodie soit rempli par les lettres. La première espèce se nomme « chant à notes vides » *(al-fāriġ)* ; la deuxième espèce « chant à notes pleines » *(al-mumtali')* (3).

Quand le chant est *à notes pleines*, les paroles sont aisément comprises, mais la mélodie en est moins belle et peu agréable. Quand le chant est *à notes vides* les paroles sont difficiles à comprendre, mais la mélodie en est plus belle et plus agréable à entendre. Il faut donc que le chant soit mixte pour qu'on puisse trouver plaisir à sa mélodie et comprendre ses paroles.

On place souvent, sur les bornes des *notes vides*, des lettres mélodieuses qui, lorsqu'elles sont dissimulées, ne nuisent pas au sens de la poésie et n'en cachent pas grand-chose. Ces lettres qui n'ajoutent ni n'enlèvent rien à la poésie, ne servent que pour les allongements *(maddāt)* et les vocalises *(tarnīmāt)* (4). Ceci dit, la compréhension des paroles poétiques

(1) Ce long exposé qui va suivre sur l'association des différentes répartitions est entièrement emprunté au traité d'al-Fārābī (*M.*, fol. 175, 178 ; Erl., II, p. 66-68, 73).

(2) Je substitue *al-bidāyāt* d'après al-Fārābī ; néanmoins, la version de l'auteur *al-maddāt* n'est pas impossible. *Al-maddāt* sont des notes de prolongation ou des notes de départ des vocalises ; cf. note suivante.

(3) Cet exposé très savant, qui occupe plusieurs pages dans le traité d'al-Fārābī, mérite quelques éclaircissements. Ce que l'on entend par note *pleine* c'est en réalité une même note répétée autant de fois que les lettres qui y sont associées ; elle est considérée comme une seule et unique note parce qu'elle se maintient sur une même hauteur. D'autre part la note *vide* est une note qui, d'une façon imagée, n'est affectée qu'au moment de l'attaque, elle se poursuit ensuite sans aucune autre intervention. Cette note peut représenter toute une vocalise, attaquée sur une lettre qui est généralement une voyelle.

(4) Voir notre commentaire sur ce terme, *infra*, p. 198, n. 1. En outre, les lettres dont il est question sont, encore à l'heure actuelle, d'une extrême importance dans les musiques orientales. En effet, le chanteur peut ajouter à sa guise, sur les finales des hémistiches ou des vers, des lettres, des syllabes et parfois même des mots sans signification qui lui permettent de s'écarter du rythme défini des paroles chantées. Autrement dit, ces éléments ajoutés qui ne nuisent pas au sens du texte sont destinés à laisser libre cours à l'imagination de l'exécutant. Voir *supra*, p. 50, n. 1 ; p. 57, n. 2.

produit dans l'âme ce que les notes à elles seules n'y produisent pas (1).

75 Les lettres se répartissent (2) entre les notes selon la valeur du rapport qui existe entre elles. Si le nombre des notes composant une mélodie est supérieur ou égal à celui des lettres comprises dans un vers de poème, la composition d'un chant *à notes pleines* sera impossible ; si par contre le nombre des lettres est double ou plus du double de celui des notes, la composition d'un chant *à notes pleines* sera possible. »

Lorsqu'une personne choisit une série de notes pour en composer un chant, elle doit tout d'abord examiner les rapports qui existent entre le nombre de ces notes et celui des lettres du vers donné. Si leur nombre est égal ou si le nombre des notes est inférieur, la personne saura qu'il est impossible que le chant soit composé tout entier *à notes pleines* ; si le nombre de lettres est double ou davantage, les notes pourraient être remplies par des lettres ; si le nombre des notes est supérieur à celui des lettres, il n'y aura pas d'autre moyen que de composer un chant *à notes vides* ou un *chant mixte*, à savoir, que certaines notes seront *vides* et d'autres
76 *pleines* ; si les notes et les lettres // sont en nombre égal, la seule possibilité est de faire coïncider l'attaque de chaque note avec l'articulation de chaque lettre du vers jusqu'au bout. Si le nombre des notes est le double de celui des lettres, le triple ou davantage, les notes pourront être distribuées également ou inégalement sur les lettres. Dans le premier cas, on répartit les notes en groupes comprenant un nombre égal de notes. Dans le second cas, on partage les notes en éléments inégaux ; les uns en comporteront par exemple trois, d'autres quatre, d'autres une ou plus. La série de ces membres sera, soit ordonnée c'est-à-dire qu'elle suivra un ordre progressif partant de un en croissant, soit non ordonnée, soit enfin telle que les grands éléments précèdent les petits ou vice versa (3). Lorsqu'il reste quelque chose [quand on est] arrivé à une certaine lettre [la dernière] — car il est possible qu'il y ait un excès de quelques notes après la quantité commune
77 — on associe ces // notes en excès à d'autres lettres (4).

Ces lettres ne devront point affecter le sens des paroles ainsi qu'il a

(1) Cette phrase, qui semble être sans aucun rapport avec ce qui précède et ce qui suit, fait allusion à une théorie, développée dans ce chapitre et ailleurs, selon laquelle il faut éviter les trop longues vocalises et les ornements fastidieux, les paroles du chant devant jouer le premier rôle dans l'action qu'il exerce sur l'âme.

(2) Lire *tuwazza'*.

(3) Tout en citant textuellement al-Fārābī, l'auteur a condensé dans les dernières phrases un assez long paragraphe. C'est ce qui explique certaines incohérences dans l'exposé de l'auteur.

(4) Cette phrase est obscure. Elle peut comporter une lacune, être altérée ou, tout simplement, mal rédigée.

été expliqué auparavant. Ces lettres sont : le *hamza*, la *nabra* et le *hā'* léger. La *nabra* est un *hamza* à peu de chose près (1). Ce sont là les choses que l'on associe toujours aux lettres quiescentes (2), si besoin en est.

chapitre XIII

LES DÉLIMITATIONS DES NOTES

[Les limites des notes] sont [déterminées par] la répartition des ligatures (3). Certains croient que les notes produites par le *'ūd* varient en nombre et ceci en fonction de la variété de leurs opinions concernant les ligatures ; chacun d'entre eux aboutit à un terme qu'il considère comme la solution la plus juste à l'exclusion des autres. Nous allons rapporter à ce sujet des renseignements qui ne requièrent aucun complément et nous passerons sous silence les théories de ceux qui en ont fait des études plus ou moins défectueuses.

Sachant que les ligatures délimitent les notes et qu'elles nous font connaître leurs emplacements, constatant que le *'ūd* en comporte plus
78 ou moins // ou quantité moyenne et que l'on se sert de certaines notes qui ne sont pas indispensables pour des raisons dont le but est d'orner, d'enrichir et de compléter [la composition] (4), nous comprenons que le nombre des notes est calqué sur celui des touches, que certaines notes ne sauraient être éliminées, à savoir les indispensables, et qu'à chaque touche correspond une note sur toutes les cordes. Les touches indispensables sont au

(1) *M.*, fol. 176 ; Erl., II, p. 71. Pour la définition de la *nabara*, voir p. 127.

(2) En ce qui concerne les « lettres quiescentes » et les « lettres mues », termes employés par les grammairiens arabes, voir chapitre XVII.

(3) *Ḥudūd* (sing. *ḥadd*) signifie « limites » ou « bornes » et « définitions » ; il semble qu'il s'agisse ici à la fois des limites des notes, c'est-à-dire les intervalles, et de leurs définitions mathématiques. C'est donc une étude sur les ligatures qui partagent les cordes du *'ūd* en sections représentant les intervalles usuels et sur les définitions de proportions numériques qui sont la mesure des intervalles suivant les longueurs des cordes. Nous trouvons, à la base des démonstrations incluses dans ce chapitre, le *'ūd*, instrument favori des Arabes.

(4) Il semble qu'il s'agisse de notes « dont la place sur les cordes du *'ūd* n'est pas déterminée par une ligature spéciale et qu'un certain nombre de musiciens savent utiliser pour compléter ou orner leurs compositions » (*M.*, fol. 89 ; Erl., I, p. 174).

nombre de quatre. Ce sont celles que l'on associe aux quatre doigts (1)

(1) En effet, les quatre touches les plus usuelles, ainsi que les notes qu'elles engendrent, portent chez les Arabes les noms des doigts appliqués à raccourcir les cordes. Al-Fārābī écrit dans un passage correspondant : « Les ligatures les plus usuelles sont au nombre de quatre ; elles sont établies sur le manche de façon à ce que les doigts puissent les atteindre le plus facilement possible, d'une position moyenne et sans démancher » (ERL., I, 166).

Avec le *muṭlaq* (corde libre) cela faisait sur chaque corde cinq sons qui sont établis de façon suivante :

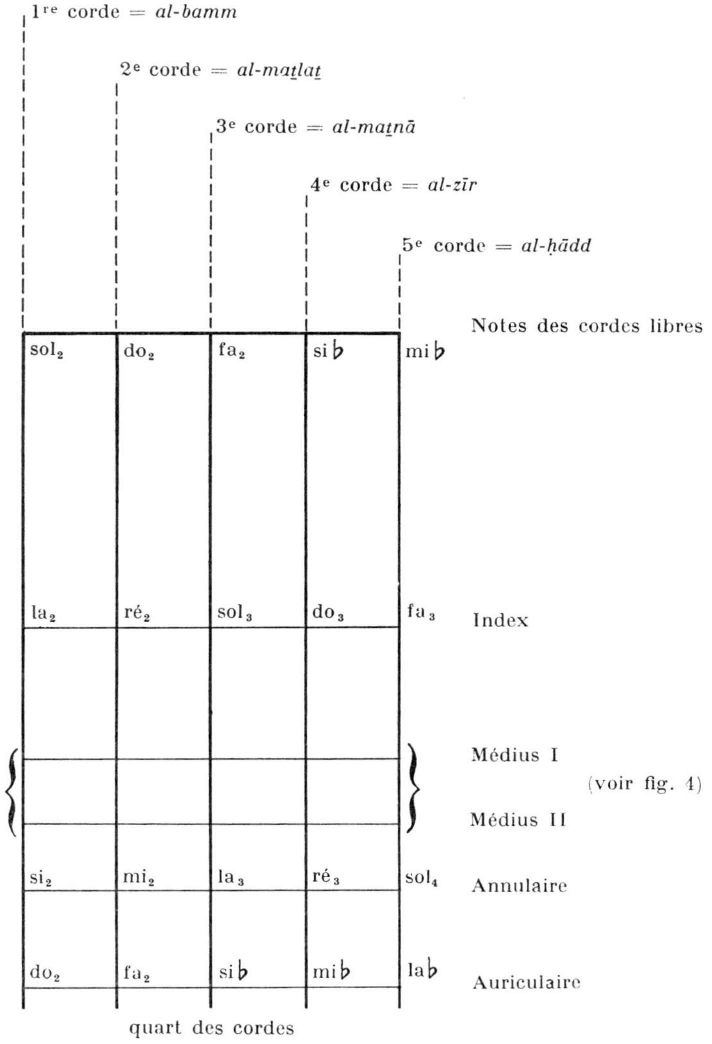

Fig. 3.

A noter que le terme *iṣba'* « doigt » signifie par extension mode ou genre ; voir *Introduction*, p. 18-21.

et celles dont la plupart des gens ont compris [la nécessité], celles auxquelles ils se sont accoutumés et auxquelles ils ont attribué les notes. Celles-ci sont considérées par les anciens comme les notes naturelles. Et les choses naturelles sont celles qui ne présentent que des aspects extérieurs auxquels on est exposé et dans lesquels on se sent à l'aise. Ceci est le propos de Platon (1).

A ces touches indispensables on peut en ajouter de une à cinq. Mais souvent on emploie un nombre intermédiaire, on se borne à six et on renonce au reste. Ces six touches sont celles qui sont familières, à savoir :
79 la touche « de l'index » // appelée la clé (*miftāḥ*) chez les anciens, la touche « du médius perse », celle du « médius de Zalzal » (2), celle « de l'annulaire », celle « de l'auriculaire » et celle « de la voisine de l'index ». Les autres touches sont celles « de la voisine du médius », « de la deuxième voisine de l'index» et une touche rare, mentionnée par al-Fārābī, qui se situe entre les deux touches « de Zalzal » et « de l'annulaire » (3). Donc on

(1) Cet énoncé n'est pas très clair. Il semble que l'auteur veuille dire que nous ne connaissons les choses naturelles que par leurs aspects extérieurs, ainsi qu'elles se présentent à nos sens. L'attribution de cette opinion à Platon nous semble être sans fondement. L'auteur a certainement eu connaissance de cette idée dans un des innombrables textes apocryphes qui circulaient à l'époque sous les noms de divers philosophes aristotéliens. En outre, al-Fārābī traite de la question des notes « naturelles » dans *M.*, fol. 25-29 ; Erl., I, p. 43-52.

(2) Zalzal (m. 791) surnommé *al-ḍārib* « l'instrumentiste » pour ses qualités exceptionnelles de joueur du *'ūd*. Il fut un musicien important et c'est lui qui fixa l'intervalle de la tierce neutre (27/22) qui porte son nom.

(3) Cette dernière touche est une erreur évidente, car il n'existe dans aucun système une touche entre le médius de Zalzal et la touche de l'annulaire. Avant de proposer une solution à cette difficulté, il convient de mentionner les touches qui sont en dehors des quatre ordinaires telles qu'elles sont décrites par al-Fārābī.

On sait que l'intervalle entre la note de la corde libre et celle du médius variait autour d'une tierce mineure. Al-Fārābī mentionne trois notes de médius : *a.* — Une résultante de l'inversion du *genre fort* diatonique et qui correspond au rapport 32/27. « Celle-ci, dit al-Fārābī, n'est pas considérée par les musiciens comme une touche du médius ; lorsqu'ils s'en servent, ils la disent voisine du médius... » (Erl., I, p. 171). L'auteur considère la voisine du médius autrement (voir plus bas). *b.* — Une deuxième nommée médius perse, qui se situe à mi-chemin entre la touche de l'index et celle de l'annulaire (81/68). *c.* — Une troisième nommée médius Zalzal qui se situe à mi-chemin entre la touche du médius perse et celle de l'annulaire (27/22).

D'autre part, il est question des touches placées entre l'index et le sillet qui sont appelées voisines de l'index. *a.* — L'une à intervalle de diton à partir de l'auriculaire (256/243). *b.* — Une autre à mi-chemin entre le sillet et la touche de l'index (162/149). *c.* — Une troisième située à mi-chemin entre le sillet et la touche du médius perse ou du médius Zalzal.

Al-Fārābī conclut ce paragraphe comme suit : « Si nous comptons les notes fournies par toutes les touches dont nous venons de parler, plus celles rendues par les cordes dans toute leur longueur, nous trouvons que chaque corde produit dix notes ». Dans cette addition, al-Fārābī devait compter les deux éventualités de la troisième « voisine de l'index » comme une seule. Or, l'auteur

obtient dans chaque corde, avec la note qu'elle rend à vide, dix notes. Si nous soustrayons les notes des cordes libres qui sont identiques à celles arrêtées par les auriculaires, il reste seulement dans la première corde *(bamm)* dix notes tandis que les autres n'en comportent que neuf chacune. Ainsi le nombre de toutes les notes comprises dans les quatre cordes et produites par les dites [touches] est de trente-sept (1). Si on ajoute aux cordes la cinquième corde, le nombre de notes sera augmenté de neuf. Les indispen-
80 sables, dont les notes sont employées // dans les mélodies chez le commun des gens, sont au nombre de vingt-six ; celles-ci sont fixées par cinq touches et produites par cinq cordes (2). J'étudierai leur répartition par la suite.

aboutit au même résultat et sa nomenclature, à l'exception de l'une des deux dernières « voisines de l'index », correspond à celle d'al-Fārābī. C'est pourquoi, il semble que la dite « touche rare » doit être l'une des deux dernières « voisines de l'index ».

(1) Le chiffre 49 avancé par l'auteur est une erreur.

(2) Les ligatures énumérées ci-dessus ne se rencontrent pas toutes ensemble dans les mélodies. L'auteur propose ici la combinaison la plus courante, la voici :

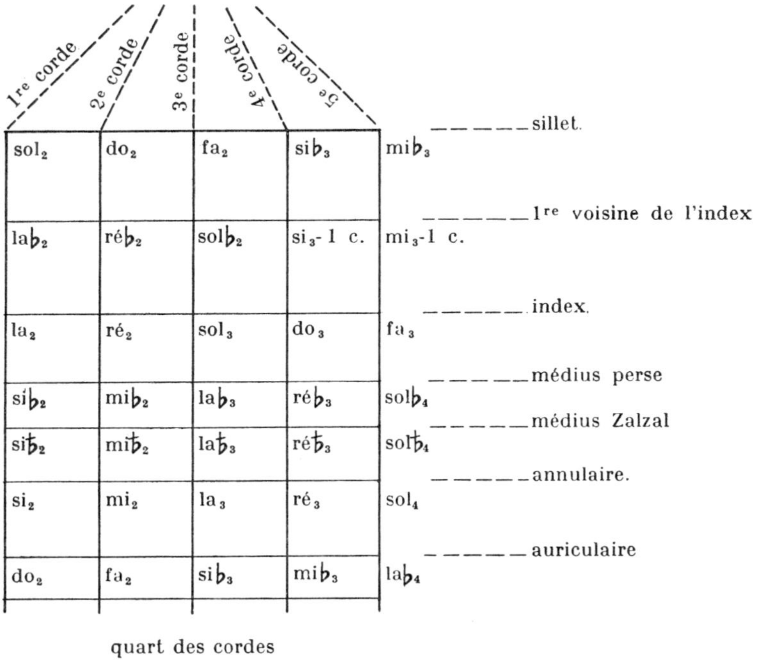

Fig. 4.

Voir, pour plus de détails, ERL., I, p. 179.

Chaque note fournie par toutes ces touches a une pareille avec laquelle elle sera entendue consonante et s'accordera toujours dans le rapport du double (2/1). Parmi ces notes, les unes sont graves, les autres aiguës. La mesure de chaque note grave est de l'ordre du double par rapport à celle de la note aiguë quand elles forment un ensemble homogène à l'oreille.

Le registre *(ṭabaqa)* (1) des notes graves coïncide avec la première et la deuxième cordes ; le registre des notes aiguës coïncide avec la troisième et la quatrième cordes. La limite qui sépare les graves des aiguës se place au niveau de l'auriculaire de la deuxième corde (fa_2), la limite qui sépare les aiguës des graves correspond à la note rendue par la troisième corde libre (fa_2). Dans le premier cas, la note est appelée le *ṣiyāḥ* dans le second, le *saǧāḥ*. Les notes aiguës sont les *puissances* des notes graves (2).

Les ligatures se répartissent sur la longueur de la corde qui va de la limite du chevalet *(mušṭ)* jusqu'à celle du sillet *('anf)* du *'ūd* ou d'un autre instrument similaire. C'est cette longueur de la corde qui émet le ton
81 *(ṭanīn)* (3). Quant à la ligature de l'index elle se place au neuvième de la longueur de la corde (9/8). La ligature de l'annulaire se fixe au neuvième de la longueur de la corde à partir de la ligature de l'index (*diton:* 81/64). La ligature du médius des anciens se place au neuvième plus la moitié du neuvième de la longueur de la corde (81/68). La ligature de l'auriculaire s'établit au quart de la longueur de la corde (4/3). Il arrive que l'on divise (4) la corde à partir de cette dernière en huit parties, que l'on ajoute une de ces parties sur sa limite, c'est-à-dire la limite de la touche de l'auriculaire, et qu'on fixe à cet endroit le médius des anciens attribué aux Persans. Cette ligature sera alors placée au huitième et au quart du huitième de la longueur de la corde (32/27) (5). Il n'existe pas entre ces deux

(1) Voir *infra*, p. 104, n. 5.

(2) Il est vrai que la dernière note fournie par la deuxième corde est « fa_2 » et que cette même note est la première que rend la troisième corde. Mais la limite véritable entre la série des graves et celle des aiguës est la note de l'index de la troisième corde « sol_3 », qui, en effet, joue le rôle de *ṣiyāḥ* « réplique de la note fondamentale » et de *saǧāḥ* « fondamentale de la deuxième octave ». C'est seulement à la lumière de cette interprétation, qui est celle d'al-Fārābī (Erl., I, p. 41), que l'on peut comprendre la dernière phrase. Elle signifie que la deuxième octave est une répétition pure et simple de la première.

(3) *Ṭanīn* « ton » est employé ici dans un sens général comme l'opposé de « son bruit » *(ṣawt* ou *dawīy)* et comme équivalent de « note musicale » *(naǧama)*; voir *Rasā'il*, I, p. 90. Cela fait penser aussi à la définition du son par Boèce : « le son est la consonance qui régit la conduite mélodique. » (Potiron, *Boèce*, p. 45). En outre, *ṭanīn* « ton » signifie aussi intervalle de ton; voir p. 98.

(4) Lire *yuqassam*.

(5) Cette ligature du médius est appelée par al-Fārābī « voisine du médius ».

proportions [de deux médius] une différence sensible. Les ayant examinées j'ai trouvé que la différence entre les deux proportions est une partie d'une partie de plusieurs parties (1). Le médius que nous, nous adoptons, est le dernier, l'autre est possible (2). La « voisine du médius » se place à mi-
82 chemin entre la ligature de l'index // et celle du médius perse, aux environs du neuvième de la longueur de la corde. De la ligature du médius Zalzal qui est dite aussi « médius des Arabes » (elle s'appelle aussi la « voisine ») et se place au sixième et au sixième du neuvième de la corde (27/23), on trouvera facilement le rapport en trouvant d'abord celui de la première [lire deuxième] « voisine de l'index » qui est de 11/12 (3) ; on divise la corde en douze parties égales et on place cette dernière sur une partie, puis on soustrait le neuvième de ce qui reste et on place à cet endroit la dite touche (27/22) (4). Quant à [la ligature de la première voisine de l'index] (5), on connaîtra plus facilement son emplacement en cherchant la réplique du « médius perse » de la troisième corde (la $\flat_3$) derrière [au-dessus] les ligatures fixes des cordes. Là où on trouve cette réplique on fixera la ligature de la « voisine première de l'index ». Voici comment l'on procède : on fixe tout d'abord la ligature du médius perse de la troisième corde (la $\flat_3$) et on cherche la note pareille à la sienne (l'octave) sur la première corde ; on la trouvera au-dessus des ligatures de cette corde à distance d'un doigt du sillet du *'ūd*. On procède de la même façon pour trouver l'autre

(1) La différence est de deux savarts.

(2) Ceci est en contradiction avec al-Fārābī, qui appelle « médius perse » la tierce ayant le rapport de 81/68. Toutefois, Avicenne par exemple place le médius perse à 32/27, comme le fait l'auteur; voir Erl., II, p. 235-236. Il se peut donc qu'à l'époque de ce dernier le médius perse ait été de l'ordre de 32/27. Mais la question de la « voisine du médius » évoquée à la phrase suivante reste pendante. Selon la définition qu'en donne l'auteur, elle se situe à 8/7 de la corde libre. Nous retrouvons cette même définition à la page 162. En parlant des divisions de la quarte, al-Fārābī mentionne une touche dite « voisine du médius » qui est du même ordre (Erl., I, 56). Il se peut donc que l'auteur se réfère à cette description d'al-Fārābī et non pas à celle dont parle al-Fārābī en décrivant les notes du *'ūd*. D'autre part, le paragraphe qui commence ici est très difficile à reconstituer car il est confus. La solution proposée pour les ligatures décrites par la suite doit être considérée sous toutes réserves.

(3) Lire *muǧannab al-sabāba al-ṯānī* « la deuxième voisine de l'index » car le rapport 11/12 ne correspond pas à celui de la première voisine (256/243) tel que l'auteur lui-même le définit deux lignes plus bas et à la page 88. En outre la deuxième voisine (11/12) se trouve à intervalle d'un ton du médius de Zalzal (27/22) que l'auteur semble décrire ici.

(4) En éliminant ce que nous avons mis entre parenthèses, on obtient, comme résultat du calcul des fractions données, le rapport 27/22 qui correspond au médius de Zalzal. Nous proposons donc cette solution d'autant plus que l'important médius Zalzal n'est décrit nulle part ailleurs.

(5) Lire *wa-[dastān al-muǧannab al-awwal]*. Les trois mots ajoutés sont les mêmes que ceux qui terminent la précédente phrase. C'est ce qui explique leur omission.

« voisine ». On peut aussi entreprendre cette opération dans un sens inverse
83 jusqu'à trouver les emplacements exacts (1).

Ces ligatures sont celles qui ne se prêtent à aucun supplément, mais l'on peut en utiliser un nombre inférieur selon le principe que nous avons exposé plus haut. On pourrait facilement les répartir en mesurant la distance entre le sillet et le chevalet avec un fil ou une corde que l'on plie en quatre et dont on pose un bout sur le sillet ; à l'endroit où tombe l'autre bout, on fixe la ligature de l'auriculaire, puis on laisse entre cette dernière et celle de l'annulaire une distance égale à un doigt charnu. De même, entre cette dernière et la ligature de l'index, l'équivalence d'un doigt ; entre cette dernière et la [deuxième] (2) voisine, un doigt ; entre cette dernière et la [première] (2) voisine, un doigt. L'intervalle qui sépare la ligature du médius perse de celle de l'index (256/243) sera alors égal à celui qui sépare la ligature de l'auriculaire de celle de l'annulaire. De même l'intervalle qui
84 sépare // la ligature de l'annulaire de celle du médius Zalzal (un quart de ton) est égal à celui qui sépare la ligature de l'index de celle de sa [seconde] voisine (3).

Si on remplace le médius perse par la voisine du médius on déplace la ligature légèrement vers l'index (4).

Pour fixer correctement ces ligatures et pour les examiner on compare la note de l'annulaire de la troisième corde (la$_3$) avec celle qu'engendre l'index de la première corde (la$_2$) (5), la note de l'*annulaire* de la quatrième corde (ré$_3$) avec celle de l'index de la deuxième (ré$_2$), la note du médius perse de la première corde (si$\flat_2$) avec celle de la quatrième corde

(1) Les théoriciens procèdent autrement pour obtenir la « première voisine de l'index ». Ils prennent un son plus grave d'un ton que celui de l'auriculaire et ils obtiennent le médius (32/27), puis, à partir de cette dernière touche, ils mesurent un intervalle d'un ton pour atteindre 256/243. Or, l'auteur propose un moyen qui consiste à le chercher à partir de son octave. Il se peut que cela ait été un procédé employé dans la pratique.

(2) Généralement, la « première voisine » est placée plus haut que la seconde vers le sillet. Nous croyons donc qu'il faut lire d'abord « deuxième voisine », ensuite « première ». D'autre part, je ne sais pas ce que vaut cette méthode proposée par l'auteur qui consiste à trouver les intervalles sans recours à des calculs. Elle serait intéressante dans la mesure où elle refléterait une certaine pratique.

(3) Celui-ci est, à deux savarts près, l'équivalent de la proportion 11/12 attribuée à la première « voisine de l'index » (voir p. 87).

(4) Cela confirme la description qu'en donne l'auteur à la page 87, mais n'élucide pas pour autant la difficulté.

(5) L'auteur revient à la méthode proposée plus haut à propos des « voisines de l'index ». On examine donc toutes les octaves systématiquement pour s'assurer, comme dit l'auteur, que toutes les notes et tous les intervalles du *'ūd* sont justes.

libre (si $\flat_3$) qui est aussi celle de l'auriculaire de la troisième. Une fois ces ligatures accordées, le *'ūd* est juste. On examine de la même façon le médius Zalzal de la troisième corde (la $\not\flat_3$) en le comparant avec la seconde voisine de l'index de la première corde (la $\not\flat_2$). Ce faisant, l'intervalle qui sépare la ligature de l'index de celle de l'annulaire sera égal à celui qui sépare les ligatures du médius perse et de l'auriculaire (9/8) et à celui qui sépare le médius Zalzal et la seconde voisine de l'index et le médius perse de la première voisine de l'index.

85 Hormis les ligatures énumérées il n'en reste aucune qui puisse être employée dans une mélodie.

Quant à la question de savoir pourquoi les ligatures ont été réparties de la sorte, cela requiert une longue explication ; nous avons éclairci cette question dans *al-Kitāb al-Muqni' fī l-naġam wa-l-īqā'* « le Livre qui satisfait les esprits sur les modes et les rythmes », et nous traiterons de certains de ses aspects par la suite, s'il plaît à Dieu.

chapitre XIV

LA RÉPARTITION DES LIGATURES DU *ṬUNBŪR*

En ce qui concerne les ligatures du *ṭunbūr* arabe, qui est connu aussi sous le nom de *baġdādī* (1), les gens de notre époque ne connaissent leurs emplacements et leurs points de division que par la sensation, la conjecture et l'habitude, et ils n'en fixent sur leurs *ṭunbūr* que deux ou trois, alors que leur nombre atteignait dix chez les Anciens. Ce nombre peut être augmenté, mais alors il faudrait appliquer à cet instrument les accords pratiqués sur le *'ūd* pour être en mesure d'en obtenir un nombre de notes plus grand que celui que l'on obtient ordinairement sur

(1) Le *ṭunbūr* (pl. *ṭanābīr*) appartient à la famille des instruments à cordes pincées ; son manche est long et sa caisse de résonance est de dimension réduite. Il y avait, selon al-Fārābī, deux sortes de *ṭunbūr :* le *ḫurāsānī* et le *baġdādī,* lesquels différaient par leur forme et par leurs dimensions. C'est à ce dernier qu'est consacré ce petit chapitre. Certes, les quelques généralités proposées par l'auteur concernant le *ṭunbūr* laissent à désirer et il faudrait pour en avoir une idée claire et précise se reporter à la longue et savante étude d'al-Fārābī (ERL., I, p. 217-260) ; voir aussi FARMER, *The evolution of the ṭunbūr or pandor,* dans *Trans. Glasgow oriental society,* 5, 1923-1928, p. 26-28.

les *ṭunbūr*. Ces dix touches se répartissent en des divisions égales sur le
86 quart de la longueur de la corde (1). Cela se fait comme suit : on partage la

(1) Cela ne correspond aucunement à l'accord et aux touches que pratiquaient les anciens pendant la période pré-islamique, car dans leurs systèmes aucun accord ne donnait une échelle atteignant une quarte. « Les deux cordes parallèles du *ṭunbūr al-baġdādī*, écrit al-Fārābī, comportent généralement cinq divisions égales, délimitées, du côté des chevilles, par des ligatures pratiquées sur le manche. La dernière de ces ligatures se trouve environ au huitième de la distance qui sépare le chevalet du dernier point de la section vibrante de la corde, vers les chevilles. » (Voir fig. 5).

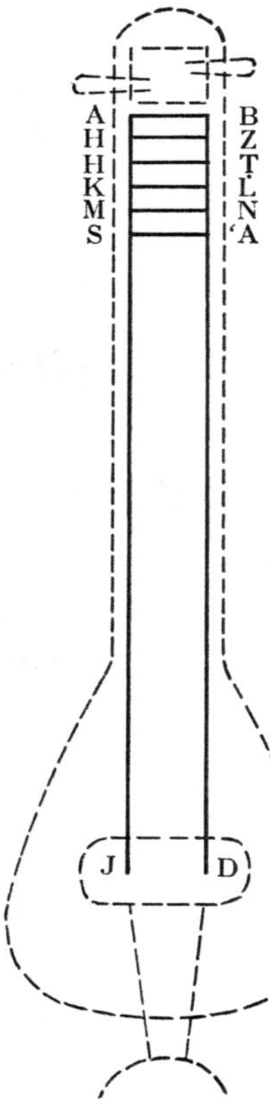

Fig. 5.

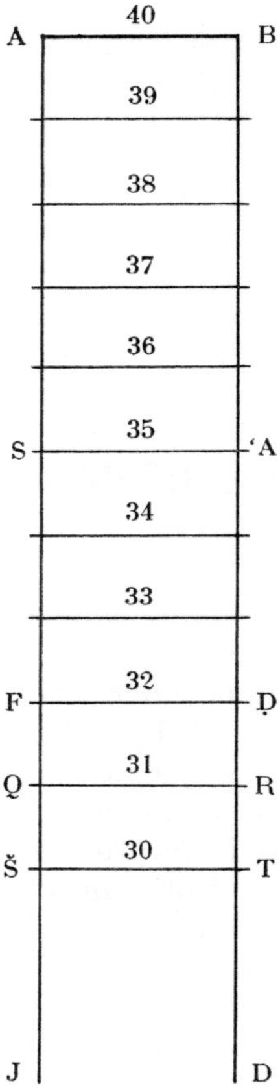

Fig. 6.

A-S sont séparées par un intervalle dont le rapport est de 8/7. « Si nous chiffrons A, ajoute al-Fārābī, par 40, H égalera 39, Ḥ 38, K 37, M 36 et S 35. » En parlant d'un système de perfec-

longueur de la corde allant de la limite du chevalet *(mušṭ)* jusqu'au point où la corde s'enroule autour de la cheville en quatre parties. Puis on partage le quart de cette longueur en dix sections égales que l'on délimite par des ligatures. Celles d'entre elles dont on a besoin le plus souvent sont au nombre de sept, à savoir les touches comprises entre l'auriculaire et la septième à sa suite (vers le sillet) (1). Tous les intervalles entre ces deux ligatures seront alors égaux ; ils pourraient être inégaux mais alors cette inégalité serait d'une valeur imperceptible à l'oreille. J'ai expliqué tout cela d'une manière claire dans le premier livre (2). On pourrait ajouter d'autres ligatures à celles-ci.

chapitre XV

LES ESPÈCES DE NOTES (3)

Les espèces de notes dont on se sert pour la composition des
87 mélodies qui sont produites par les touches « indispensables »// et qui sont en usage chez le commun des gens, sont au nombre de trois, dont chacune comporte sept notes. La première espèce se compose des notes suivantes :

tionnement pratiqué à l'époque, al-Fārābī mentionne une possibilité qui correspond à la description donnée ici par l'auteur (voir fig. 6).

(1) Il se peut que l'auteur se réfère aux divisions proposées par al-Fārābī pour obtenir les divers genres. En effet, parmi celles-ci ne figurent pas les divisions : 40/39, 40/38, 40/37, qui représentent des intervalles peu courants.

(2) Voir la fin du précédent chapitre.

(3) Dans un passage parallèle du traité d'al-Fārābī (*M.*, fol. 28 ; Erl.,I, p. 49) qui servit de modèle à notre auteur, nous trouvons au lieu du pluriel *ağnās* (sing. *ğins*, genre ou espèce), le terme *mutağānisāt* qui signifie « notes appartenant au même genre ». Cela revient sensiblement au même. Il convient de signaler qu'il ne s'agit pas ici des trois genres de la musique grecque dont il sera question plus loin. En réalité, l'auteur cherche à expliquer dans ce chapitre les formes des systèmes d'octave, mais, comme toute la théorie musicale arabe se fonde sur l'instrument favori, le *'ūd*, dont les cordes fournissent chacune une quarte qui est le cadre mélodique dans la musique arabe, ce sont les genres de la musique arabe qui sont particulièrement décrits ici. C'est pourquoi ce ne sont pas les sept formes de système d'octave que nous retrouvons ici, mais la réunion de trois formes de tétracordes conjoints. Ces formes ont un rapport direct avec la théorie des « courses » qui sera décrite à la page 164-165. Donc, les théoriciens arabes, ayant devant les yeux les cordes du *'ūd* montées selon l'accord usuel, ont abouti aux constatations suivantes :

celle de la première corde à vide (on établit l'accord général sur celle-ci (1), étant donné qu'elle est la première des cordes et que sa note est la plus grave de toutes) (2), celle de l'index de cette même corde, celle de son annulaire et celle de son auriculaire, la note de l'index de la deuxième corde, celle de son annulaire et celle de son auriculaire.

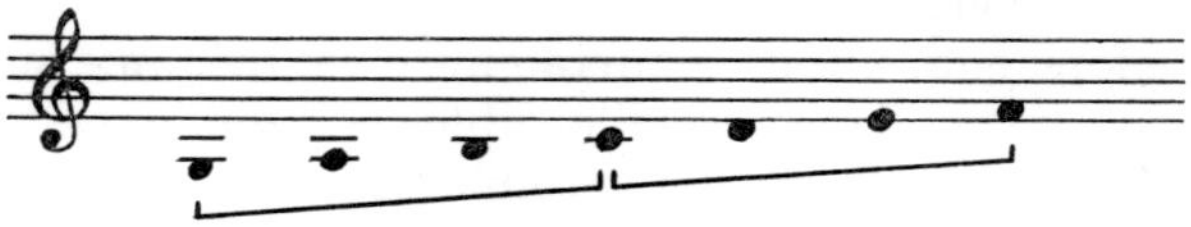

La deuxième espèce se compose de la note produite par la première corde à vide, de celles de son index, de son médius de Zalzal et de son auriculaire ; [puis de celles de l'index de la deuxième corde, de son médius de Zalzal et de son auriculaire] (3).

La troisième espèce comprend : la note de la première corde à vide, celle de son médius perse, celle de son auriculaire ; [puis celles de l'index de la deuxième corde, de son médius perse et de son auriculaire] (3).

a. — Les notes extrêmes de chaque corde sont entre elles en rapport de quarte.

b. — Toutes les cordes sont pareillement disposées et, mise à part la question de la hauteur, elles émettent les mêmes séries d'intervalles.

c. — Parmi les quatre notes indispensables qui forment la quarte et dont la deuxième est à un intervalle de ton, seule la tierce est sujette à des variations, c'est-à-dire qu'elle est tantôt majeure, tantôt mineure et tantôt neutre.

d. — A partir des trois genres, conditionnés par le choix de la tierce, on peut construire des échelles formées par l'addition des notes qu'engendrent deux cordes successives.

e. — Les échelles obtenues par la superposition de deux quartes identiques, c'est-à-dire conjointes, sont considérées dans ce chapitre comme étant les plus harmonieuses. L'auteur n'exclut pas les autres combinaisons possibles, mais il les considère comme étant d'une consonance inférieure (voir p. 96).

(1) Lire *wa-yušadd bihi*.

(2) Cette phrase ne figure pas dans le passage parallèle du traité d'al-Fārābī.

(3) Cette addition est empruntée au passage mentionné d'al-Fārābī.

Ce sont là les systèmes les plus consonants. On pourrait en former d'autres, mais ils seraient d'une consonance inférieure. Parfois on mélange les différents genres les uns avec les autres ; parfois on établit un genre dans un sens inverse, à savoir de bas en haut (1) ; parfois on compose ces mêmes genres
88 sur la troisième et la quatrième corde // selon l'ordre établi auparavant (2).

La note du médius et celle de l'annulaire ne sauraient servir ensemble dans une même mélodie [comme notes fondamentales] (3). Cependant Isḥāq a déclaré qu'il les employait parfois ensemble dans sa composition. Cela est possible, mais suppose le recours aux artifices les plus subtils ; à défaut, la mélodie sera dissonante. On raconte que c'était dans le chant suivant :

« O toi qui pour un cœur déficient as laissé l'enfance à ses forces. »

que les notes du médius et de l'annulaire furent associées sur la troisième corde et se la disputèrent. Je dirai comment cela est possible et je l'éluciderai dans le passage approprié. En ce qui concerne la troisième corde en question, son cas est pareil à celui des autres cordes ; [si je l'ai mentionné ici], c'est seulement parce que j'ai rapporté le propos de Isḥāq.

Les notes engendrées par la troisième et la quatrième cordes sont des puissances [répliques] de celles fournies par les première et deuxième cordes (4).

Chacune de ces sept notes peut servir de point de départ à une mélodie (5).

chapitre XVI

LES ÉLÉMENTS FONDAMENTAUX DES MÉLODIES (6)

89 Ce sont les systèmes indispensables dont se composent [les mélodies]. Parmi ceux-ci il y a ce que les Anciens qualifiaient de « groupement de

(1) Il s'agit du côté bas de la corde, où se trouve la touche qui produit la note aiguë de la quarte.

(2) Ces cordes produisent la deuxième octave.

(3) Voir *M.*, fol. 27v ; Erl., I, p. 49 et fig. 4 ; II, p. 36. En effet, selon les théoriciens arabes, ces deux notes ne doivent jamais se rencontrer dans une même échelle modale.

(4) Voir *M.*, fol. 25 ; Erl., I, p. 41.

(5) C'est une allusion aux sept aspects d'octaves. « Mélodie » dans ce cas serait l'équivalent d'« harmonie ».

(6) Le terme *mabānī* (sing. *mabnā*) traduit le grec *systema* et le latin *constitutio*. Le terme arabe et l'essentiel de l'exposé qui va suivre sont empruntés au traité d'al-Fārābī (*M.*, fol. 152-153 ; Erl., II, p. 18-20).

tout » [octave], voulant dire par là « de toutes les notes » (1) ; ce groupement compte sept notes dont la première est celle que produit la première corde à vide, ainsi que nous l'avons décrit auparavant et en suivant le même ordre dans la démarche, et la dernière est celle rendue par la troisième corde à vide [sol_2-fa_2]. Parmi ces systèmes il y a aussi ce que les Anciens qualifiaient de « groupement de cinq » [quinte], voulant dire par là « de cinq notes » (1) ; ce groupement comprend cinq notes dont la première est celle produite par la corde à vide et la dernière par l'index de la deuxième corde [sol_2-$ré_2$]. En suivant le même ordre et la même démarche à travers les touches, on trouve tout cela, [le même aspect de quinte], sur la première et la deuxième cordes, la deuxième et la troisième cordes et sur la troisième et la quatrième cordes (2). Parmi ces systèmes nous trouvons encore celui que l'on qualifie de « groupement de quatre » [quarte], qui comprend quatre notes (1) dont la première est celle de la première corde

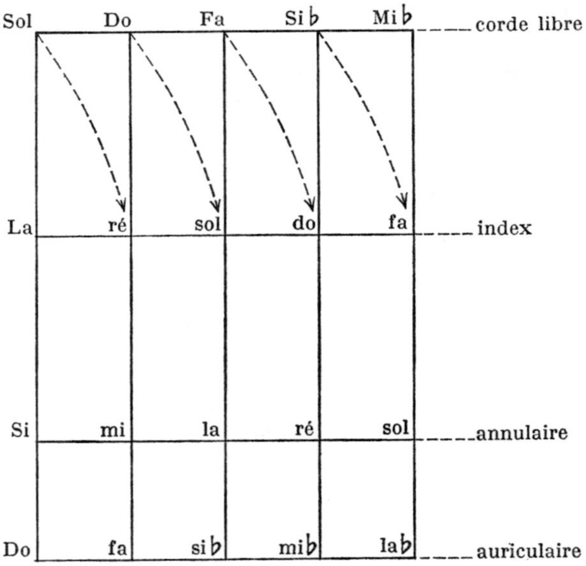

Fig. 7.

(1) L'auteur fait allusion à l'étymologie du terme grec *diapason:* par *(dia)* toutes *(pason)* les cordes de l'échelle octocorde. De même *diapente,* quinte, par cinq ; *diatessaron,* quarte, par quatre.

(2) En effet, nous trouvons le même aspect de quinte entre la note de chaque corde libre et celle de l'index de la corde située immédiatement à sa suite (voir fig. 7).

à vide et la dernière celle de son auriculaire [sol$_2$-do$_2$]. En général, ce groupement est compris entre la note à vide de n'importe quelle corde et
90 celle de son auriculaire, nous voulons dire // la note de son auriculaire (1).

Nous comptons aussi, parmi les éléments fondamentaux, ce que l'on appelle le « groupement de tout plus quatre », qui comprend onze notes dont la première est celle de la première corde à vide et la dernière celle de l'index de la quatrième corde [sol$_2$-do$_3$] ; le « groupement de tout plus cinq », qui comprend douze notes dont la première est celle rendue par la première corde à vide et la dernière celle du médius de la quatrième corde, quel que soit le médius [sol$_2$-ré♭$_3$ ou ré𝄳$_3$] (2) ; le groupement qui réunit « celui de quatre » trois fois [quatre fois], qui comprend treize notes dont la première est celle produite par la première corde à vide et la dernière celle de l'index de la cinquième corde [sol$_2$-fa$_3$] (3) ; enfin la double octave, nommée « système complet », qui est le double « groupe de tout » [*bis diapason*] ; ce groupement comprend quatorze notes dont la première est celle qu'engendre la première corde à vide et la dernière celle de l'annulaire de la cinquième corde [sol$_2$-sol$_4$]. Tous les groupes susmentionnés sont disposés selon l'ordre établi auparavant, à savoir, soit de l'index à l'annulaire et puis à l'auriculaire, soit de l'index au médius des Anciens et puis à l'auriculaire, soit enfin de l'index au médius des Arabes [de Zalzal] et puis à l'auriculaire dans toutes les cinq cordes (4).

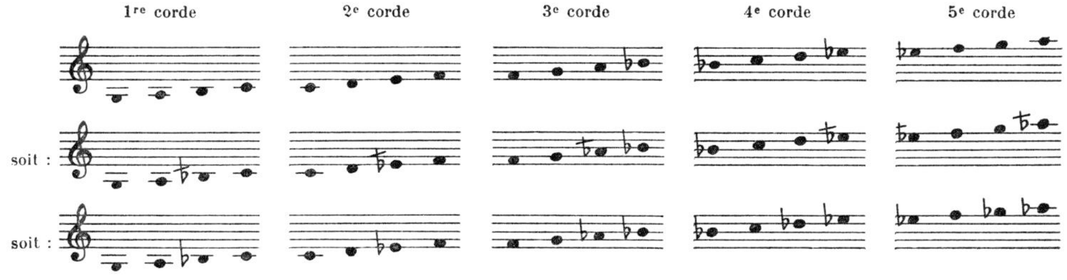

(1) Voir fig. 7 et *M.*, fol. 84, Erl., I, p. 167.

(2) Il doit y avoir ici une erreur, car la quinte diminuée sol-ré ♭, ou sol-ré 𝄳, est un intervalle dissonant. Il faudrait lire annulaire au lieu de médius, mais comme l'auteur insiste en ajoutant « quel que soit le médius », nous laissons le texte tel qu'il est.

(3) Selon les points de référence donnés par l'auteur, il s'agirait de quatre quartes conjointes et non pas de trois.

(4) Ayant mentionné les systèmes ou les consonances, l'auteur revient aux trois formes principales du tétracorde arabe dont il a été question dans le précédent chapitre.

91 Il n'est pas nécessaire de confronter ici (1) le nombre des notes de ces différents aspects ; il suffit de s'en tenir à l'un d'eux (2).

Chacun de ces groupes est formé de notes et d'intervalles. L'intervalle réunit deux notes placées sur ses extrémités ; les intervalles compteront donc toujours une unité de moins que les notes (3).

Pour moi, je reviendrai sur la question de la cinquième corde dans le passage approprié (4).

Si nous voulons connaître les [espèces de] groupes empruntés dans la composition d'une mélodie donnée, il nous faut examiner les doigts de l'instrumentiste, les touches du *'ūd*, la note la plus aiguë de la mélodie ou celle qui en est la plus grave, les autres notes qui la précèdent et qui sont organisées à l'intérieur de l'espèce à laquelle elles appartiennent ; celles-ci seront, soit de l'espèce empruntant l'une des deux notes du médius, soit de celle empruntant la note de l'annulaire (5) ; ce faisant, nous apprendrons à les connaître.

On peut mélanger ces groupes avec d'autres, mais ces mélanges ne seront pas aussi consonants que ceux-ci (6).

En ce qui concerne l'espèce *al-muǧannab*, la note de la voisine de l'index s'y substitue à celle de l'index et la remplace.

soit :  **au lieu de** 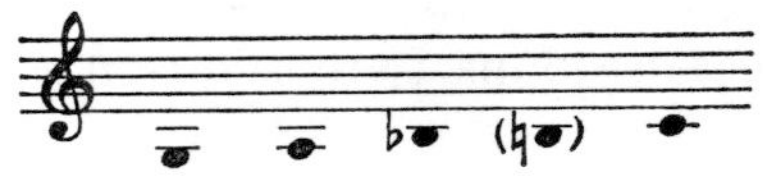

92 Il n'est pas possible de passer de l'une à l'autre [successivement], mais il faut que l'une se substitue à l'autre.

Nous ne serons en mesure de produire les notes [des éléments fondamentaux des mélodies] ou de les connaître de façon précise (7) que par les instruments d'usage courant dotés de touches réparties en sections [délimitées par des ligatures].

(1) Lire *bi-mušabahatihinna,* correction marginale.

(2) Autrement dit, le changement d'aspect n'affecte en rien le nombre des notes.

(3) L'auteur définit l'intervalle à plusieurs reprises. Voir, par exemple, p. 97, 98, 99, 140. Voir aussi Fārābī *M.*, fol. 22 ; Erl., I, p. 46. La définition ici est accidentelle et vient seulement compléter la question de la recension des notes.

(4) Cette phrase qui paraît être mal placée serait une remarque entre parenthèses ; on pourrait en effet imaginer que l'auteur se souvenant du fait qu'il a mentionné auparavant la cinquième corde sans l'avoir étudiée, rassure le lecteur en annonçant son intention d'y revenir par la suite.

(5) Voir *supra*, p. 91, n. 3.

(6) Il s'agit probablement de la superposition des quartes d'aspects différents.

(7) Lire *bi-l-ḥaqīqa*.

Il résulte de ce qui précède, et aussi de ce que nous exposerons par la suite, qu'un système groupant des notes organisées en une mélodie [échelle], ne peut comprendre plus de sept notes ; la huitième, si elle a lieu, ne sera qu'une réplique ; j'entends par huitième la note de l'index de la troisième corde [sol$_3$]. En effet, elle est pareille à la note du départ, c'est-à-dire à celle engendrée par la première corde à vide [sol$_2$]. En ce qui concerne le second groupe, qui est le « double de tout », il est le tout répété car il est sa puissance. En effet, les notes et leurs octaves sont considérées comme une seule et même puissance (1).

Mentionnons maintenant tous les autres intervalles. Les notes produites par les touches furent appelées par les Anciens « intervalles » ; cela veut dire
93 la distance séparant un son d'un autre et une note d'une autre. // Chaque intervalle englobe deux notes dont l'une est plus grave ou plus aiguë que l'autre. Certains intervalles sont grands et renferment plusieurs notes ; tels sont les octaves. D'autres sont moyens et inférieurs aux grands. D'autres sont petits (2). Quant aux grands intervalles que l'on qualifie de « tout » c'est-à-dire de « *toutes les notes* », ils ont ceci de particulier que la note initiale du groupe est pareille à la dernière ; le groupe se nomme : « la plus grande consonance ». Le premier de ces intervalles est renfermé entre la note de la première corde à vide et celle de l'index de la troisième corde [sol$_2$-sol$_3$] — c'est celui qui a été décrit auparavant — ; le deuxième est compris entre la note de l'index de la première corde et celle de l'annulaire de la troisième [la$_2$-la$_3$] ; le troisième est inclus entre la note du médius perse de la première corde et celle de l'auriculaire de la troisième, qui est identique à celle qu'engendre la quatrième corde à vide [si$\flat_2$ - si$\flat_3$] ; le quatrième réunit la note de l'auriculaire de la [première] (3) corde qui est aussi celle engendrée par la deuxième à vide et la note de l'index de la quatrième [do$_2$-do$_3$] ; le cinquième se compose de la note de l'index de la deuxième corde et de celle de l'annulaire de la quatrième [ré$_2$-ré$_3$] ; le sixième, de la
94 note de la voisine du médius (4) // de la deuxième corde et de celle de l'auriculaire de la quatrième [mi$\flat_4$ - mi$\flat_2$] ; et d'autres intervalles semblables. Il en est de même des autres intervalles susmentionnés tels que « celui de cinq » (5) et « celui de quatre » et les autres.

(1) Voir *M.*, *fol.* 29 ; Erl., I, p. 41-43.

(2) Les éléments essentiels de ce paragraphe sont empruntés au traité d'al-Fārābī : *M.*, fol. 44-45 ; Erl., I, p. 86-89, 100-101. Mais, contrairement à son modèle, qui est d'une clarté et d'une précision exemplaires, l'exposé de l'auteur est bien diffus.

(3) « Troisième » dans le texte.

(4) Il identifie ici la note de la *voisine du médius* avec celle du *médius*; voir chap. XIII p. 84, n. 3 ; 86, n. 5.

(5) Lire *bi-l-ḫams*, correction marginale.

En ce qui concerne « celui de cinq », la note sur laquelle il débute est avec celle à laquelle il aboutit en rapport de 1+1/2 (2/3) ; « celui de quatre », la note sur laquelle il débute est avec celle à laquelle il aboutit en rapport de 1+1/3 (4/3) ; ce rapport se trouve entre chaque note produite par une corde libre et celle rendue par la corde placée immédiatement à sa suite (1).

Parmi les intervalles [consonants] il y a les petits. Ces derniers comprennent les tons dont le premier se trouve entre la note de la première corde à vide et son index [sol_2-la_2], puis, entre l'index de cette même corde et son annulaire [la_2-si_2], sa voisine du médius [ou] son médius perse et son auriculaire [$si\flat_2$-do_2]. Il en est de même pour les autres cordes. Cet intervalle se nomme le ton. Ces intervalles (2) et leurs notes sont considérés comme consonants et employés très fréquemment dans les mélodies où l'on passe des uns aux autres.

En ce qui concerne les petits [intervalles], ils sont comme ceux qui se
95 trouvent entre // la note rendue par la touche de l'annulaire et celle de l'auriculaire ou le médius et l'index. Ceux-ci s'appellent aussi « demi-ton » (3), chacun d'eux s'intitule aussi intervalle « de reste » *(baqiyya)* ; il ne s'agit pas d'un [véritable] demi-ton ; c'est là une métaphore, ainsi a-t-on l'habitude de dire : à moitié cuit, à moitié mûr ou à mi-voix. Parfois cet intervalle est qualifié de demi-*mudda* alors que le ton est qualifié de *mudda* (4). En ce qui concerne l'intervalle compris entre la note de l'*index* et celle du *médius arabe* [la_2-$si\natural\flat_2$], il se nomme trois [quarts] (5) de ton.

L'intervalle de ton est celui dont l'étendue comprise entre deux notes ne saurait être augmenté en une seule *mudda*. Si toutefois on le faisait, il faudrait qu'il soit augmenté d'un quart de ton de la manière suivante : on substituera la note de la première voisine à celle de l'index, d'où on tendra la note jusqu'à celle de la touche de l'annulaire [$la\natural\flat$-si] (8/7) ; il en résultera un intervalle relâché et peu agréable. Il est en effet rare qu'on emploie le *taǧnīb* (6) [altération de la note de l'index], à moins que ce ne soit dans

(1) Il manque ici la qualification : « intervalle moyen », ou « intervalle d'une consonance moyenne » ; celle-ci s'applique, d'après al-Fārābī, aux quintes, quartes, octaves plus la quinte et octaves plus la quarte.

(2) Tous les intervalles, grands, moyens et petits.

(3) Lire *niṣf ṭanīn*.

(4) Al-Fārābī identifie *mudda* « espace de temps » avec *bu'd* « distance, intervalle » ; voir *M.*, fol. 26 ; ERL., I, p. 46.

(5) Lire « trois quarts » et non pas « trois demis ».

(6) Le *taǧnīb*, c'est-à-dire l'abaissement de la note de l'index est aux dires de l'auteur lui-même (voir p. 133, 161, etc.) un procédé très apprécié. Ici, le mot *taǧnīb* semble s'appliquer à l'augmentation d'un quart de ton de la note de l'index ce qui donne un intervalle d'un ton plus un quart (8/7). Voir p. 87, n. 2 et p. 162, n. 3.

une partie de la mélodie ; si c'est dans toute la mélodie, ce sera déplaisant et dissonant.

96 Si la note [le ton] est élargie // plus que nous n'avons dit, l'ouïe ne l'acceptera pas et ne la percevra même pas; de même, elle ne pourra faire partie d'un rythme plaisant.

Tout intervalle est serré entre deux notes, de même que chaque temps [rythmique] est serré entre deux battues d'un rythme (1). L'intervalle est en effet le temps lui-même.

Si on divise un intervalle [de ton] en plus (2) de quatre parties, il en résultera des intervalles plus petits d'un quart de ton qui ne pourront, ni affecter l'ouïe, ni lui être perceptibles. Nous avons traité à fond de ce sujet dans un chapitre approprié du premier livre.

chapitre XVII

LES LETTRES MÉLODIEUSES (3)

Parmi les lettres il en est qui se prolongent avec les notes et d'autres qui ne se prolongent pas. Parmi celles qui se prolongent, les unes sont désagréables à l'audition, les autres ne le sont pas. Ce sont ces dernières dont on a besoin ; elles sont au nombre de trois : *lām*, *mīm* et *nūn* (L, M, N) (4).

(1) L'auteur reviendra sur cette même définition dans le chapitre des modes rythmiques ; voir *infra*, p. 139, n. 2 et p. 140, n. 3 et 4.

(2) Il faut lire « en plus », au lieu de « en moins ».

(3) L'expression *al-ḥurūf al-muṣawwita*, ou = *al-ḥurūf al-aṣwāt*, couvre ici : *a.* — Les voyelles longues et brèves ainsi que leurs timbres. *b.* — Les *sonantes*, c'est-à-dire, les lettres intermédiaires entre les consonnes et les voyelles, telles que *wāw* et *yā'* qui, lorsqu'elles comportent un bruit de frottement, représentent *w*, *y* et lorsqu'elles comportent un son, deviennent *ī* et *ū*. A cette catégorie, Meillet a ajouté le *lām*, le *rā'*, le *mīm* et le *nūn* ; voir DEMOMBYNES-BLACHÈRE, *Grammaire de l'arabe classique*, p. 15. En effet, l'auteur cite au nombre des lettres mélodieuses L, M, N, qui confèrent au son un timbre nasillant, lequel est très apprécié dans la musique arabe. *c.* — Enfin, toutes les combinaisons de ces lettres y compris les diphtongues.

Bien que l'auteur se livre dans ce chapitre à des considérations d'ordre grammatical et phonétique, la question traitée est d'une extrême importance, aussi bien pour la composition que pour l'interprétation du chant arabe.

(4) Tout le début de ce chapitre jusqu'à la très subtile polémique avec Isḥāq al-Mawṣilī, suit de très près l'exposé d'al-Fārābī ; voir *M.*, fol. 170-171 ; ERL., II, p. 58-59.

Les lettres mélodieuses se divisent en trois catégories : *alif*, *wāw*, *yā'* (A, U, I) qui sont nommées chez les Arabes des « lettres de prolongation de
97 la voix » *(madd)* ou des « lettres d'adoucissement » *(līn)*. Ce sont là des lettres mélodieuses longues qui, placées au terme des différentes parties du discours, seront toujours allongées avec la mélodie. L'*alif* (A) est une lettre d'arrière, le *yā'* (I) est une lettre d'avant, le *wāw* (U) est une lettre moyenne qui se situe entre l'arrière et l'avant (1). Celles-ci se divisent aussi en trois voyelles mixtes (diphtongues) ; elles seront composées de *l'alif* et du *yā'*, du *yā'* et du *wāw*, du *yā'* et de *l'alif* (2), comme par exemple : *wā*, *yā*, *wī*, *ay*. Toutes celles-ci se prolongent facilement. Le nombre de lettres mélodieuses [mixtes] est donc de neuf. [Avec les trois voyelles simples, cela fait douze.] En leur ajoutant les lettres qui se soutiennent facilement avec les notes, à savoir *lām*, *mīm*, *nūn* (L, M, N) appelées les « lettres de nasalisation », nous aurons quinze lettres qui s'associent toujours aux notes et qui vont de pair avec elles, quinze lettres dont les notes ne peuvent aucunement se passer, quinze lettres dont l'émission est facile et sans désagrément pour l'oreille. C'est là une chose de la plus grande importance pour les mélodies.

98 Quant aux dires de Isḥāq // al-Mawṣilī que la modulation phonétique *(naġma)* (3) est la motion de la lettre mue qui s'appelle en arabe « motion de flexion » telle que *ḍamma*, *fatḥa* et *kasra* (u, a, i) (4), c'est impossible, car il dit que les modulations sont les trois motions lorsqu'elles s'allongent, c'est-à-dire les motions de flexion. Il dit aussi que le *ḍamma* (u) lorsqu'il est allongé devient *wāw* quiescent (u), le *fatḥa* allongé devient *alif* quiescent (a) et le *kasra* allongé devient *yā'* quiescent (i), de sorte que les modu-

(1) Ces trois timbres sont appelés respectivement : « oral, palatal et vélaire »; voir Ch. Pellat, *Intr. à l'arabe*, p. 5-6.

(2) Dans le traité d'al-Fārābī, il y a *alif* et *wāw*.

(3) Le terme *naġma* signifie « note musicale ». Ici, il désigne par extension un son ou une modulation de la voix d'ordre phonétique. Ces modulations jouent le rôle des notes, elles ont des affinités avec elles et s'y associent facilement, mais au dire de l'auteur, elles ne sont pas de véritables notes.

(4) Les Arabes appellent *ḥaraka* « motion » la voyelle brève, et l'absence de voyelle *sukūn* « repos ». Par conséquent, une lettre vocalisée est dite *ḥarf mutaḥarrik* « lettre mue », une lettre non vocalisée *ḥarf sākin* « lettre inerte ou quiescente ». Les mêmes termes : « motions » et « repos » sont employés également dans la terminologie métrique et rythmique. Une explication possible à ces deux termes serait que les voyelles donnent la vie aux consonnes immobiles et les percussions aux silences intercalés entre elles.

Le *fatḥa*, le *kasra* et le *ḍamma* sont les signes représentant les sons *a*, *i*, *u*.

Enfin, par « motion de flexion », l'auteur entend : la flexion casuelle marquée par le changement de la voyelle brève finale.

lations seraient les motions des lettres mélodieuses (1) ; il s'ensuit qu'il faudrait que les lettres quiescentes soient différentes de l'*alif*, du *wāw* et du *yā'*. Il dit que le nombre des modulations est de douze d'après le nombre des voyelles et il remonte à ces trois lettres et à celles que l'on compose avec elles. Puis il dit : « Il n'y a ni motion ni son dans les lettres quiescentes. » Puis il dit : « Les modulations sont les motions des lettres lorsqu'elles sont allongées. » Puis il dit : « Lorsque ces motions sont allongées elles deviennent *alif*, *wāw* et *yā'* quiescentes » (2).

99 Ibn al-Ṭayyib dit : // « Il s'ensuit qu'il faudrait que les lettres quiescentes ne soient pas *alif*, *wāw*, *yā'* et leurs composés. « S'il en était ainsi, la mélodie serait interrompue (pourvue de lacunes) et ces lacunes seraient comblées par les lettres qui n'ont pas de son ». En effet, les lettres qui composent un vers ne sont pas toutes vocalisées et celles qui le sont ne sont pas (toutes) allongées. Parmi les lettres non vocalisées, il y a les consonnes sonores *(sonnantes)* telles que le *lām*, *mīm* et *nūn* qui sont porteuses de son et permettent la prolongation (3). S'il dit qu'elles ne portent pas de modulation, le *'ūd* le contredit car à chacune d'elles correspond un motif particulier (un son, un timbre) à l'intérieur des formules modales instrumentales, et de même à chacune des autres lettres quiescentes [du même genre] (4).

(1) Les deux mots : *al-naġam al-ḥarakāt* sont répétés.

(2) La longue polémique qui suit avec Isḥāq al-Mawṣilī est purement formelle ; c'est pourquoi elle semble à première vue tout à fait obscure et inextricable. Il semble que la théorie d'Isḥāq, réfutée par l'auteur, se ramène à ceci : le « son » se situe sur les voyelles brèves *a i u*. Autrement dit, les « motions » brèves portent le son. Mais, dit l'auteur, il y a les voyelles longues qui portent les sons. Or, selon Isḥāq, une lettre quiescente est dépourvue de son et, comme suivant la théorie des grammariens arabes, s'il est allongé *a* devient *alif*, *u* devient *wāw*, *i* devient *yā'*, il faudrait dire, toujours selon Isḥāq, que *a i u* sont les « motions » de *alif*, *wāw* et *yā'*, ce que l'auteur semble considérer comme la conséquence absurde démontrant la fausseté de la théorie en question.

Dans cette discussion tout à fait formelle, il y a une source de confusion, l'interférence d'un point de vue *phonétique* (équivalence des voyelles et des sons) avec un point de vue *grammatical* (faut-il dire que les voyelles sont les « motions » des lettres *alif*, *wāw* et *yā'*). A cette source de confusion s'en ajoute une autre qui découle d'une seconde réfutation incluse dans la suite du chapitre : c'est la constatation que certaines « lettres » (= consonnes) quiescentes (donc dépourvues de voyelles) sont néanmoins porteuses de son.

(3) Il s'agit de réfuter la proposition que les voyelles brèves ne peuvent être prolongées par une lettre quiescente, puisque cette dernière n'a aucun son. Or, *lām*, *mīm*, *nūn* se prêtent à la prolongation.

(4) A la première lecture, cette phrase paraît étrange ; mais nous savons que par *mawḍi'* l'auteur entend « formule » ou « son préférentiel » dans un chant, ou dans une composition musicale (voir chapitres XXIII-XXIV). D'autre part, *dastān* désigne, entre autres, des formules modales relatives aux instruments. Dans le chapitre XXIII l'auteur range les timbres particuliers

Il dit que les *alif*, *wāw* et *yā'* en se combinant en trois sons mixtes deviennent ainsi six, qui diffèrent par la brièveté et la longueur, ce qui fait douze modulations (1). Or, la longueur et la brièveté sont fonction de la longueur ou de la brièveté de la durée du son ; ce n'est donc pas l'allongement ou l'abrègement d'une chose qui fait passer d'une note à une
100 autre. // S'il en était ainsi, il en résulterait plus de douze notes, douze notes dépendant de la mesure de l'allongement ou de l'abrègement. Quiconque connaît cet aspect de l'art du chant ne doute pas que les notes associées à des éléments équivalents soient disposées sur le deuxième membre d'une façon identique au premier parce que chacune des notes précédentes, associée au premier membre, se répète également aux mêmes endroits du deuxième élément. Il peut arriver que la poésie se pare de la mélodie, que le compositeur se laisse influencer par les « motions » des paroles du vers et qu'à la place d'un *alif (a)* dans le premier membre, il mette un *wāw (u)* ou un *yā' (i)* dans le deuxième membre, sans modification des notes ; et si les notes sont *alif*, *wāw* et *yā'*, ces lettres doivent être répétées dans le deuxième membre telles qu'elles figuraient dans le premier membre. Donc *alif*, *wāw* et *yā'* sont des lettres mélodieuses auxquelles les notes s'associent parce que dans tous les cas elles sont nécessairement fonction de la finesse
101 et de l'épaisseur inhérentes aux sons, // appelées l'acuité et la gravité.

La note est un son tenu audible d'un seul trait. Si cela est exact, ce qui suit une lettre n'est pas une lettre comme le pense Isḥāq mais il est exact que la note ne peut pas se passer d'une « motion ». Donc, là où il existe une lettre, il y a une « motion » ; là où il y a « motion » d'une lettre, il y a une note (2). Et la lettre est nécessairement « mue » ou « quiescente ».

Ce n'est pas parce que la qualification ne peut pas être dissociée de l'objet de qualification, ni le complément du complété que le complément peut être considéré comme identique au complété, ni la qualification comme identique au qualifié.

Ainsi apparaît avec évidence la nature de la note.

se rapportant aux trois lettres en question parmi « les sons et formules préférentiels » relatifs au chant. Il ressort de ce passage que la prolongation des lettres en question était accompagnée de formules instrumentales particulières.

(1) Malheureusement, l'auteur ne précise pas la nature de ces douze modulations. Il pourrait s'agir de la liste suivante :

aŭ	wă	yă	aū	wā	yā
aĭ	wĭ	yŭ	aī	wī	yū
aă = ă	wŭ = ŭ	yĭ = ĭ	aā = ā	wū = ū	yī = ī

(2) L'auteur fait allusion à la théorie des divers types de syllabes selon laquelle un mot quelconque commence toujours par une consonne suivie d'une voyelle.

chapitre XVIII

LE DOSAGE DE LA RESPIRATION (1)

Isḥāq dit : « La force de l'émission de la voix ne doit pas excéder la mesure. Elle sera soit retenue, soit pressée, soit moyenne. Chacune de ces trois sortes d'émission vocale comporte un certain degré d'intensité auquel on l'attribue. Ainsi certaines émissions vocales pressées seront-elles plus
102 pressées // et certaines émissions vocales retenues seront-elles plus retenues. Attaque-t-on un chant dans l'une des trois sortes d'émission, il faudra s'y tenir jusqu'au bout » (2).

Isḥāq ajoute : « Il faut que la respiration soit prise de manière qu'elle puisse suffire à l'exécution des passages *(mawāḍi')* (3) qui exigeraient une longue haleine ; cette respiration s'effectuera sur la pause *(maqṭa')* qui précède les passages ; ce faisant, le chanteur sera en mesure de maîtriser les passages en question. Pour être bien disposé à l'exécution d'un tel passage, le chanteur doit emmagasiner en lui autant d'air qu'il en est capable, le manier avec prudence et le lâcher avec mesure, de façon à pouvoir aller jusqu'au bout sans être essoufflé ni éprouver un sentiment de malaise ; il sera pourvu d'un surplus d'air qui lui permettra de ne pas manquer les notes finales du passage, lesquelles notes ne seront ni petites ni voilées. C'est une condition primordiale pour le chanteur. »

Isḥāq dit aussi : « Les notes [émises par la voix] doivent être produites selon les mêmes rapports que les notes équivalentes engendrées par des

(1) Le titre est incomplet ; nous avons emprunté le complément à la table analytique.

(2) Cette courte introduction sur la force et l'intensité de l'émission vocale est très significative, car l'objet principal de la respration, selon la théorie développée dans ce chapitre, est de donner au chanteur le contrôle absolu sur l'émission de sa voix et de lui permettre de la ménager à son gré, avec aisance, en lui conférant une certaine régularité. En effet, les inégalités involontaires dans la force et l'intensité de la voix sont toujours le résultat d'un manque de contrôle du souffle. C'est sous cette lumière qu'il faut voir la recommandation de maintenir la même intensité d'émission vocale tout le long d'un chant. Ajoutons qu'il peut s'agir ici non seulement de la puissance, mais aussi du timbre de la voix.

(3) *Mawḍi'* (lieu, endroit, place, position, etc.) dans un contexte musical signifie : une formule, un son, un timbre ayant une place déterminée dans une mélodie; voir, pour plus de détails, chapitre XXIII *infra*, p. 121, n. 1.

(4) Voir pour le commentaire du terme *maqṭa'*, chap. XX, *infra*, p. 112, n. 5.

sections de cordes déterminées, autrement dit, par des touches fixes ; ou encore selon les mêmes rapports que les notes des instruments à vent (1). Elles doivent s'apparenter si étroitement aux notes instrumentales qu'elles donneront par leur égalité et leur justesse l'impression d'être produites par un instrument à corde ou à vent. Ceci est d'autant plus nécessaire qu'il
103 s'agit de notes finales » (2). // Isḥāq a excellé dans ce propos.

Un certain philosophe a dit : « Il existe des personnes dont l'âme n'agrée pas les mesures rythmiques ; celles-ci ne pourront jamais saisir ce qu'elles entendent ni reproduire un rythme en le battant à la main. Il en existe d'autres dont le larynx ne s'accommode pas aux valeurs des notes ; de ce fait, elles ne seront pas aptes au chant » (3). C'est là un phénomène que nous constatons fréquemment.

La chose primordiale qui est nécessaire au chanteur en ce sens (4) est de déterminer le ton *(ṭabaqa)* (5) [ou la tessiture] dans lequel il chantera afin que sa voix ne soit pas vaincue dans les notes aiguës et qu'elle ne défaille pas dans les notes graves.

chapitre XIX

LA PROSODIE (6)

Les mélodies sont nécessairement associées à des vers qui sont formés, soit de membres *(aǧzā')* égaux, soit de membres inégaux. Les vers à membres égaux sont ceux dont les éléments se ressemblent ; les

(1) Cet énoncé, répété à plusieurs reprises dans le traité, relève de la théorie pythagoricienne qui rejette le jugement de l'oreille et se fie pour la définition des notes musicales au raisonnement et au résultat des calculs. Or, étant donné l'impossibilité de déterminer les rapports des notes vocales (voir *Introduction*, p. 15-16 et p. 38, n. 2), ces derniers ne peuvent être appréciés que par comparaison avec les rapports déterminés au moyen des instruments.

(2) La justesse des notes finales est très importante, car celles-ci font ressortir, entre autres, les caractéristiques du mode donné.

(3) Ils ne possèdent de dispositions naturelles, ni pour le rythme, ni pour le chant.

(4) « En ce sens » doit se rapporter au sujet général du chapitre.

(5) *Ṭabaqa* « rang » signifie la hauteur générale de l'échelle employée dans une mélodie et traduit le mot grec *tonos*. Ce terme désigne aussi une quarte (c'est-à-dire l'ambitus de chacune de quatre ou cinq cordes du *'ūd*) ; c'est le cas, par exemple, à la page 164.

(6) *Al-awzān* signifie littéralement : « les mesures ». Le terme complet *awzān al-ši'r* désigne les mètres usuels dans la poésie arabe. La science métrique qui commence avec al-Ḫalīl (m.

vers à membres inégaux sont ceux dont les éléments sont différents ; ceux-ci
se composent d'un mélange d'éléments égaux et inégaux. La différence peut
104 affecter plusieurs membres ou // un seul (1). Chaque espèce de ces vers
est soit *muṣra'a*, avec « séparations », soit *masrūda*, sans « séparations »
(fawāṣil) (2). L'une comme l'autre seront constituées de peu ou de
plusieurs membres, soit, au plus de huit et au moins de deux.

En ce qui concerne les membres égaux d'un vers, ils seront arrangés comme dans le mètre suivant :

Fa'ū-lun/Fa'ū-lun/Fa'ū-lun/Fa'ū-lun
Fa'ū-lun/Fa'ū-lun/Fa'ū-lun/Fa'ū-lun (mètre *mutaqārib)*

ou comme dans le mètre :

Mus-taf-'ilun/Mus-taf-'ilun dans la totalité du vers (mètre *rağaz*)

ou comme dans le mètre :

Mafā-'īlun/Mafā-'īlun dans la totalité du vers (mètre *hazağ*).

Les membres différents seront arrangés soit d'une façon symétrique, comme dans le mètre :

Fa'ū-lun/Mafā-'īlun/Fa'ū-lun/Mafā-'ilun
Fa'ū-lun/Mafā-'īlun/Fa'ū-lun/Mafā-'ilun (mètre *ṭawīl*)

ou comme dans le mètre :

Mustaf-'ilun/Fā-'ilun/Mus-taf-'ilun/Fā-'ilun
Mus-taf-'ilun/Fā-'ilun/Mus-taf-'ilun/Fā-'ilun (mètre *basīṭ*)

ou comme dans le mètre :

Mafā-'īlun/Fa'ū-lun/Mafā-'īlun/Fa'ū-lun [?] (3)

175-6/791-2) est nommée généralement :*'ilm al-'arūḍ*, terme que l'on emploie parfois dans un sens large de « science de versification ». L'auteur ne rapporte ici que quelques généralités sur cette science bien complexe. Pour plus de détails, nous renvoyons à l'excellent article *'Arūḍ* de G. Weil dans *E.I.*², I, p. 688-698.

(1) « D'après al-Ḫalīl, chacun des seize mètres pratiqués dans la poésie arabe est créé par la répétition rythmique de huit pieds qui reviennent selon une répartition et une succession fixes dans chacun des mètres. Le terme qui désigne ces pieds est *ğuz'*. Chacune de ces huit parties est désignée par un mot tiré de la racine *f'l* qui sert de paradigme... » G. Weil, *op. cit.* L'auteur emploie ces paradigmes dans l'illustration de certains mètres à la page suivante.

(2) Ces espèces sont expliquées par l'auteur à la page suivante. Quant au terme *fāṣila* « séparateur », voir *infra*, p. 112, n. 1.

(3) Le mètre *mafā-'ī-lun fa'ū-lun...* ne figure pas au nombre des seize mètres classiques. On remarquera d'autre part qu'il s'agit du même paradigme que dans le mètre *ṭawīl*, mais dans un

ou comme dans le mètre :

Fā-'ilā-tun/Mafā-'īlun/Fā-'ilā-tun/
Fā-'ilā-tun/Mafā-'īlun/Fā-'ilā-tun [?] (1)

soit d'une façon asymétrique, comme dans le mètre :

105 *Fā-'ilā-tun/Mafā-'īlun/Fā-'ilā-tun*
[*Fā-'ilā-tun*]/*Mafā'īlun/Fā-'ilun* ou *Maf-'ū-lun* (mètre *ḫafīf*) (2)

ou comme dans le mètre :

Mus-taf-'ilun/Mus-taf-'ilun/Fā-'ilun
Mus-taf-'ilun/Mus-taf-'ilun/Fā-'ilūn ou *Fā-'ilā-tun* ou *Maf-'ū-lun* (mètre *sarī'*) (3) ; et ceci, soit dans les deux hémistiches, soit dans l'un d'eux. Les espèces *(ḍurūb)* (4) de ces mètres sont bien plus nombreuses, mais nous nous sommes bornés à en exposer seulement quelques exemples.

Lorsqu'il arrive que le milieu du vers, qui est la limite de l'hémistiche, en soit véritablement la limite et que la dernière lettre du [dernier] membre de la première moitié soit comme la dernière lettre dans la deuxième moitié, le vers est considéré comme *muṣra'* (5) ; au contraire, si l'élément de la première moitié contrarie l'élément de la fin du vers par sa quantité — comme par exemple s'il y a, à la fin du premier hémistiche, *Fā'ilun* et, à la fin du deuxième, *Fā'ilan* et d'autres cas semblables — et, s'il ne présente pas une terminaison véritable et un sens complet, dans ce cas, le vers est *masrūd* (6). S'il se trouve que les paroles présentent une

ordre inverse. Cela pourrait donc être une simple répétition, erronée ou incomplète, du mètre *ṭawīl* cité auparavant.

(1) Le mètre suivant : *fā-'ilā-tun mafā-'ilun...* est donné sous une forme identique, immédiatement à la suite, comme appartenant à la catégorie des vers dont les membres sont asymétriques. Il faudrait donc retenir la seconde exposition et éliminer la première.

(2) C'est le mètre *ḫafīf,* à une variation près. Le deuxième pied du *ḫafīf* est *mustaf-'ilun.* Néanmoins, la variation qui consiste à supprimer les *(s)* dans *mus-taf-'ilun* — ce qui donne le paradigme *mafā-'ilun* — est admise par al-Ḫalīl au nombre des déviations possibles.

(3) Le mètre *sari'* a la même forme, sauf le dernier pied.

(4) « On peut, écrit G. Weil *(ibid.),* tirer de huit pieds principaux jusqu'à 37 pieds qui sont tous utilisés dans les poèmes arabes anciens. Étant donné l'importance rythmique des fins des vers *(ḍarb)...* Le nombre des espèces possibles d'un mètre est désigné d'après ses différents *ḍurūb* [pluriel de *ḍarb*]. »

(5) Chaque vers d'un ancien poème arabe est formé de deux moitiés bien distinctes *(miṣra',* plur. *maṣārī'). Muṣra',* selon ce que nous venons de lire, est dit d'un vers formé de deux moitiés distinctes qui riment ensemble. Or, cette dernière particularité n'appartient qu'au seul premier vers d'un poème du type *qaṣīda* (voir *infra,* p. 112 n. 2).

(6) Le terme *masrūd* suscite un certain nombre de difficultés. *a.* — A notre connaissance, on ne le trouve pas dans ce sens chez les métriciens arabes. *b.* — L'auteur emploie ce terme

terminaison véritable et un sens complet sur la limite de deux moitiés, il est possible d'effectuer une pause et de s'y arrêter ; si elles ne présentent pas une terminaison véritable, il n'est pas possible de s'y arrêter, sauf pour
106 reprendre respiration.

Il arrive que les notes comprises dans une composition soient combinées avec les lettres qui forment les membres du vers, d'une façon symétrique dans les portions considérées séparément. On assigne par exemple pour chacun des éléments : *M$\overset{a}{u}$s-t$\overset{b}{a}$f-‘$\overset{\check{g}}{i}$l$\overset{d}{u}$n*, *M$\overset{a}{u}$s-t$\overset{b}{a}$f-‘$\overset{\check{g}}{i}$l$\overset{d}{u}$n*, les notes : *a*, *b*, *ğ*, *d*. Parfois, le nombre est semblable tandis que les aspects des notes varient. On donnera par exemple à un membre les notes : *a*, *y*, *k*, *l*, à un autre les notes : *a*, *m*, *d*, *h*, à un autre les notes : *r*, *w*, *ḥ*, *d*, et vice versa (1). Il arrive que les notes d'un membre ou d'un hémistiche soient nombreuses et que celles de l'autre moitié soient en petit nombre (2). Il est cependant préférable que le nombre des notes soit égal dans les deux moitiés. Il arrive aussi que l'on répète une même note plusieurs fois dans un même endroit. Il arrive que la séparation [ou le dernier pied du premier hémistiche] soit différente des autres éléments du vers et cela est préférable, ou aussi que la coupure [dernier pied du second hémistiche] soit de même, je veux dire

ailleurs dans un sens analogue à celui qu'en donne al-Fārābī, à savoir « chant qui se rapproche de la déclamation ». « Un chant, écrit al-Fārābī, est « discontinu » ou « continu ». Quand il est continu, il s'agit de ce que l'on appelle *al-alḥān al-masrūda* « les mélodies déclamées » (*M.*, fol. 179 ; Erl., II, p. 77). Cette conception rappelle celle de nombreux auteurs antiques (voir Potiron, *Boèce* p. 46 ; Nicomaque, *Manuel d'harmonique*, p. 11-12). De son côté, l'auteur écrit : « Si les notes s'écartent par trop des lettres auxquelles elles sont associées, au point que la mélodie devient comme un discours ordinaire ou déclaré *(qawl masrūd)*, la mélodie en sera moins belle » (p. 144). *c.* Cette interprétation du terme *masrūd* expliquerait d'une part les mots : « avec séparations » et « sans séparations », à la page 105, qui seraient respectivement les équivalents de « discontinu » et « continu » et, d'autre part, cela expliquerait la question des pauses dont l'auteur traitera plus bas. Cependant, la difficulté qui en résulte est la question de savoir comment concilier ce qui vient d'être dit avec la définition du *masrūd* dans le présent chapitre ? Il convient de signaler tout d'abord que ces quelques informations relatives à la prosodie sont accidentelles, car au bout de trois, quatre lignes, l'auteur abandonne complètement la prosodie pour se tourner vers des problèmes qui relèvent de la composition musicale. Or, on sait que la facture d'un chant est calquée sur celle d'un vers à deux hémistiches bien distincts. Si donc l'hémistiche, ou encore plus le vers, ne présentent pas une fin véritable et un sens complet selon les règles établies, on sera amené à éliminer des pauses obligatoires dans le chant, ce qui sur le plan rythmique et mélodique donne lieu à un chant du style « continu » où le découpage en membres petits, moyens et grands ne sera pas rigoureusement respecté. Autrement dit, cela rejoindra l'idée du *masrūd* (voir ci-dessus point *b*).

(1) C'est la seule fois dans ce traité que l'auteur emploie une notation alphabétique rudimentaire. A défaut de précisions, il est malheureusement impossible de traduire les quelques exemples notés.

(2) Lire *wa-taqill*.

qu'elle soit différente par l'aspect de ses notes ou sa note unique. Mais il arrive qu'elles soient égales entre elles et qu'elles concordent (1). Souvent on a recours à des procédés de variation pour d'autres raisons ; on chante par exemple une partie du vers à l'octave aiguë et l'autre partie à l'octave grave. Cela s'effectue soit sur tout un hémistiche, soit sur un membre d'un
107 hémistiche // et un membre parallèle de l'autre.

Il arrive que l'on emploie dans certains membres, des notes aiguës et dans d'autres des notes graves, ou encore que les notes aiguës et graves se mélangent dans les vers, ou que les unes ou les autres y soient prédominantes, je veux dire les notes aiguës ou les notes graves, ou que tout un vers soit entièrement aigu ou entièrement grave. Cela est fonction de la mélodie qui tantôt nécessite une évolution à travers les notes aiguës, tantôt à travers les graves et tantôt à travers les moyennes ainsi qu'il a été expliqué plus haut et selon ce que les circonstances imposent.

En ce qui concerne la concordance ou l'opposition des modes rythmiques et des mètres de la poésie, on peut se demander laquelle de deux possibilités (2) est préférable et convient mieux. Or il est certain que rythmes et mètres opposés sont toujours meilleurs et confèrent plus de beauté et de solidité à la mélodie, tandis que ceux qui concordent sont d'un effet peu élégant et que leur mise en musique en fait une composition exempte de noblesse et peu agréable. Un grand nombre de gens, de ceux qui n'ont pas réfléchi sur ces questions, ont sans doute une opinion contraire à celle que nous venons d'exposer et ils soutiennent qu'une fois réunis des mètres et des rythmes semblables, leur concordance est d'un meilleur effet que l'opposition de rythmes et de mètres différents. Mais cela n'est pas exact,
108 car il en est des rythmes comme des notes. // En effet, les notes dont se composent les mélodies (modes ?) ne sont pas semblables mais différentes, quoiqu'il y ait une distance entre ces deux cas (3). Par conséquent, si on

(1) A noter que les derniers pieds des deux hémistiches subissent généralement les plus grandes déviations, aussi bien dans le chant que dans la poésie. A cet effet, il semble que la théorie du chant emprunte ses idées de base à la prosodie. Dans la poésie, les formes idéales des mètres souffrent deux sortes de variations : l'une, constante et sérieuse, affecte l'extrémité des deux hémistiches, l'autre, accidentelle et minime, affecte les autres pieds qui s'appellent *al-ḥašw* « remplissage ». Dans le domaine du chant, l'extrémité des deux hémistiches revêt une importance capitale qui, tout comme dans la poésie, détermine l'allure générale du poème ou du chant. Outre les variations que ces pieds subissent et qui constituent un élément d'enrichissement, c'est sur eux que s'effectuent les pauses, les motifs de séparation ou de conjonction et les improvisations.

(2) On pourrait lire *ayyatuhā* au lieu de *annahā*, et cela offrirait une lecture plus plausible.

(3) Nous ne savons pas au juste ce que l'auteur veut dire par là.

met un vers dans le moule d'un rythme dont la mesure ressemble à la sienne, le chant sera déplaisant comme par exemple :

> « O celui qui transforma ma vie en souffrance,
> et mon bonheur en malheur » (mètre *mutaqārib*).

Si on y emploie une espèce de *ramal* ou de *lourd-deuxième* allégé *(mumaḫḫar)* (1), dont la mesure est semblable, le chant ne sera pas agréable. La mesure de ces deux rythmes est *Fa'ū-lun*, *Fa'ū-lun* et dans chaque période rythmique il se produit l'équivalent de ces deux exemples. Il existe en effet un rapport étroit entre les deux modes rythmiques en question ; cependant, le temps rythmique de la période du *lourd-second* est plus lent et ses percussions restent simples, alors que le temps rythmique de l'autre est plus court et sa deuxième percussion est doublée dans chaque période (2). Un autre exemple :

109 « Celle à qui tu m'as vu parler un matin n'était qu'une messagère. »

(1) Ce mot n'est pas clair, mais il est probable qu'il s'agit de *mumaḫḫar* lequel signifie « allégé ». En effet, le mode rythmique *lourd-deuxième allégé* se nomme aussi *māḫūrī*. Voir note suivante.

(2) La terminologie rythmique sera étudiée en détails dans les chapitres XXIV, XXVII et XXIX.

Si on prend à la lettre la définition de ces deux modes rythmiques on se heurte à certaines difficultés. Malheureusement, même l'étude spéciale des modes rythmiques, aux pages **144-146**, n'est pas de nature à nous éclairer davantage. Par comparaison avec les systèmes rythmiques des théoriciens arabes les plus en vue, il semble qu'il doive s'agir respectivement du *māḫūrī* et du *ramal léger*. Selon al-Kindī et Avicenne, le *māḫūrī* correspond à 5/8 *(= fa'ū-lun, fa'ū-lun) ;* d'autre part le *ramal léger* est définit par al-Fārābī comme suit :

a) (genre)
b) (espèce)

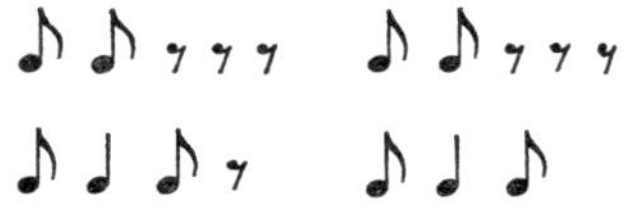

Ṣafī ad-Dīn et al-Lāḏiqī en donnent la définition suivante :

a)
b)

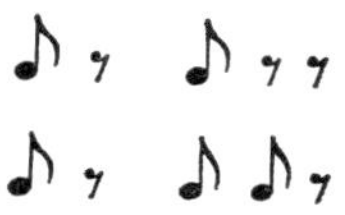

La seconde forme est identique à celle qu'en donne Avicenne. La comparaison de ces deux modes rythmiques montre qu'il existe un rapport étroit entre eux. Toutefois, la description de l'auteur ne correspond pas tout à fait aux exemples précités. Selon lui, le *māḫūrī* est :

Or, si on le met dans le moule du rythme qui correspond à sa mesure, qui est le *hazaǧ* fondamental dont la mesure est *Mutafā-ʻilun*, *Mutafā-ʻilun* et dont chaque période comporte cinq percussions, il ne sera pas agréable (1). Il en va de même de tous les rythmes et mètres qui s'accordent. Il est en effet rare de trouver une telle concordance chez les grands maîtres de la musique ; disons même qu'on ne la trouve guère. Si toutefois le procédé est accusé, on le trouvera dans les rythmes légers employés dans les formules des *maʻāzif* « psaltérions » (2), dans les formules d'évocations (3) et dans

et ce qu'il appelle « espèce du *ramal* »:

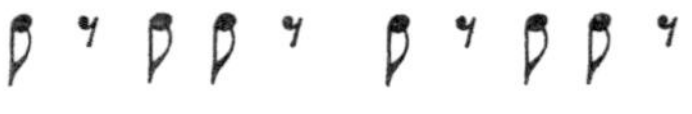 soit : 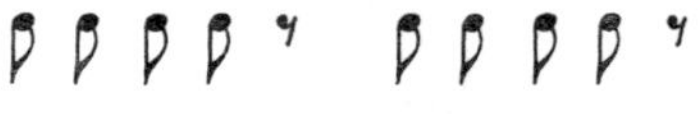

(1) Il y a ici quelques difficultés. Le mètre du vers cité est en effet formé du paradigme *muta-fā-ʻilun*, qui est celui du mètre *kāmil*. Toutefois, le mode rythmique *hazaǧ* suscite des difficultés. L'auteur écrivant que le rythme *hazaǧ* se compose de cinq percussions, le paradigme *muta-fā-ʻilun* pourrait correspondre à ce nombre : 

cela fait au total sept percussions dont cinq battues. Toutefois, le seul théoricien (al-Lāḏiqī) qui considère le *hazaǧ* comme étant composé de cinq percussions en donne la forme suivante :

En parlant du *hazaǧ* à la page 148, l'auteur en mentionne deux formes dont l'une à cinq percussions et l'autre à trois. Cette dernière correspond à la définition d'al-Fārābī que voici :

 ou bien 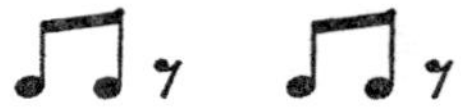

C'est d'ailleurs la forme que l'on rencontre chez presque tous les théoriciens arabes. Étant donné que les descriptions rythmiques de l'auteur sont fort imprécises, il faudra considérer tout ce passage avec beaucoup de réserves.

(2) *Miʻzafa* (plur. *maʻāzif*) désignerait le psaltérion ; voir Farmer, *Studies in oriental musical instruments*, p. 7-8. A l'exemple de certains auteurs médiévaux latins, les Arabes appellent l'instrument dont jouait le roi David *miʻzafa* (*al-ʻIqd al farīd*, p. 231-232). La *miʻzafa* fait partie d'instruments en vogue dans la période préislamique.

(3) L'expression طرق الى لحال est sans points diacritiques. A la page 147-148, lorsque l'auteur traite des rythmes très rapides, il reprend les expressions figurant dans cette phrase auxquelles il ajoute deux faits supplémentaires. Dans ce dernier passage, nous lisons *ṭuraq al-maʻāzif wa-ṭuraq al-ḫayāl*. On peut lire, en l'occurence, soit *ṭurq* « coup », soit *ṭuraq* (qui est souvent employé comme équivalent de *ṭarāʼiq* pour désigner « modes » ou « formules modales ». Quant à *ḫayāl*, il signifie « fantôme » ou « imagination ». Reste à savoir ce que tout cela signifie. Voici à ce propos quelques observations :

a. — L'auteur cherche à illustrer les cas où le rythme des paroles du discours s'identifie avec celui de la musique.

d'autres formules semblables, étant donné que le but de ceux qui s'en servaient était de faire comprendre aux auditeurs leurs paroles sans mélodies parfaites. Bref, les mètres [et les rythmes] différents sont généralement plus efficaces et plus considérables (1) dans les mélodies. En ce qui concerne la question de savoir lesquels des modes rythmiques et des mètres s'adapteraient le mieux les uns aux autres, c'est là une question qu'il serait trop long de développer à fond ; il faudrait lui consacrer une étude spéciale
110 quoique personne n'en ait parlé et qu'en l'occurrence // nous ne soyons pas censés la traiter.

chapitre XX

LA COMPOSITION MUSICALE (2)

La mélodie [le chant] se compose de trois éléments : les paroles, la composition des notes [= l'harmonie] et le rythme (3).

Il est préférable dans la répartition d'une mélodie que la phrase mélodique du second vers soit pareille dans toutes ses modalités à celle du premier vers, sauf si elle en est une réplique à l'octave. Même dans ce cas, les

b. — Ce rythme particulier est très rapide et échappe à la définition.

c. — Il s'agit d'un type de récitation où l'élément proprement musical est subordonné.

A la lumière de ces observations, et compte tenu de l'étymologie de *mi'zafa* qui serait dérivée de *'azf* « la voix des génies fabuleux », nous croyons qu'il s'agit ici des formules rythmiques qui soulignent des incantations magiques.

(1) La lecture de ce mot est incertaine. S'agit-il de *wa-ašbā* ?

(2) Cet important chapitre est presque entièrement composé de fragments compilés du traité d'al-Fārābī et notamment du chapitre de la composition. Souvent des citations sont interrompues au hasard ou encore avant qu'un sujet ait été entièrement développé, l'auteur en introduit un autre. Il en résulte que l'exposé aboutit parfois à des obscurités et devient incohérent. Pour cette raison j'ai dû proposer un certain nombre de corrections en m'inspirant des passages parallèles du traité d'al-Fārābī.

(3) Cette définition inspirée par Platon (*Rép.*, III, 398 d) figure p. 79 et 123.

petites « séparations » (1), qui coïncident avec les coupures des pieds métriques ainsi que les grandes « séparations », qui correspondent aux limites des hémistiches, ne doivent pas être différentes les unes des autres ; en sorte qu'elles forment une même chose dans leurs unités et dans les durées de leurs notes, lesquelles sont les unités. Il en sera de même de la phrase du troisième vers et de toutes les autres phrases qui viennent à la suite de la première. En effet, beaucoup d'Anciens avaient l'habitude de mettre en musique la *qaṣīda* toute entière (2).

La meilleure réplique à l'octave (3) s'effectue soit sur le premier hémistiche du deuxième vers en se prolongeant jusqu'à son milieu, soit du milieu de celui-ci jusqu'à sa fin ; il arrive aussi qu'on étende la réplique sur une partie
111 du second hémistiche (4) //, mais il faut que celle-ci cesse à la coupure en sorte que la clausule *(maqṭa')* (5) soit comme celle du premier vers. Aussi

(1) Nous trouvons dans ce texte tantôt *fāṣila* « séparation », tantôt *fāḍila*. Bien qu'il s'agisse sûrement de *fāṣila*, la deuxième possibilité n'est pas à exclure, car dans certains traités de lexicographie la *fāṣila kubrā* (terme technique de prosodie) est appelée *fāḍila*.

« Le terme *fāṣila*, dans son emploi premier, indique un séparateur : une perle *(ḫaraza)* qui établit une séparation entre deux autres perles dans l'enfilade de celles-ci... *fāṣila*, avec cette idée de séparateur, a reçu deux emplois techniques : l'un, en métrique arabe, l'autre, en terminologie coranique » (*E.I²*).

La *fāṣila* désigne, en métrique, une série de deux ou trois syllabes ouvertes ou voyelles brèves suivies d'une syllabe longue ou fermée. S'il y en a trois, c'est la *fāṣila kubrā* (la grande) ; s'il y en a deux, c'est la *ṣuġrā* (la petite). *Fāṣila* signifie, en rythmique, le temps de disjonction qui s'intercale entre deux cycles ; en composition, il signifie trois choses :

a. — un arrêt qui sépare deux éléments, ou suspension de la voix pour reprendre haleine ;
b. — la fin d'un membre ou d'un hémistiche ; *c.* — un motif de séparation ou de jonction.

Ce terme et celui de *maqṭa'* (voir *infra*, n. 5) font partie de la terminologie employée dans la lecture du Coran où ils désignent « arrêt », « pause » et « articulation » ; voir chapitre XIX, *supra*, p. 106, n. 6 ; 108, n. 1).

(2) La *qaṣīda* est un poème généralement très long pouvant atteindre jusqu'à cent vers. Ces vers sont divisés en deux hémistiches et comportent une même rime qui se répète d'un bout à l'autre. La *qaṣīda* emprunte l'un des seize mètres traditionnels et obéit à des lois strictes sur le plan de la forme et du contenu cf. *supra*. p. 104, n. 6 ; 105, n. 1 ; 106, n. 6 ; 108, n. 1 et *infra*, p. 128, n. 2.

(3) La question de la réplique à l'octave en tant qu'élément de la composition revient souvent sous la plume de l'auteur ; voir p. 108, 122, 130, etc.

(4) Voir, pour plus de détails, p. 107-108.

(5) Il en est du *maqṭa'* « coupure » comme du *fāṣila* « séparation » (*supra*, n. 1), car les deux termes ont des sens multiples et désignent sensiblement les mêmes faits. Toutefois, il semble que l'auteur emploie *maqṭa'* pour la fin d'un vers tandis qu'il réserve *fāṣila* pour la fin d'un membre ou pour celle d'un hémistiche.

Dozy, *Supplément aux dictionnaires arabes*, II, 370 b, 374-375, lui consacre un important article. Nous y lisons notamment que *maqṭa'*, chez les anciens lecteurs du Coran, signifie pause... que *maqṭa'* est un son articulé, une syllabe... que c'est un terme de métrique et enfin, que *maqṭa'* est le dernier vers d'une *qaṣīda*...

faut-il que les coupures de la mélodie, les termes des respirations, les pauses qui servent au repos, l'extinction des notes qui s'allongent avec les quinze lettres mélodieuses, se placent sur les coupures des éléments poétiques, qui divisent le vers en membres et qui en sont les limites. Il ne peut en être autrement, sauf dans des cas de nécessité que j'expliquerai par la suite. Ainsi, les endroits où se trouvent tous les éléments précités, seront, dans chaque vers ou dans chaque membre, pareillement combinés et parallèlement disposés.

Abū Naṣr al-Fārābī a dit (1) : « Pour embellir une mélodie, il est nécessaire que celle-ci comporte des coupures [et soit répartie en membres] (2) dont le nombre sera pair. Il y en aura des petits, des grands et des moyens. Les grands membres joueront dans la mélodie le rôle des vers dans la poésie (un membre équivaudra à un vers) (3) ; les moyens, celui des hémistiches ;
112 les autres, les petits, celui des pieds. // En ce qui concerne les membres moyens, ils comporteront un nombre égal de notes et de temps (c'est-à-dire les temps du rythme donné) (3), ils auront les mêmes temps de séparation, c'est-à-dire les pauses, et ils seront pareillement combinés. Les grands membres seront formés de membres moyens ; ils en contiendront au moins deux. En ce qui concerne les petits membres, ils seront de préférence inégaux ; mais ils pourront être égaux. Les notes comprises dans [une portion de la mélodie qui correspond à] une période rythmique, seront, toutes ou en majorité, consonantes, surtout celles qui se succèdent dans des durées rapprochées et que séparent de brèves disjonctions. [Pour celles qui sont séparées par une grande disjonction, il n'est pas nécessaire qu'elles soient consonantes.] En ce qui concerne celles qui sont séparées par une disjonction moyenne (c'est-à-dire les hémistiches), [si elles ne sont pas consonantes, la composition n'en sera pas rendue défectueuse pour autant. En ce qui concerne celles qui ne sont séparées par aucune disjonction, elles seront nécessairement toutes consonantes. Dans le cas où l'on se trouverait forcé d'employer des notes dissonantes], on les mélangerait de préférence avec des notes consonantes (4), car la transition peut s'effectuer d'entre deux notes
113 // qui ne sont pas en rapport consonant ; mais souvent on intercale entre

Dans ce traité, *maqṭa'* désigne tantôt une pause, tantôt une fin ou une coupure, et tantôt une clausule.

(1) Voir, *M.*, fol. 137 ; Erl., II, p. 51-52.

(2) Sauf indication contraire, tout ce qui est mis entre crochets provient du traité d'al-Fārābī.

(3) C'est une glose de l'auteur.

(4) Ici s'arrête la citation. Toutefois, la fin de ce paragraphe n'est qu'une amplification des faits précédents. Le terme *tamzīǧ* est, lui aussi, emprunté à al-Fārābī (voir *M.*, fol. 76r ; Erl., I, p. 149).

ces deux notes, une troisième note qui est en rapport consonant avec chacune d'elles. Ce faisant, on évolue de l'une à l'autre à travers la note ajoutée, et le tout formera ainsi un mélange harmonieux à l'audition. Ce procédé se nomme le *tamzīǧ* (1) et il est fréquemment employé.

Revenons à l'étude des coupures, qui sont les limites des membres.

Lorsqu'apparaît sur l'une de ces limites une lettre (quiescente) (2) [une lettre mélodieuse], son allongement sera beau et facile ; lorsque cette lettre se situe une lettre avant la fin, il sera nécessaire d'effectuer l'allongement à partir de la lettre mélodieuse et de passer à l'autre avec aisance et subtilité ; lorsque l'une des lettres mélodieuses se situe deux ou trois lettres avant la fin du pied, on ne pourra s'arrêter ni chanter une vocalise *(tanǧīm)* que sur la fin du pied, d'où l'obligation de faire suivre la dernière lettre du pied d'une lettre mélodieuse et de la prolonger avec la note (3). Si une lettre ne faisant pas partie des lettres mélodieuses est quiescente, et si elle est prise comme point de départ d'une note, il est nécessaire de faire doter cette lettre quiescente d'une « motion » ; il est aussi nécessaire de prolonger toute consonne brève. S'il s'agit donc d'une lettre appartenant aux trois
114 // voyelles, son allongement avec les notes se fera facilement, si elle n'en fait pas partie, on la fera suivre d'une voyelle. En effet, une lettre quiescente est celle qui n'a pas de son, qui ne suit pas une lettre ayant un son et qui n'est pas intelligible (4).

La lettre « mue » qui est suivie d'une lettre quiescente jouera le rôle d'une percussion complète (5). En ce qui concerne les lettres « mues » on peut, soit les laisser telles qu'elles sont, soit les allonger légèrement, soit associer leurs motions à des *hamza* (a), des *nabarāt* ou *hā* légers. Lorsqu'une suite de plusieurs lettres « mues » aboutit à une lettre « mue », on prolongera cette dernière légèrement ou on l'associera à une *nabra* ou un *hā* léger afin qu'elle joue le rôle d'une percussion quiescente où l'on effectuera une pause. Il est, en effet, difficile de s'arrêter sur ce qui est mû, de même qu'il est difficile de passer d'une lettre quiescente à une lettre voyellée (6).

(1) Lire *tamzīǧ*, correction marginale.

(2) Nous proposons de supprimer le mot « quiescente » qui n'a aucun sens ici. D'autre part, l'expression : « une des lettres mélodieuses » figure deux lignes plus bas.

(3) Voir p. 81-82.

(4) Voir la polémique avec Isḥāq touchant ce sujet à la page 100.

(5) Il s'agit du *sabab léger*, comme *qad* ou *mā*, qui est considéré par les musiciens comme équivalent de *tan*, c'est-à-dire une percussion complète présentée par le symbole (O). Voir *infra*, p. 140, n. 1.

(6) Le paragraphe allant de : « la lettre mue qui est suivie... » jusqu'ici, est une adaptation libre d'al-Fārābī : *M.*, fol. 172 ; Erl., II, p. 61.

Il en est de même en rythmique. En effet, lorsque la percussion est quiescente, il sera difficile d'effectuer une *évolution* à partir d'elle, c'est pourquoi on meuble une partie de ce silence par une percussion douce ou
115 par un *hā* léger // ou un *hamza* quand il s'agit du chant, pour en faciliter le passage (1). Lorsqu'on ajoute de cette manière une lettre à une autre lettre, la voyelle de la première est amenée à s'incliner vers celle de la deuxième, et parfois la voyelle est amenée à s'incliner vers celle qui la précède (2).

La coupure du vers sera soit différente de sa séparation soit identique ; la différente est meilleure.

En ce qui concerne les quantités de souffle s'effectuant sur une partie des pauses qui séparent les divers éléments du vers, il faut qu'elles ne soient pas différentes. Quant au maintien (ou à l'association) des notes en grandeur ou en petitesse, il varie dans un même vers (3). De même, les dispositions des degrés aigus et graves dans la mélodie varient. Il est toutefois préférable que les notes graves et aiguës soient disposées dans un certain ordre soit des graves aux aiguës, soit des aiguës aux graves, de sorte que la note sur laquelle débute un chant d'une tessiture grave soit la plus grave des notes employées et que celles qui viennent à sa suite soient plus aiguës qu'elle, partant de plus en plus haut pour aboutir au terme qui lui appartient. Il
116 en sera de même du chant d'une tessiture aiguë. // L'ordre des intervalles sera à la lumière de ce que nous avons exposé dans les chapitres des « systèmes » (4) et des « espèces » (5). On trouvera tout ceci dans les mélodies anciennes. Parfois on préfère qu'une mélodie soit toute entière aiguë ou toute entière grave ainsi que nous avons expliqué auparavant. Bref, il n'est pas possible de se dégager de ces éléments de structure.

Ajoutons à ce chapitre les *évolutions* (6), dont nous mentionnerons les plus accessibles. L'*évolution* peut se faire d'une note à une autre, d'un intervalle à un autre et d'un genre à un autre [si le groupe renferme des espèces de quartes différentes ; il y a aussi le passage de groupe à groupe ou de tonalité à tonalité]. L'*évolution* d'une note à une autre peut suivre une marche directe ou sinueuse. Elle est directe lorsque, partant par exemple de

(1) Voir FĀRĀBĪ, *M.*, fol. 151 ; ERL., II, p. 38. Ce que l'on entend par une percussion quiescente est en réalité une percussion suivie d'un long silence.

(2) Voir, pour la question de l'*imāla* « inflexion », *infra*, p. 126, n. 4.

(3) Il y a ici un mot d'une lecture incertaine, ce qui rend obscure toute la phrase.

(4) Chap. XVI.

(5) Chap. XV.

(6) D'ici jusqu'à la fin du chapitre, c'est une adaptation d'un passage parallèle du traité d'al-Fārābī, *M.*, fol. 74 ; ERL., I, p. 145-146.

la note de la première corde à vide, on passe à celle de son index, puis à celles qui viennent à sa suite et que l'on a coutume de réunir dans une mélodie. Dans l'*évolution* sinueuse, on revient soit à la note sur laquelle on avait débuté, soit à une autre de celles qui séparent le point de départ et celui de l'aboutissement. Dans les deux cas, le retour s'effectue, soit après
117 une seule note, soit après plusieurs.

L'*évolution* directe est continue ou discontinue ; elle est continue si on ne saute aucune note au cours de la marche et discontinue si on en saute une ou plusieurs. Dans toutes ces formes d'*évolutions* il est possible d'arrêter la marche, c'est-à-dire de répéter une même note plusieurs fois. La meilleure *évolution* est celle qui s'effectue à travers des notes consonantes qu'on enrichit d'autres notes d'une dissonance indiscernable. Il faut donc, lorsqu'on commence par une note quelconque, qu'on passe à une autre note consonante par rapport à la première puis de cette dernière à une autre qui soit de même consonante par rapport à celle-ci, et ainsi de suite. Tous les degrés du groupe parfait peuvent servir de point de départ à une *évolution* (1)... [Il est préférable que l'on choisisse comme point de départ pour les diverses *évolutions*] les notes moyennes qui se trouvent à une distance égale des
118 deux extrémités ; ce faisant, il nous sera possible d'évoluer // vers l'une ou l'autre extrémité et d'employer les notes de l'octave aiguë et celles de l'octave grave.

chapitre XXI

LES QUALIFICATIONS DES MÉLODIES (2)

De l'avis unanime des Anciens et des Modernes, les mélodies *(luḥūn)* sont de trois genres : 1. Genre « fort » (*qawī* - diatonique) qui est le genre parfait ; il est qualifié de raffermissant et de fort ; 2. Genre « coloriant » (*mulawwin* - chromatique), qui est inférieur au premier et qui est parfois

(1) Il manque ici plusieurs phrases du traité d'al-Fārābī. Je me suis permis d'ajouter la phrase suivante dans l'esprit du texte d'al-Fārābī pour combler une lacune évidente qui rend cette fin de chapitre incompréhensible.

(2) Voir Introduction et, *supra*, p. 35, n. 2 ; 46, n. 5. Dans la première partie de ce chapitre, le terme *luḥūn* (sing. *laḥn* « mélodie ») est employé comme équivalent de « système », mais, dans la deuxième partie, après l'exposition des trois genres, ce même terme semble désigner des « modes formulaires », ou des mélodies composées.

qualifié de *lawnī;* 3. Genre « organisant » (*nāẓim* - enharmonique) ; il est le plus relâché et le moins consonant. Ce dernier est qualifié de genre « qui organise » parce qu'il est comparable à un dessin à l'état d'ébauche. Le deuxième genre est qualifié de « coloriant » parce qu'il est comparable à un tableau déjà dessiné et colorié. Le premier genre, « qui raffermit », est le plus parfait des trois, car il est comparable à un tableau dessiné, orné, achevé et embelli. Le genre *nāẓim* est qualifié également de *ta'līfī* « qui compose » (1).

Celle d'entre les mélodies (modes) de ces trois genres qui comporte beaucoup de notes (vocalises) (2), des notes courtes d'ornement *(šaḏarāt)* (3), des embellissements et qui est d'une forme parfaite et solide, celle-là est la mélodie (mode) belle et agréable.

119 Celle d'entre elles qui comporte // des notes (vocalises) sur les extrémités de ses membres est inférieure à la première ; celle-là est une demi-mélodie (4).

Celle d'entre elles qui comporte des notes (vocalises), des *šaḏarāt* et des enrichissements sur la fin de l'hémistiche *(fāṣila)* et sur la fin du vers *(maqṭa')* tandis que le reste se déroule régulièrement *(masrūd)* (5), celle-là, dis-je, est considérée comme mélodie [entière].

Celle d'entre elles qui comporte des notes étrangères s'insérant après la clausule, à l'instar de ces choses qui servent pour la détente sans être ni utiles ni nuisibles, celle-là n'est pas une [vraie] mélodie.

Al-Fārābī exprime concrètement la structure des mélodies en disant (6) : « Nous trouvons que chaque mélodie se compose de deux espèces de notes ; il en est de la première espèce comme de la chaîne et de la trame d'un vêtement ou des briques et du bois d'un bâtiment ; il en est de l'autre espèce

(1) Cette description des trois genres est sensiblement pareille à celle qu'en donne Fārābī : *M.*, fol. 31v ; Erl., I, p. 60-61.

(2) Voir chap. III, *supra*, p. 50, n. 1. A signaler que la définition de la belle et agréable mélodie donnée ici ne correspond pas tout à fait à la composition de l'auteur que nous trouvons dans les chapitres III et V.

(3) Voir, pour la définition de *šaḏarāt*, p. 123.

(4) Une mélodie, pour être complète et parfaite, doit épouser la structure du vers à deux hémistiches. Cette règle implique le respect du rythme, de la quantité et de la ponctuation des paroles mises en musique. Il est admis, toutefois, que l'interprète ajoute, selon son goût et ses capacités, des éléments d'ornementation et d'improvisation sur la fin du premier hémistiche et surtout sur celle du vers. Si le chanteur place les éléments mentionnés sur la fin des pieds, la phrase mélodique, tout comme celle du poème, sera incomplète et, peut-être, imparfaite. C'est ce que l'auteur appelle une « demi-mélodie ». La mélodie entière est définie à la phrase suivante.

(5) *Masrūd*, en matière de récitation, désigne une lecture ordinaire, courante et non ornée. Ici, cela signifie que le chant doit se rapprocher du rythme des paroles, pour bien mettre celles-ci en évidence. Voir *supra*, p. 106, n. 6.

(6) Voir *M.*, fol. 23r ; Erl., I, p. 39. La longue citation qui suit est plus ou moins exacte.

comme des décorations, des puits, des lavoirs et de tous les éléments secondaires des bâtiments, ou encore des teintures, de l'apprêt, des ornements (1) et des franges de la confection des vêtements. Dans les mélodies, les notes de la première espèce sont qualifiées de principes et d'éléments fondamentaux des mélodies, celles de la deuxième espèce, de notes supplémentaires. Puis tu trouveras que certaines de ces notes supplémentaires sont agréables et
120 plaisantes ; // d'autres sont désagréables, nuisibles, superflues et corrompent la mélodie. Il en résulte que certaines notes supplémentaires embellissent la mélodie et la rendent plus parfaite, tandis que d'autres ne sont pas comme telles. »

Ces qualités sont manifestes pour l'auditeur attentif ; grâce à elles, il serait impossible qu'on ne distingue pas entre une mélodie forte et une mélodie moyenne ou faible, une mélodie ferme et une relâchée, une mélodie parfaite et une défectueuse, et ainsi de suite.

Les mélodies sont de trois espèces. Les Anciens les qualifiaient de *ḥazmī*, *basṭī* et *ḥaṯṯī* (2).

Le *ḥazmī* est constitué de trois éléments : poésie, harmonie et rythme. C'est la mélodie parfaite à trois éléments qui réunit tous les objets de la musique (3).

Le *basṭī* est constitué de deux éléments : l'harmonie et la poésie, ou bien, l'harmonie et le rythme. Quant à la poésie et au rythme, ils ne peuvent jamais se réunir étant donné que le rythme est le propre du mouvement mélodique. C'est ainsi que s'exprime al-Kindī (4).

L'espèce qui réunit l'harmonie et la poésie se rapporte, soit aux mélopées
121 *(talḥīnāt)* // comme celle du chant de chameliers *(ḥudā')* (5) et d'autres formes semblables qui représentent des chants dénués de rythme (6), mais dotés d'une mélodie, soit à la cantillation du Coran *(al-qirā'a)* (7), à la relation des contes et à la cantillation des rituels chrétiens *(taqsīs)* (8).

(1) Lire *wa-l-tarāwīq*. Cette correction est faite d'après al-Fārābī *(ibid.)*.

(2) Nous n'avons pu trouver, ni l'origine de ces termes uniques, ni celle de la très intéressante classification qui suit. Seul le terme *basṭī* est employé par al-Kindī. V. *supra*, p. 25, n. 1.

(3) Voir *supra*, p. 79, n. 5.

(4) Voir *supra* p. 25 et 108.

(5) Voir *infra*, p. 196, n. 4.

(6) Il s'agit d'un rythme précis ou d'un mode rythmique ; autrement dit, le chant se déroule sur un rythme libre.

(7) Le terme *qirā'a* (litt. « lecture ») désigne, dans un contexte comme celui-ci, une lecture solennelle *(cantillation)* et, notamment, la lecture chantée du Coran.

(8) *Taqsīs* est un mot grec qui signifie en arabe : rite de la messe, le culte chrétien, ou rituel des chrétiens orthodoxes.

L'espèce qui réunit l'harmonie et le rythme est celle qui est entièrement touchée, c'est-à-dire les mélodies des cordes qui sont entendues uniquement par le jeu d'un instrument à cordes, ou celles entonnées au moyen d'un instrument à vent et soutenues par des rythmes. Ces mélodies se composent, en l'occurrence, de notes bien ordonnées et de rythmes.

Quant au *ḫaṯṯī*, il comporte un seul objet de la musique, c'est-à-dire seulement l'harmonie (1). Il se divise en deux sections, dont l'une a trait à tous les instruments que l'on touche avec les mains, comme par exemple le fait d'accorder lorsqu'on vérifie les cordes afin qu'elles soient au degré nécessaire de tension ou de détente (2), ou encore l'exécution des introductions instrumentales *(mabādi')* (3) qualifiées par les Anciens de préludes de chants. La deuxième section a trait aux instruments dans lesquels on souffle, c'est-à-dire les instruments à vent *(mazāmīr)* (4). Il s'agit dans ce cas d'obtenir la justesse des notes en changeant l'intensité du souffle.

Nous venons de présenter ici tout ce qui était nécessaire à la compréhension des éléments qui constituent ce chapitre.

chapitre XXII

122 **LA CONCEPTION (5) DES MÉLODIES EN FONCTION DE POÈMES CORRESPONDANTS**

Il faut que le musicien exerce son art en cherchant à accommoder les mélodies aux poèmes qu'il met en musique ; s'il néglige de le faire, il ne pourra pas être considéré comme ayant grand mérite en son art.

Isḥāq al-Mawṣilī a dit : « Les mélodies sont de divers genres. Certaines

(1) Il s'agit vraisemblablement d'une improvisation instrumentale qui précède le chant et se déroule sur un rythme libre.

(2) Cet énoncé est très intéressant, car il nous apprend que le simple accord d'un instrument revêt un caractère musical. En effet, il s'agit de ces sortes d'improvisations préliminaires auxquelles se livrent les musiciens avant l'entrée du chant proprement dit pour pénétrer dans l'esprit du mode qui va être exécuté et y faire pénétrer leur auditoire (voir à cet effet à la page 131, le terme *daġdaġa*, qui semble être de la même nature).

(3) Voir pour la description de ce terme, p. 132.

(4) *Mazāmīr* (sing. *mizmār*) signifie, généralement, un instrument à anche, mais, dans ce traité, il désigne toujours le non générique des instruments à vent.

(5) Voir *supra*, p. 50, n. 5.

provoquent la tristesse, elles font pleurer, elles attendrissent les cœurs ; ce sont celles qui s'associent aux poèmes d'amour, de pleurs sur la jeunesse, de nostalgie du pays natal, de lamentations sur les vicissitudes du sort et d'appels à la mort. D'autres mélodies portent à la joie, à l'allégresse et incitent à la noblesse de caractère. Ce sont celles qui s'associent (1) aux poèmes panégyriques, à ceux qui évoquent les grands combats du passé et les grandes actions d'un éclat particulier. »

Ces propos sont satisfaisants. Toutefois, j'ajoute qu'en plus de ces conditions, le musicien est tenu de connaître le caractère de celui qui lui tient compagnie, de savoir ce qui se passe dans son âme en général et ce qui s'y passe au moment présent (2). En effet, il arrive que l'individu entende le
123 chant des oiseaux et en ressente de la joie ; il arrive aussi que ce même chant le conduise à des sentiments moroses parce qu'une idée traverse soudain son esprit et le rend triste. Il arrive qu'il entende la description des réunions joyeuses et du vin quand soudain la pensée qu'un jour il perdra tout cela et s'en séparera traverse son esprit et fasse naître en lui un sentiment d'affliction. Il arrive qu'il entende parler de la piété, de la mort et du jugement dernier et que son esprit soit traversé par la pensée qu'il se repentira, reviendra à Dieu et qu'il sera pardonné de ses péchés et, de ce fait, obtiendra les deux conditions à la fois (3) et en aura le bénéfice : ce qui fait naître en lui un sentiment de joie, d'allégresse et de bonheur.

Ce qui vient d'être dit échappe à l'examen précis et ne peut être rédigé sous forme de règle. Que le musicien regarde son compagnon, observe les directions de son regard, ses mouvements, son émotion et qu'il se conforme à ce que celui-ci désire entendre, à son état d'âme, à l'espèce de mélodies et de poèmes qui paraît lui plaire et suscite en lui de l'émotion, de manière à obtenir ce qu'il souhaite.

(1) Lire *wahuwa mā kāna*.

(2) Dans le chapitre III l'auteur a développé l'idée que la musique doit imiter les sentiments et les passions de l'homme et le sens du langage articulé. D'autre part, à la page 34, il a fait une courte allusion à ce qu'il vient d'exposer ici avec plus de détails par le truchement des propos tenus par Isḥāq al-Mawṣilī. Selon ce dernier, les sentiments et les passions que le musicien cherche à exprimer par la musique doivent être nécessairement appelés et appuyés par des poèmes exprimant des sentiments ou des passions analogues. Mais tout en se rangeant à ce point de vue, l'auteur développe ici une autre idée selon laquelle l'effet qu'imprime un chant donné, dans l'âme de l'auditeur, est conditionné par l'état d'esprit de celui-ci au moment de l'audition, et ceci, indépendamment des choses exprimées par la musique ou les paroles de ce même chant. Nous trouvons cette même théorie développée dans l'*Épître sur la musique* des Iḫwān al-Ṣafā' (*Rasā'il*, p. 92-93) et dans le *traité de l'audition musicale* du mystique al-Ḥuǧwīrī, p. 406-407.

(3) Ce qu'il entend par « les deux conditions » n'est pas très clair. Il doit s'agir, soit de la pénitence et du pardon, soit, de deux jouissances de cette vie et de la vie future.

chapitre XXIII

LES SONS ET FORMULES PRÉFÉRENTIELS DANS LES MÉLODIES (1)

124 Il existe dans les bonnes mélodies anciennes des « sons et formules préférentiels » dont certains ont obtenu une dénomination propre qui les distingue ; tandis qu'à celles qui par contre, n'en ont pas reçu, il est possible d'en donner une qui leur convienne, d'après leur signification. Parmi ces sons et formules nous citons : *al-ṣiyāḥ*, *al-saǧāḥ*, *al-nabarāt*, *al-šadarāt*, *al-ṣarḫāt*, *al-nazhāt*, *al-ḍaǧarāt*, *al-zaǧarāt*, *al-tadrīǧ*, *al-zamma*, *al-ġunna*, *al-ta'līqa*, *al-tafḫīm*, *al-ta'awwuh*, *al-nawḥ*, *al-tarǧī'*, *al-tarǧīḥ*, *al-karra*, *al-tašyi'a*, *al-ibdāl*, *al-istihlāl*, *al-inšād*, *al-istiġāṯa*, *al-na'īr*, *al-qahqaha*, *al-hazza*,
125 *al-itbā'*, *al-intizā'*, *al-tafkīk*, *al-tafāġur* // *al-šahaqāt*, *al-imāla*, *al-tamaṭṭī*, *al-tawṭi'a*, *al-muhāhā*, *al-maqṭa'*, *al-radda*, *al-ṣila*, *al-istiḥāla*, *al-taṯwīb*, *al-ṣahīl*, *al-madda*, *al-hamza*, *al-taǧniba*, *al-zaḥma*, *al-takahhun*, *al-ġamza* (2).

Une fois connues ces formules préférentielles on demandera au chanteur de les répéter et de les chanter aux moments opportuns. Aussi devra-t-il se proposer de les fixer, ainsi que tout ce qui pourrait se présenter inopinément en ce sens, de la même manière qu'un calligraphe se propose d'établir les lois essentielles de l'écriture et de réaliser certains caractères plutôt

(1) Le terme *mawāḍi'* (sing. *mawḍi'*) que nous traduisons ici par « sons et formules préférentiels » signifie, entre autres choses, « position, lieu, endroit où se trouve une chose ». D'après Dozy (*op. cit.*, II, 818) il désigne en musique « air (de luth) ». Or, il ne s'agit aucunement ici d'air ni d'air de luth en particulier. Le terme recouvre une variété de faits dont les plus importants sont inclus dans ce chapitre et dans le suivant. Ces faits, ou ces cas spéciaux, sont : un timbre, une expression particulières, diverses sortes d'émissions sonores, des sons rappelant certains états d'âme ou certaines passions, une vocalise, le procédé d'octaviation, une clausule, un refrain, une formule répétée au cours de la mélodie et ainsi de suite. Nous pensons que notre traduction peut embrasser l'ensemble de ces faits. D'autre part, le terme en question se rapproche de ce qu'al-Fārābī appelle « modalités des notes »; voir *M.*, fol. 170 ; Erl., II, p.57-58. Ce paragraphe d'al-Fārābī commence presque par les mêmes mots que le présent chapitre et renferme une partie des termes commentés par l'auteur.

(2) Certains termes ayant été mal reproduits dans cette liste, nous les avons corrigés d'après leur seconde apparition à l'intérieur du chapitre.

que d'autres, comme par exemple les *'ayn*, les *ṣād*, les *hā'*, les *ṭā'* et les *nūn* (1).

Ces formules sont familières aux maîtres avertis de chant ; si bien qu'ils les reconnaissent même lorsqu'elles se produisent inopinément dans les chants modernes. En effet, les âmes se lient intimement à ce qu'elles connaissent et s'y accoutument : l'émotion musicale y gagne un surcroît de force.

Il est possible de former par dérivation d'autres noms que les
126 précédents // pour désigner d'autres faits ou même ceux en question, mais nous, nous ne retenons pas des dénominations telles que les *šahaqāt* « sanglots », le *tafāġur* « grande ouverture de la bouche », quoique celles-ci soient employées par certains.

La *ṣayḥa*, désigne le son le plus aigu qui se produit dans la mélodie (l'octave) (2) ; le *saǧāḥ* signifie le double du *ṣiyāḥ*, son registre *(ṭabaqa)* (3) sur le *'ūd* se place sur la deuxième et sur la première corde, ainsi qu'il a été expliqué plus haut (4). C'est aussi le passage d'une note aiguë à une note grave dans un rapport double (2/1). L'octaviation s'emploie dans le chant de deux manières dont l'une est destinée à l'embellissement de la mélodie et l'autre au repos des gosiers et à leur ménagement (5). Le *ṣiyāḥ*

(1) La calligraphie était à l'époque un art complexe auquel on attachait une grande importance, si bien qu'à l'époque ottomane on connaissait encore trente genres d'écritures ; voir Ibn al-Nadīm, *al-Fihrist*, p. 6-9 ; *Encyclopédie de l'Islam*, I, p. 391.

Ibn Ḫaldūn classe la calligraphie parmi les arts fondamentaux avec la musique et la médecine ; cf. *Prolégomènes*, II, p. 335-256, trad. anglaise de F. Rosenthal.

Les Iḫwān al-Ṣafā, dans la *risāla* sur la musique, consacrent un long paragraphe aux dimensions idéales des lettres et à leurs rapports réciproques ; cf. *Rasā'il*, I, p. 110-111.

Al-Bāqillānī, dans son traité des sciences coraniques édité en marge de l'*Itqān* d'al-Ṣuyūṭi (Le Caire, 1935), compare la beauté du discours à celle de l'écriture (I, p. 161 ; II, p. 165 et 197).

Pour notre auteur donc, l'établissement des sons et des formules préférentiels qui confèrent la beauté à un chant est comparable à la beauté du dessin propre à chacune des lettres de l'alphabet.

(2) Ici mélodie désigne une « échelle d'octave ».

(3) Voir chapitre XVIII, *supra*, p. 104, n. 5.

(4) Voir p. 86. En effet, ces deux cordes produisent les notes d'une octave moins la réplique, la huitième note, qui est obtenue par la troisième corde. D'autre part, d'après al-Fārābī (*M.*, fol. 24r ; Erl., I, p. 41), les deux termes *saǧāḥ* et *ṣiyāḥ* s'appliquent respectivement aux deux extrémités de n'importe quelle octave. Les deux termes du système complet sont appelés par lui respectivement *grand saǧāḥ* et *grand ṣiyāḥ*. Il se peut donc qu'il faille considérer la description donnée ici comme un exemple et non pas comme un cas précis et unique.

(5) Il s'agit d'un deuxième sens de *saǧāḥ* et *ṣiyāḥ* qui constitue une technique très appréciée dans la musique arabe. C'est le fait de passer pendant l'exécution d'un chant de l'octave grave à l'aiguë et vice versa. Tout le passage suivant se rapporte à cette technique.

Pour vanter l'art employé par Isḥāq al-Mawṣilī dans l'exécution d'un chant donné, l'auteur du *Kitāb al-Aġānī* rapporte que Isḥāq commençait le dit chant par un *ṣiyāḥ* et ne cessait de

dans le registre grave (supérieur) (1) est plus manifeste que celui que l'on effectue dans le registre aigu (inférieur) (1) et cela provient du fait que les notes du registre grave (supérieur), c'est-à-dire que les notes engendrées par la première et par la deuxième corde, sont claires, plaintives, mordantes et amples. Or, si ces notes sont associées aux notes aiguës, la voix sera mise en évidence, les dites notes entonnées par les cordes (2) seront apparentées, le chanteur pourra mieux s'écouter, il aura une plus grande maîtrise et aucune des notes qu'il émet ne sera voilée. Ceci découle du fait que lorsque
127 des notes aiguës de la voix s'associent avec // des notes pareilles produites par les instruments à cordes, il se produit un amuïssement de la voix. En effet, le chant dans les notes aiguës préoccupe le chanteur et l'empêche d'entendre et de distinguer les notes qu'il émet, surtout si sa voix est faible ; quant au chanteur qui possède une voix forte, il peut agir à son gré. Toutefois, il ne faut pas qu'il abuse de l'aisance de sa voix, étant donné que les infirmités de la voix résultent d'un usage forcé du *ṣiyāḥ*.

Les *nabarāt* sont des lettres (ou notes) brèves que l'on attaque sur des *hamza*. Elles sont toujours produites sur les lettres mélodieuses (3).

Les *šaḏarāt* sont des lettres (ou des notes) brèves et moelleuses attaquées avec douceur [auxquelles on associe des voyelles qui se prononcent dans une partie avancée de la bouche *(i)*] (4). Il y a des gens qui appellent tout cela *randaḥa* [?] (5) et qui les réunissent.

La *ṣarḫa* « cri » est un son aigu, tenu et unique qui n'est pas suivi d'un autre semblable. Il arrive qu'il se produise à la fin de la mélodie, après son arrêt ; il arrive aussi qu'il soit produit au milieu.

La *ḍaǧara* rappelle le son d'angoisse, de même la *nazha* « soupir d'élan ».

descendre systématiquement jusqu'à ce qu'il ait abouti à l'octave grave du son initial (*Aǧ.* VI, 70). Ce procédé, très fréquent dans la musique arabe, se rencontre encore aujourd'hui à quelque chose près dans le chant populaire corse, où il est appelé *seguilla*. Je dois ce renseignement à l'amabilité de M. Quilici.

(1) L'auteur emploie systématiquement la qualification « supérieur » pour le registre des graves et « inférieur » pour celui des aiguës. Il ne s'agit pas d'une faute, car l'auteur se réfère à la position du *'ūd* dans la tenue du jeu. Dans cette position, les cordes des aiguës se trouvent en bas et celles des graves en haut.

(2) Il semble d'après ce passage que l'accompagnement du *'ūd* se fasse à l'octave.

(3) Pour la définition de la *nabara*, voir *M.*, fol. 187 ; Erl. II, p. 90. Son application dans le chant est décrite dans les pages 82, 114 et dans *M.*, fol. 176 ; Erl., II, p. 71. De plus, l'auteur le compare au terme *ṣahīl* (*infra*, p. 130). Le *hamza* (coup de glotte égal à *a* semi-voyelle) est appelé parfois *nabra* par les grammairiens arabes.

(4) L'addition est d'après *M.*, fol. 187 ; Erl., II, p. 90.

(5) Nous croyons que ce mot est altéré ; tel qu'il est, il ne présente aucun sens.

128 La *zaǧara* est voisine de la *ḍaǧara* // quoiqu'elle puisse échapper à celui qui l'entend (1).

Le *tadrīǧ* « gradation » est l'évolution graduelle des notes graves aux notes aiguës ou vice versa ; cela a lieu fréquemment (2).

La *zamma* « rétention » s'effectue sur la lettre *mīm*. Elle résulte du passage de l'air tout entier par le nez alors que les lèvres sont closes (3). Elle est très approuvée dans le chant. Toutefois, il ne faut pas en user continuellement mais avec mesure. C'est là une condition générale pour tout les faits mentionnés dans ce chapitre.

La *ġunna* « nasalisation » s'effectue sur la lettre *nūn* ; elle se produit lorsqu'une partie de l'air s'écoule par le nez et que l'autre se dégage d'entre les lèvres (4).

La *ta'līqa* s'effectue sur la lettre *lām* ; elle se produit quand la langue se déplace, se suspend au palais et y reste collée un certain temps en laissant échapper un son prolongé.

Le *tafḫīm* consiste à donner de l'ampleur (de l'épaisseur) à une note en la renforçant par ses semblables (5). En général, il s'agit de dilater le conduit d'air au moment de l'émission de la note et de la faire monter de la poitrine.

Le *ta'awwuh* rappelle l'interjection « ah ! » qu'émet l'homme angoissé ou endolori. Il arrive que tout un chant ou sa partie la plus importante soit régi par elle ; ce faisant, le chant sera beau et expressif.

Le *nawḥ* « lamentation » se produit dans les mélodies plaintives et tristes.
129 Cela n'est un secret pour personne.

Le *tarǧī'* « répétition, réitération ou refrain », correspond à plusieurs notes longues qui se répètent de leur début à leur fin, ou de leur fin à leur début, une ou plusieurs fois (6).

(1) A la première ligne de la page 129 du ms., nous lisons à propos du mot *nawḥ* : « cela n'est secret pour personne » ; il se peut donc qu'il faille lire ici également, *wa-lan taḫfā* au lieu de *wa-in taḫfā*.

(2) Il doit s'agir de montée et de descente systématiques (voir p. 180 n. 3).

(3) La description de la *zamma* ainsi que celle du terme suivant, la *ġunna*, est identique à celle qu'en donne al-Fārābī (*M.*, fol. 170 ; Erl., II, p. 57). D'autre part, les deux procédés sont mentionnés au nombre des éléments qui confèrent à la mélodie plus de beauté (*M.*, fol. 187 ; Erl., II, p. 90 et 57).

(4) Lire : *fī al-anf wa bi-šaffatayn.*

(5) Il ne s'agit pas là de superposer plusieurs fois une même note pour obtenir plus d'ampleur : c'est là une image qui représente le grossissement d'un son.

(6) Le *tarǧī'* ou la réitération d'une même phrase au cours d'un chant fait penser immédiatement à une sorte de refrain. Comme le terme suivant *tarǧīḥ* « préférence » est, au dire de l'auteur, semblable au *tarǧi'*, nous pouvons admettre qu'il s'agit dans les deux cas d'une formule

Le *tarǧīḥ* (1) « préférence » ressemble au *tarǧī'*. Ce sont également des notes longues qui se répètent et que l'on fait revenir de leur début à leur fin ou de leur fin à leur début.

La *karra* « reprise », qui est parfois qualifiée de *radda* (2), est la répétition au cours d'une mélodie d'une seule note ou d'une formule préférentielle.

La *tašyi'a* (une sorte de postlude) se produit après la fin de la mélodie. Elle diffère plus ou moins complètement de ce qui la précède ; bien qu'elle émane des formules qui sont comprises dans le chant, elle revêt un aspect distinct. Nous en traiterons dans un autre endroit. Dans la plupart des cas la *tašyi'a* se produit avec plus d'évidence [si elle est jouée] sur les instruments à cordes.

L'*ibdāl* (3) est la substitution d'une lettre à une autre sur un même souffle ou un même temps ; autrement dit, c'est le passage de l'une à l'autre pendant le déroulement de la mélodie comme lorsque tu dis : *Yā-Wā*, *Wā-Yā* et *Wā-Nā*. Parfois on remplace une lettre mélodieuse par un *hā'*
130 comme lorsque tu dis : *Wā-Hā*, *Yā-Hā*, // *Wā-Wā-Hā* et *Wā-Hā-Yā*, comme c'est le cas dans le chant :

« Que de fois il arrive à un homme, par miséricorde, d'encourir le blâme !
Je dis en le mettant sur ses gardes : écarte-toi un peu que mon malheur ne t'atteigne [pas (4). »

Toutes ces permutations augmentent la beauté de la mélodie et permettent au chanteur d'être à son aise (5) à cause de la facilité de leurs émissions et parce qu'il est absolument désagréable et pénible d'entendre deux syllabes longues l'une après l'autre, étant donné qu'une telle succession

préférentielle, celle par exemple qui met en évidence les caractéristiques d'un mode donné et qui se répète une ou plusieurs fois au cours d'un chant. Il peut d'ailleurs être question aussi bien d'un refrain proprement dit que de cette technique que nous venons de mentionner. Reste à savoir ce que l'auteur entend par : « de leur fin à leur début ». S'agit-il d'un mouvement rétrograde, ou tout simplement d'une indication de retour au début de la phrase pour l'exécuter une deuxième fois ? Il est bien difficile de trancher cette question.

(1) Lire *tarǧīḥ* comme sujet de *yušbih al-tarǧī'*.

(2) Ce terme est étudié séparément à la page 126.

(3) L'*ibdāl* revêt divers aspects. Il désigne la permutation de deux lettres, à cause de l'entourage vocalique pour le *wāw* et le *yā'*, ou le remplacement d'une phrase par une autre. Il est aussi la substitution d'une lettre à une autre dans certains mots comme *falaqa* qui devient *faraqa*, etc. (voir, à ce sujet, un long paragraphe dans le *Muzhir* d'al-Suyūṭī, I, p. 460 s). Le terme est employé également comme équivalent de « mutation ».

(4) La rime est *bī;* le *i* permute en *yā'* ce qui donne *biya*.

(5) Lire *wa-yutarawwaḥu bi-hā al-muġannī*.

est peu plaisante à l'audition. Par conséquent, nous procédons de la sorte pour les raisons susmentionnées. Ces genres de permutations se rencontrent fréquemment dans les mélodies de Ma'bad (1) et d'autres musiciens anciens. Elles sont abondantes dans des chants célèbres de nos jours, tels que :

« Combien il arrive qu'un homme par miséricorde...»

ou :

« Lâche çà et recommence à parler de la vieillesse... »

ou :

« Ni la divination par les oiseaux, ni l'augure tiré par ceux qui agitent des flèches [ne me détournent (2)... »

ou :

« As-tu reconnu les traces... »

ou :

« Elle ne s'est pas voilée du reste de son voile... »

et d'autres.

131 L'*istiġāṯa* est un cri plaintif qui rappelle la voix d'un homme implorant du secours ; il est empreint d'humidité et de richesse.

Le *tafkīk* se produit à l'émission des lettres *tā' (t)* et *yā' (y)*.

Le *tafāġur* se produit à l'émission des lettres avec la voyelle *(a)*. Les gens de Bagdad ont à ce sujet une méthode connue. Ils pratiquent également les *naġāniġ* et les *maġāmiz* (3). Nous, nous n'appliquons pas ces dénominations.

L'*imāla* (4) est une dénomination relative aux mélodies. Elle s'applique à toutes les lettres hormis celles qui sont prononcées dans la partie haute de la bouche comme les *ṭā'*, *qāf*, *'ayn*, *bā'*, *tā'*, *alif* et *kāf*. Ce sont là les lettres qui se produisent dans le palais et à proximité (5). L'*imāla* est le fait d'incliner une lettre vers la voyelle de la lettre suivante.

La *radda* est une reprise qui vient à la fin du chant et qui est tirée soit du même vers soit d'un autre, comme par exemple la reprise de : « Le turban est tombé... » où l'on reprend à la fin du vers : « Est-ce de la

(1) Ma'bad (m. 125/743), un des grands maîtres de la musique arabe à l'époque des Omeyyades.

(2) Il s'agit d'un procédé qui consiste à chasser les oiseaux et à tirer augure de la direction de leur vol. La deuxième partie se rapporterait au tir au sort par l'agitation des flèches.

(3) Ces deux termes désigneraient respectivement « chant guttural » et « signes d'yeux et des sourcils ».

(4) Inclinaison de la voyelle *a* vers la voyelle *i* ce qui donne *e*. Inclinaison de la voyelle *u* vers la voyelle *a* ce qui donne *o*.

(5) Il y a sûrement une erreur ici, car les *ḥurūf al-musta'liya* d'après Sībawayhi, sont au nombre de sept : *ṣād, ḍād, ṭa', ẓā', ġayn, qāf* et *ḫā'*. Le nombre de lettres citées par notre auteur est identique, mais les lettres ne sont pas les mêmes. En effet, *alif, bā'* et *tā'* n'appartiennent pas à cette catégorie. Voir *Sībawayhi, Kitāb*, II, p. 285.

132 tribu de Mayyah ? » qui est le premier vers // de la *qaṣīda*. La *radda* peut être tirée également du début du même vers. En général, c'est la reproduction exacte d'une certaine partie du poème qui est reprise et adaptée à la fin du chant (1).

L'*itbā'* est le fait de faire suivre des lettres nasillantes par leurs pareilles une ou plusieurs fois comme lorsqu'on fait suivre un *nūn* par un autre *nūn*, un *mīm* par un *mīm* et un *lām* par un *lām* (2). L'*itbā'* est très approuvé, mais il n'est plaisant que dans ces trois lettres. Cela se produit lorsque l'une de ces lettres rencontre une autre semblable, ou lorsqu'elle est accentuée ou allongée, autrement dit, soit que l'on joigne l'une à l'autre jusqu'à en former un ensemble, soit que l'on prolonge l'une d'elles en s'y attardant jusqu'à l'extinction de la note. On nomme *ta'līqa* ce qui se produit dans le *lām* en particulier, lorsqu'on le prolonge et qu'on le suspend au palais, c'est-à-dire lorsqu'on « suspend » la langue au palais.

Le *na'īr*, c'est ce que fait l'ivrogne (3). C'est un son prolongé au possible ; bien que celui-ci soit parfois chevroté, il est émis d'un même souffle, comme celui qui figure dans le chant :

« Puisse la satisfaction revenir et attendrir la colère ! »

133 La *qahqaha* rappelle les éclats de rire cassés ; c'est une dénomination adoptée par un grand nombre de musiciens et appliquée dans leurs chants, d'où elle a gagné une approbation unanime.

La *hazza* consiste à faire trembler une note. En effet, parmi les notes certaines sont tremblées, d'autres sont fermes, d'autres donnent à l'auditeur l'impression qu'elles sont cycliques, d'autres semblent être renvoyées à l'intérieur de la bouche. Tous ces indices se manifestent au moment de l'extinction de la note (4).

Le *tamaṭṭī* est l'action de prolonger un son avec le souffle aussi longtemps

(1) D'après al-Fārābī (*M.*, fol. 184 ; Erl., II, p. 85), la *radda* est une nécessité qui résulte de l'absorption d'une grande partie du texte par le prélude. Dans ce cas, il est recommandé, soit de puiser dans la suite du poème qui a fourni les paroles du chant, soit de reprendre les paroles du prélude et de les adapter aux dernières notes du chant pour éviter que celles-ci ne soient « vides ».

(2) L'*itbā'* selon Sībawayhi est le fait de faire suivre une voyelle d'un timbre donné par une voyelle du même timbre (*op. cit.*, II, p. 321, 459, 503, 566). Il n'est donc pas question des *lām*, *mīm* et *nūn*.

Un autre aspect de l'*itbā'* a été étudié par Ch. Pellat, *Un fait d'expressivité en Arabe: l'itbā'*, dans *Arabica*, IV, 1957, p. 131-149. Il se peut qu'il y ait un rapport lointain entre l'*itbā'* décrit ici et le phénomène étudié par Ch. Pellat.

(3) Un timbre nasillant qui caractérise la voix de l'ivrogne.

(4) Voir *M.*, fol. 170 ; Erl., II, p. 58.

qu'il est possible, au point de donner l'impression de rendre les excréments (1).

L'*intizā'* correspond au motif de transition (la sortie) en poésie du *nasīb* au *madīḥ* (2). Toutefois nous ne l'appelons pas en musique « sortie », mais nous devons le nommer *infiṣāl* « motif de séparation » ; c'est le terme qui lui convient. Les motifs de séparation rivalisent d'éclat dans les mélodies ; le motif de séparation se situe soit au milieu d'un vers quand celui-ci est à
134 deux hémistiches, soit à la fin du premier vers, // soit au cours du deuxième vers. Il est intense ou relâché, beau ou laid ; il faut donc qu'il soit effectué à la perfection et établi convenablement.

La *tawṭi'a* « introduction » est attaquée avant le chant sur une réplique à l'octave, une vocalise (fredonnement) ou, d'une manière générale, sur des notes combinées qui seront suivies du chant proprement dit (3).

La *muhāhā*. C'est une expression qui rappelle les sanglots *(šahaqāt)*; elle se produit sur la lettre *hā'*, comme par exemple : *hā-hā*, *hāhāhā*, *hahā-hā*. Cependant cette appellation n'est valable que pour les cas où les *hā* sont nombreux et répétés *(sic)*. Ceux qui en comportent un nombre restreint et non répété *(sic)* se nomment *šahaqāt*, tels que : *āh-āh*. En outre, si tu prolonges le *hā-hā*, il s'agira alors (4) de lamentation funéraire ou de chant de chameliers (5).

L'*istihlāl* s'étend sur un pied du vers dont la mesure ne sera pas marquée (6), mais qui, au contraire, sera psalmodié (7) Al-Kindī, Ibn

(1) C'est ce que signifie littéralement : *yuḥdiṯ ḥadaṯan*.

(2) Dans la *qaṣīda* classique (radical *qaṣada* qui signifie « se proposer un but ») le poète, avant d'aboutir à son but qui peut être entre autres le *madīḥ* « le panégyrique d'un homme ou d'une tribu », était tenu de développer certains sujets conventionnels, parmi lesquels le *nasīb* ou « chant à la bien-aimée », qui ouvre le poème. L'art de passer du *nasīb* au *madīḥ* constituait le *ḫurūǧ* « sortie ». Sur le plan musical, ce serait un motif de transition d'une phrase à une autre, ou d'une partie d'un chant à une autre.

(3) Il s'agit vraisemblablement des improvisations destinées à mettre en évidence les caractéristiques du mode choisi et à introduire l'auditoire dans l'ambiance de ce mode, avant l'attaque du chant proprement dit (voir p. 119 n. 2).

(4) Lire *fa-hiya*.

(5) Ce voisinage est fort intéressant, car al-Mas'ūdī affirme que le *ḥudā'* eut son premier développement à travers le *bukā'* « lamentation » des femmes ; voir H.-G. Farmer, *Encycl. de l'Islam*, suppl., p. 87. Ce dernier passage sur le *muhāhā* a été cité par J. Chailley dans son article : *Elmuahim et Elmuarifa*, v. Bibliographie.

(6) Le terme *munaǧǧam* (radical : *naǧǧama*) dérive de *naǧama* « note musicale ». Il semble que ce terme représente dans l'esprit de l'auteur la répartition des rythmes en unités et leur groupement dans des formules précises. Cela ressort clairement d'une définition qui figure à la p. 142-143, où l'auteur écrit : « Le rythme est la division du temps musical (sonore), je veux dire, la durée du son, marquée par des percussions *(al-munaǧǧam bi-naqarāt)* dont le nombre est, ou grand, ou petit. » Donc, il s'agit ici d'un rythme libre qui échappe à la mesure. Quant à l'interférence de note et de percussion, voir *infra*, p. 131, n. 2 ; 139, n. 2.

(7) Lire *murattal*.

al-Ṭayyib et quelques autres disent que le *našīd* consiste à chanter au début d'un poème, ou au début d'un discours qui n'est pas en vers, quelques mots dont la mesure ne sera pas marquée et que le *istihlāl* consiste à exécuter, au début d'un chant, un seul mot dans un rythme libre (1).

Le *našīd* a [la longueur] d'un vers lorsque le chant en comporte
135 deux ; // il est de deux vers lorsque le chant est constitué par quatre vers ; ceux-ci seront successifs ou non. En ce qui concerne ceux qui dépassent ce nombre, ils ne sont employés que par les auteurs des *qaṣīda.* Quant au *našīd* à cinq vers ou davantage, il se nomme *naṣf* [?] (2) chez les joueurs du *ṭunbūr.* Abū l-Farağ al-Iṣfahānī (3) raconte que ce terme n'est connu et ne s'emploie qu'à propos du *ṭunbūr.*

Le *tanahhud.* Il s'agit d'une ou plusieurs notes suivies d'un soupir manifeste ; il se produit le plus souvent sur les notes altérées de l'index (deuxième degré du tétracorde baissé).

Le *maqṭa'* (4) « clausule » est soit aigu, soit grave, soit long, soit bref. Il est aigu lorsqu'il se termine sur des notes brèves et aiguës ; il est grave lorsqu'il se termine sur des notes graves ; il est long lorsqu'une émission vocale prolongée se place à sa fin ; il est bref lorsqu'il s'achève sur une lettre (voyelle) non allongée ou une note brève. Lorsque la dernière lettre
136 du vers est quiescente, il vaut mieux // finir le chant par un *maqṭa'* bref-aigu. Parmi les *maqṭa'* il y a le *musta'naf* (litt. « commencé de nouveau ») ; celui-ci est attaqué comme une nouvelle phrase sans être précédé d'un *maqṭa'* et de ce fait il devient comme un motif séparé du chant tel celui que l'on trouve dans :

« J'ai aimé une jeune... »

ou dans :

« Les anneaux qui ornent les jambes des femmes tournoient... »

(1) L'*istihlāl* et le *našīd,* qui précèdent et introduisent le chant proprement dit, relèvent à la fois de la récitation musicale et de l'improvisation vocale. Les deux formes ont plusieurs traits en commun : *a.* — On y emploie un fragment du texte mis en musique, et, parfois, un seul mot (pour l'*istihlāl*). *b.* — Du fait que le texte est relégué au second plan, une liberté totale est laissée au chanteur de poursuivre les inflexions hybrides de son imagination. *c.* — La liberté conférée à l'interprète se traduit en premier lieu sur le plan rythmique. C'est pourquoi les instruments à percussion n'interviennent pas dans l'exécution de ces parties.

La différence entre les deux formes précitées serait que la *našīd* ou *inšād* (terme désignant aussi la déclamation poétique) se rapprocherait de la récitation musicale, tandis que l'*istihlāl* représenterait l'improvisation vocale très ornée telle que celle qui survit encore dans le *mawwāl.*

(2) Littéralement « la moitié » ; mais nous ne savons pas à quoi, au juste, correspond ce terme.

(3) Abū l-Farağ al-Iṣfahānī (284-356/897-967) est l'auteur de l'ouvrage monumental *Kitāb al-Aġānī,* œuvre maîtresse dans la littérature arabe et importante source pour la connaissance de la pratique musicale de l'époque.

(4) Voir *supra,* p. 112, n. 5.

et d'autres semblables. Dans les deux chants précités, le *maqṭaʿ* est long-grave.

La *ṣila* est le motif de jonction qui lie un vers à son suivant ou un hémistiche à un autre lorsque le vers est distique, sans *maqṭaʿ* ni respiration.

Le *taṯwīb* est un son unique, long, modulé et chevroté qui ressemble au timbre de la voix appelant à la prière.

L'*istiḥāla* est le métabole du chant d'un genre à un autre dans un même vers comme par exemple un chant qui est *mazmūm* et dont une partie module au *maḥṣūr* ou au *maḥmūl* (1) ainsi qu'il arrive dans :

« O demeure de Mayya... »

et d'autres semblables. En principe, il s'agit de passer d'une modalité
137 à une autre et de quitter les aiguës pour aller aux graves ou vice versa. // Le plus grand, c'est-à-dire le plus grand métabole est celui qui est dans le rapport du simple au double et qui consiste à passer du *ṣiyāḥ* (la note supérieure d'une octave donnée) au *saǧāḥ* (la note inférieure de celle-ci), tel le passage de la note de l'annulaire du *zīr* (quatrième corde) à celle de l'index de la troisième corde (ré$_3$-ré$_2$) ou, dans un ordre inverse, le passage du *saǧāḥ* à son octave ou encore celui de la note du médius de Zalzal [de la quatrième corde] à celle de la première voisine (2) [de la deuxième corde] (ré𝄳$_3$-ré𝄳$_2$) et le retour à la première selon le même ordre, ou celui de la note de l'auriculaire du *zīr* à celui du médius des Anciens de la deuxième corde (mi$\flat_3$ mi$\flat_2$) et vice versa. L'« évolution » s'effectue selon le même ordre sur la deuxième et la première corde. La connaissance de cela facilitera l'application des métaboles et apportera un grand profit [au musicien].

Le *ṣahīl* est une formule comprenant des notes émises graduellement à la manière du hennissement d'un cheval ; ces notes sont tremblées et ressemblent aux *nabarāt* (3) ; nous pouvons, si nous voulons, nous tenir aux *nabarāt* et renoncer à cette dénomination.

Le *madda* est un son qui se maintient un certain temps et qui est émis d'un seul trait ; c'est généralement une note longue.

138 Le *hamza* // est une note de poitrine [occlusion glottale] grande et ample qui ressemble au gémissement.

La *taǧniba*, c'est l'abaissement [d'un demi-ton] de la note de l'index sur toutes les cordes et son remplacement par la note altérée qui se situe avant lui [plus haut sur la corde].

J'ai entendu parler de la *zaḥma* « resserrement » qui est voisine du

(1) Voir introduction p. 24.

(2) Il y a ici une erreur ; il faut lire *al-muǧannab al-awwal*.

(3) Voir *supra*, p. 123.

hamza. En effet, ce sont là des choses qui peuvent être multipliées et amplifiées par celui qui désire en faire autant ; elles diffèrent selon les noms et les sobriquets qu'appliquent aux choses les hommes de divers pays du monde. Nous, nous n'avons pas besoin de plus que les dénominations précédentes.

Le *takahhun*. C'est une formule dans le chant dont l'émission de notes s'accompagne d'un bourdonnement dans la gorge en sorte que ces notes donnent l'impression d'être engendrées par un *zīr* (quatrième corde du *'ūd*) (1). Cette formule est comparable à l'oracle des devins *(kahāna)* ; elle ressemble à un grognement lorsqu'elle est émise par une voix grasse.

La *ġamza* est une note aiguë furtivement touchée sur la fin d'un pied à la suite des notes plus graves qu'elle qui la précèdent.

chapitre XXIV

LES SONS ET FORMULES PRÉFÉRENTIELS DANS LE JEU D'INSTRUMENTS A CORDES (2)

139 Ce sont : *al-daġdaġa*, *al-mabādi'*, *al-tafṣīl*, *al-idrāǧ*, *al-tartīl*, *al-ḫabb*, *al-taḍ'īf*, *al-tawṣīl*, *al-ṭayy*, *al-taǧnīb*, *al-tasrīǧ*, *al-taqannu'āt*, *al-nafaṣāt*, *al-iḫtilāsāt*, *al-ta'ṭīrāt*, *al-munṣarafāt*, *al-tašyi'āt*, *al-ǧarrāt*.

La *daġdaġa* est l'attouchement *(ǧass)* continu des cordes avec les doigts (3).

(1) Il s'agirait d'une voix de fausset.

(2) Pour la traduction du mot *mawāḍi'*, voir *supra*, p. 121, n. 1. En ce qui concerne le terme *ḍarb*, nous avons dit plus haut (Introduction, p. 39, n. 3) que ce terme recouvre aussi bien le rythme que l'action de jouer d'un instrument à cordes pincées. C'est ainsi que le célèbre musicien Zalzal était nommé *al-ḍārib* « l'instrumentiste ». Ce chapitre nous en apporte une preuve évidente. Nous verrons que l'auteur passe indistinctement de la description de certaines formes et techniques concernant la musique instrumentale à celle des faits relatifs à la rythmique. Cette parenté ne doit pas nous étonner, car la théorie rythmique est basée en grande partie sur la technique du *'ūd* et sur celle du plectre en particulier. Sa'adia Gaon (IVe/Xe siècle), par exemple, va jusqu'à identifier les notes et les percussions, les mélodies et les rythmes; voir FARMER, *Sa'adia Gaon on the influence of music*, voir aussi chap. XXVIII, *infra*, p. 139, n. 2. D'autre part, plusieurs détails de ce chapitre sont repris et amplifiés dans le chapitre des modes rythmiques.

(3) L'instrumentiste, avant d'entamer l'œuvre à jouer proprement dite, fait entendre quelques sons, quelques formules mélodiques, comme s'il essayait son instrument. Cela pourrait

Les *mabādi'* sont les préludes instrumentaux où l'on procède à un jeu continu, de sorte que plusieurs cycles rythmiques se produisent sans que l'on effectue un arrêt sur un temps de disjonction ou que l'on établisse un découpage précis. Aussi mélange-t-on certaines notes avec d'autres en même temps (1) et y emploie-t-on les modes rythmiques légers et variés dont certains seront présentés sous plusieurs aspects en même temps, tous mélangés et s'insérant les uns dans les autres.

Le *tafṣīl* est très apprécié dans l'accompagnement rythmique et surtout
140 lorsqu'il s'agit de bonnes mélodies //, anciennes et traditionnelles ; cela consiste à séparer par des temps de disjonction les percussions et les cycles rythmiques sans occuper leurs disjonctions par quoi que ce soit.

Le *tawṣīl* est le contraire du *tafṣīl.*

L'*idrāǧ* (2) est le fait d'occuper les temps de disjonction qui séparent les cycles et les percussions lourdes dont les durées sont longues, soit par des percussions légères, soit par des *masaḥāt* (litt. « frictions-trilles ? »), des *ġamzāt* (« clins d'œil » = mordants ?), des *rawmāt* (percussions désirées mais non exprimées) et des *išmāmāt* (percussions battues à peine) (3).

correspondre à ce que l'auteur décrit à la page 122 du ms. En outre, Farmer rapporte un passage d'al-Kindī où le *ǧass* est décrit comme une sorte d'exercice destiné aux joueurs de *'ūd*; voir Farmer, *Arabian musical influence,* p. 332. Dans les *Mafātiḥ al-'ulūm,* le *ǧass* est défini : « Pincement des cordes avec l'index et le pouce. » (p. 138). Cette dernière définition est invoquée par Farmer pour expliquer le terme *ǧass* employé à maintes reprises dans les *Mille et une nuit*; cf. Farmer, *Arabian nights,* dans *Journal of the Royal Asiatic Society,* 1945, p. 58-59.

(1) Il s'agit des notes jouées simultanément.

(2) Le mot est vocalisé *adrāǧ* (plur. de *daraǧ* « liaison ») ; cependant, l'auteur emploie, immédiatement à la suite, un pronom personnel masculin, ce qui laisse supposer qu'il s'agit plutôt d'*idrāǧ* « gradation », terme employé par al-Fārābī dans un même contexte (*M.*, fol. 161 ; Erl., II, p. 38).

L'*idrāǧ* est un procédé qui consiste à remplir les durées des notes longues et des silences par toutes sortes de battues supplémentaires ornementales. Les Arabes considèrent l'*idrāǧ* comme une sorte d'accélération ou d'animation qui ne modifie en rien la durée totale de la mélodie. Par contre, cette durée change quand on ralentit ou qu'on accélère le mouvement. Ces deux faits seront inclus dans l'étude de deux termes suivants.

(3) Ces quatre termes, qui reviennent à plusieurs reprises, se rapportent, au dire de l'auteur, à la technique du plectre et indiquent différentes sortes de percussions de broderie. Mais comme l'auteur ne donne pas de précision — peut-être parce que les expressions étaient familières de son temps —, il est difficile de savoir la nature exacte de chacune d'elles. Nous savons que *rawm* et *išmām* font partie de la terminologie du *taǧwīd* (les « parures » de la récitation du Coran). Le *rawm* dans ce cas, désigne le fait de donner l'impression de vouloir prononcer une voyelle ; l'*išmām*, c'est faire désirer à l'auditeur une voyelle en la prononçant à peine. Il doit donc s'agir d'un procédé analogue où les voyelles sont remplacées par des percussions; voir à ce propos *M.*, fol. 157 ; Erl., II, p. 27. En ce qui concerne les deux autres termes, al-Fārābī les identifie aux deux derniers et les considère respectivement comme percussions douces et modérées. Or, si l'auteur s'était inspiré d'al-Fārābī, il faudrait conclure qu'il reproduit les éléments du passage en

Quand nous procédons ainsi, [la durée totale] de la mélodie ne change pas, mais, au contraire, la mélodie reste telle qu'elle était, et seul est affecté, dans ce cas, l'aspect du mode rythmique.

Le *tartīl* est la retenue *(imsāk)*, [l'adoption d'un mouvement posé et bien agencé] ; ce procédé est apprécié dans le chant et augmente la beauté des mélodies (1).

Le *ḫabb* est le fait d'accélérer le mouvement de ce qui est destiné à être retenu (2).

Le *taḍ'īf* est le fait de doubler les percussions simples (ou individualisées) dans les rythmes fondamentaux lourds en particulier ; cela consiste à remplacer une percussion, par deux, qui auront la même durée.

Le *ṭayy* « élimination » ou « repliement » s'effectue de deux manières,
141 dont l'une consiste à éliminer du rythme // la percussion supplémentaire de certaines de celles qui ont été doublées, d'où il résulte que l'autre reste isolée (redevient simple). L'autre manière consiste à supprimer du rythme une de ses percussions fondamentales et à mettre son emplacement en évidence par une *masḥa* « friction », une *ġamza* « clin d'œil » ou une percussion qui donne à l'auditeur le désir de l'entendre. Nous traiterons de cela dans son chapitre approprié (3).

Le *taǧnīb* est l'abaissement de la note au milieu de la mélodie, ou dans les clausules ; cela consiste à remplacer la note de l'index par celle de la voisine. Le mieux que l'on puisse faire, c'est d'en user au milieu de la mélodie et dans les clausules, en petite quantité et en mesure. Cette note doit toujours être arrêtée avec l'auriculaire à un niveau situé au-delà des touches fixes car c'est là qu'elle est possible. Les praticiens n'ont pas saisi qu'elle est souvent arrêtée à ce niveau (4). Cette façon de produire la note voisine est

question, sinon, il faudrait admettre qu'il entend respectivement par les deux premiers termes une sorte de trille et de mordant.

(1) *Tartīl* est généralement employé pour désigner un chant qui se déroule sur un rythme libre.

(2) Ces deux procédés font partie de la pratique de la cantillation; voir chap. XXV, *infra*, p. 136, n. 1.

(3) Voir chap. XXVIII, *infra*, p. 142, n. 4.

(4) Le *taǧnīb* est mentionné plusieurs fois dans ce traité : p. 68, 96, 98, 135, 130 et 161 du ms. Partout il est question de la substitution de la voisine de l'index à l'index. Cette note voisine se place au-dessus de l'index et est arrêtée par l'index ; voir *supra*, p. 88, n. 1 et 3. Comme dans l'accord usuel du *'ūd*, la note de l'auriculaire est égale à celle de la corde libre suivante, il suffit de glisser l'auriculaire au-delà de sa touche fixe (3/4) pour obtenir la note de la voisine de l'index de la corde qui suit immédiatement. Signalons que c'est le passage unique de ce traité où cette deuxième possibilité est indiquée.

employée fréquemment dans les modes *mazmūm* que nous expliquerons par la suite (1).

Le *tasrīǧ* se dit de ce qui ressemble à un genre de mélodies d'Ibn Surayǧ (2). Ce genre est connu et, selon l'opinion des gens de notre époque,
142 il concerne le plus souvent ce qui se produit // dans la note de l'annulaire dans n'importe quel mode rythmique. Nous étudierons sa cause plus bas (3).

Les *muqtanaʿāt* s'effectuent avec le plectre à la fin du chant et elles consistent à diriger le plectre vers le bas en écartant la main des cordes vers la droite d'une façon semblable à une bête de somme qui dresse sa tête.

Les *nafaṣāt* en sont très proches également.

Les *iḫtilāsāt* s'effectuent avec le plectre et consistent à ravir furtivement la percussion. Elles seront le mieux placées aux arrêts du chant.

Les *taʿṯīrāt* consistent à faire trébucher le plectre entre deux cordes, trébuchement qui donne naissance à des percussions mêlées et rapides qui ne sortent pas du rythme. Ce procédé produira un bel effet s'il est rajouté à l'accompagnement dans certains endroits.

Les *munṣarafāt* sont des formules qui font croire à l'auditeur qu'elles sont des clausules alors qu'elles ne font que s'y relier (4).

Le *maqṭaʿ* revêt dans le jeu instrumental les mêmes aspects que celui de la musique vocale, à savoir : long, bref, aigu ou grave. Le long est celui
143 dont il a été question. Le bref // ne doit pas se produire brusquement sans qu'il soit précédé d'un indice qui l'annonce.

Les Anciens avaient une manière de voir concernant les clausules à *munṣarafāt*. Leur méthode à ce propos est très bonne et on pourrait en tirer profit ; cela consistait à ne pas arriver à la fin sans que l'auditeur y soit préparé. En effet, un arrêt qui surprend l'auditeur risque d'affaiblir son émotion.

Les *ǧarrāt* consistent à faire traîner le plectre sur les cordes en sorte que les percussions aient la forme d'un zigzag (5).

(1) Voir le dernier paragraphe du chapitre XXXI, le chapitre XXXII et notre introduction p. 16-24.

(2) Ibn Surayǧ (13-107/634-726) est un musicien illustre et l'un des plus grands maîtres de son époque. Il fut appelé « le chanteur d'élégies ».

(3) Voir p. 164. Il doit s'agir d'un mode ayant comme point de départ la note de l'annulaire, ou bien de la fréquence de cette note dans un mode donné.

(4) D'après le dernier paragraphe, ce procédé n'est autre chose que la préparation de la fin, ou les indices qui annoncent la fin.

(5) C'est le trémolo.

chapitre XXV

CE QU'IL EST RECOMMANDÉ DE METTRE EN RELIEF DANS LES MÉLODIES (1)

Les choses qu'il convient de mettre en relief dans les mélodies sont aussi vastes que l'océan ; on ne peut pas les citer d'un seul trait (2). Il s'agit de certaines expressions qui augmentent la vivacité telles que l'avertissement d'un état présent ou prévu (3), le rappel (4) d'un état écoulé comme, par exemple, « saisis l'occasion ! », « vas vers les plaisirs ! », « dépêche-toi et
144 profite ! », « fais le bien ! », « résous-toi à... ! », ou bien : « je fus estimé et honoré », « que Dieu fasse paître pendant longtemps ! », « quand je me souviens de... » et autres expressions de ce genre. Beaucoup de gens pratiquent dans leur chant une assimilation (5) [de certaines lettres] du discours ; ceci est parfois convenable et pas très nuisible, mais il n'est pas convenable de pratiquer l'assimilation pour les genres d'expression décrites auparavant. En effet, si le chanteur pratique l'assimilation dans ces expressions, celles-ci ne produiront aucun effet sur l'âme parce qu'elles n'auront pas été comprises. L'assimilation est en général désapprouvée et comptée comme un très grave défaut ; à moins qu'elle soit indispensable pour les raisons que nous avons étudiées dans le chapitre de la répartition des lettres sur les notes (6). En effet, lorsque les notes sont plus nombreuses que les lettres, ces dernières ne pourraient être tout à fait comprises qu'avec beaucoup de peine, une longue réflexion et à condition que le sens (du poème) soit clair.

(1) Les deux termes *iẓhār* et *idġām,* qui font l'objet du présent chapitre et du suivant, relèvent de la terminologie du *taǧwīd* (la « parure » de la cantillation coranique), qui a pour but d'éviter à la langue toute erreur dans la récitation des paroles divines. La beauté de la voix et l'élément musical sont scrupuleusement mis au service du texte sacré.

Pour les détails concernant les rapports réciproques de la cantillation et du chant artistique profane, voir A. Shiloah, *Caractéristiques de l'art vocal arabe au moyen âge,* p. 6-8.

(2) Littéralement : « que le souffle ne supporte pas ».

(3) Lire *al-mutawaqqi'a ;* cette même expression figure à la page 148 du ms.

(4) Lire *al-iḏkār.*

(5) Lire *yudġam.*

(6) Voir p. 80.

L'assimilation fait disparaître l'émotion, déprécie la beauté de la mélodie et dissimule ses bonnes qualités. Il en est de même si les notes s'écartent par trop des lettres au point de donner à la mélodie un aspect de récitation
145 rapide (1) ; là aussi la beauté du chant sera dépréciée. Il faut, en l'occurrence, choisir une voie moyenne. Il en est de même pour tout ce qui concerne les défauts de prononciation résultant d'une infirmité de la langue ou d'autres organes tels que : le bégaiement, l'embarras de la langue, le sifflement et la prononciation peu claire.

Il convient de s'appliquer à la mise en valeur de toutes les lettres et en particulier des lettres sifflantes telles que le *sīn*, le *zā'* et le *ṣād*, car, si elles sont mises en valeur et émises purement, elles feront gagner au chant un surcroît de beauté et d'élégance et produiront un effet doux et agréable. Il en est de même des consonnes nasalisées.

Certains des défauts précités se compensent s'ils sont mêlés dans le chant, toutefois il conviendrait de les éliminer du chant ou de les éviter autant que possible. Pour éviter tous ces défauts ou une grande partie d'entre eux, surtout quand il s'agit des lettres dont la prononciation fait trébucher
146 la langue ou l'embarrasse, on peut, soit prolonger la récitation (2), // soit remplacer une lettre par une autre (3). Quant à celui qui remplace les lettres en faisant entendre une *nūn* au lieu d'un *lām*, un *ḥā'* au lieu d'un *ḫā'* et un *sīn* au lieu d'un *šīn*, il ne faut pas qu'il se hasarde à chanter (4). Pourtant la *laṯġa* (défaut d'élocution qui consiste en l'incapacité de prononcer certaines lettres comme il faut), bien qu'elle soit une espèce de substitution des moins nuisibles, peut être jugée parfois agréable, et on la recherche même chez certaines personnes.

(1) Ce terme fait partie de la terminologie du *taǧwīd* qui distingue entre trois manières de psalmodier : une manière longue et ornée, une autre rapide, qui se rapproche du parler ordinaire, et une enfin, intermédiaire, qui est la bonne. Il semble que l'auteur s'y réfère. Voir aussi *M.*, fol. 144-145 ; Erl., II, p. 92, où nous trouvons la même définition appliquée à tout *logos* ; chapitres XIX, p. 106 n. 6 et XXI, p. 117 n. 5.

(2) *Riwāya* signifie en général la transmission d'une tradition, le récit ou la relation d'un fait. Dans ce contexte, il s'agit de masquer certains défauts de prononciation par le truchement d'une prolongation de la voix ; autrement dit, il est recommandé de prononcer une articulation difficile d'une façon vague en la noyant dans l'entourage vocalique.

(3) Voir, pour la question de l'*ibdāl*, p. 125, n. 3.

(4) Il ne s'agit pas ici d'un procédé de substitution approuvé, mais d'un défaut d'élocution. Ce défaut, comme écrit l'auteur, pourrait constituer un « charme » chez certaines personnes. On l'admet, en l'occurence, chez elles à l'exclusion de toutes les autres.

chapitre XXVI

CE QU'IL EST RECOMMANDÉ D'ASSIMILER DANS LES MÉLODIES

Il peut arriver que les mélodies comportent des passages dont l'audition soit fâcheuse et qu'il faut s'efforcer de fondre dans le reste du discours pour les masquer. Il en est des exemples tels que *min fawqi*, *min asfali*, *istirāḥatī*, *istiḥāšī*, où les *kasra* qui y sont « saturés » deviennent des *fatḥa*. C'est pourquoi il faut dissimuler les cas de ce genre par des notes, ou bien les éviter. De plus, lorsque la rencontre de mots peut donner lieu à une articulation fâcheuse, il faut avancer certaines lettres et en reculer d'autres afin de masquer et d'éviter une fâcheuse interprétation.

147 On raconte // qu'un chanteur, voyant que Kāfūr al-Iḫšīdī (1) avait choisi pour ouvrir une séance musicale le vers suivant d'Abū Nuwwās (2):

« Toi le bienfaisant *(al-ḫaṣīb)* et voici l'Égypte... »,

lui chanta ce vers et se mit à s'arrêter sur *al-ḫaṣī* « eunuque », à le répéter et à s'en émouvoir jusqu'à ce que Kāfūr lui eût dit : « Je suis l'eunuque, je le sais déjà, et après ? ». Le chanteur fut alors couvert de honte et se tut.

Ce serait un non-sens que de recenser toutes les articulations qui donnent naissance à des inconvenances de langage ; ce sont des choses qui n'échappent pas à celui qui y prête attention. Il en existe certaines qui sont moins laides dans la bouche d'un homme que dans celle d'une femme.

Parfois on prolonge des lettres qui sont déplaisantes à l'audition telles que *ḥī*, *kī*, ou d'autres semblables, il faudra donc les fondre dans le discours et les éviter.

Isḥāq avait blâmé Ibrāhīm b. Šakla (3) pour la façon dont il prononçait le vers suivant :

« Je me suis éloigné du monde alors que [mon âme] s'est éloignée de moi. »

(1) Kāfūr al-Iḫšīdī (m. 356/967), gouverneur de l'Égypte au moment où l'illustre poète al-Mutannabbī (354/965) vint s'y installer après avoir quitté la cour de Sayf al-Dawla à Alep.

(2) Abū Nuwwās (m. 196/811), fut le plus grand poète de son temps et le plus brillant représentant de la poésie à la cour de Hārūn al-Rašīd. Il excella, en particulier, dans ses poèmes bachiques.

(3) Il s'agit d'Ibrāhīm, fils du calife al-Mahdī et le plus jeune frère de Hārūn al-Rašīd,

Sa prononciation rappelle celle des Nabatéens, avait-il dit, parce qu'il a « saturé » le *ḍamma* dans *ḏahabtu* et s'y est arrêté (1).

chapitre XXVII

LES OUVERTURES (2)

148 Il faut éviter les ouvertures qui sont de nature à susciter chez l'auditeur des présages de mauvais augure. Que le musicien fasse de son mieux, étant donné que l'auditeur manifeste une attente ardente pour les premiers sons qui frappent son ouïe. Aussi lui faut-il veiller que les ouvertures soient adaptées à la situation présente ou future, ou aux perspectives espérées ; qu'il cherche en général à éviter ce qui est désagréable et cela surtout dans les réunions des rois et des grands. En effet, même si le chanteur s'emploie à exécuter différentes espèces de poèmes avec un art consommé, les rois et les grands ne situeront chacune de ces espèces de poèmes qu'à sa place appropriée et ne l'utiliseront qu'en vue du dessein que cette espèce sert. Nous devons donc, nous aussi, nous proposer d'en faire autant. Nous devons également éviter un chant qui provoque la terreur et qui contient des injures manifestes. Ce genre de chant ne sera employé que par les rois, lorsqu'il sera dirigé contre leurs ennemis et leurs rebelles dans le dessein de procurer un soulagement à leur furie (3).

En ce qui concerne les improvisations du musicien, c'est un domaine qui nous échappe.

mais né d'une autre mère nommé Šakla. C'était un musicien de qualité, grand rival d'Isḥāq al-Mawṣilī.

(1) L'anecdote racontée ici figure avec plus de détails dans *Aġ*. V, p. 61, où vraisemblablement l'auteur l'a empruntée. Isḥāq, rapporte l'auteur du *Kitāb al-Aġānī*, envoie un messager pour taquiner Ibrāhīm au sujet de la prononciation du mot *ḏahabtu*, car, d'après lui, si on ne prolonge pas le *u* final, la ligne mélodique en sera perturbée et si on la prolonge, le discours en sera laid et ressemblera à l'accent nabatéen ou araméen. Ibrāhīm, devinant d'emblée la nature de cette mission, déclare à son interlocuteur : « Dis-lui : vous, vous faites cela par métier, tandis que nous, nous le faisons pour l'agrément, par jeu et badinage. » Signalons que le poème, dont le vers en question est le premier, est cité également dans Ibn ʿAbd Rabbihi, *ʿIqd*, III, p. 246.

(2) Il ne s'agit pas d'une forme précise, mais tout simplement du début d'une séance musicale, quelque que soit sa nature.

(3) Selon ce dernier passage, la musique ayant un caractère incantatoire n'appartiendrait pas au domaine de la musique artistique et constituerait une catégorie à part. En effet, cette

chapitre XXVIII

LES RYTHMES (1)

149 Le rythme est la division du temps de la mélodie à l'aide des percussions (2) ; c'est aussi l'évolution, à travers une suite de sons, de temps qui se suivent d'une manière égale et dont chacun est nommément désigné (3).

Une période rythmique se compose de deux percussions au moins.

catégorie sera étudiée avec plus de détails dans l'avant-dernier chapitre du traité, p. 201-202 du ms. D'autre part, l'*irtiǧāz* (voir chap. III, p. 53, n. 2) pourrait, lui aussi, appartenir à cette catégorie.

(1) Ce long et important chapitre est malheureusement d'une rédaction assez négligée et rien en lui ne rappelle la précision et la clarté des chapitres analogues des autres théoriciens arabes. L'auteur ne développe pas ses idées systématiquement et se contente souvent de les présenter sans ordre et en procédant par allusions, si bien que l'on se heurte à des difficultés qui deviennent parfois des énigmes. Cela se produit en particulier dans l'exposé des modes rythmiques usuels. D'une manière générale, l'auteur s'inspire dans son système rythmique du traité d'al-Fārābī auquel j'ai eu recours pour élucider certains points obscurs.

(2) Avicenne écrit : « Le rythme n'est donc en lui-même que la mesure du temps à l'aide des percussions. Si ces percussions produisent des notes, le rythme est musical... » (Erl., II, p. 169). L'assimilation de la note à la percussion, accusée chez plusieurs théoriciens arabes et notamment chez al-Fārābī, provient du fait que l'on analysait les phénomènes rythmiques, d'une part, à partir des notes qui composent une mélodie, et, d'autre part, en partant de la technique de l'attaque du plectre. Dans le premier cas, l'attaque d'une note est assimilée à la percussion et le temps, à la durée qui sépare une note d'une autre. Il est bien entendu que, pour qu'il y ait rythme, il faut que les temps soient de longueurs déterminées et de rapports définis. Dans le second cas, c'est par la technique du plectre et de ses différentes attaques que l'on explique les faits rythmiques. En ce qui concerne la correspondance de la rythmique et de la prosodie, voir chap. XIX et p. 104, n. 6 ; 106, n. 6 ; 108, n. 1.

(3) La fin de cette définition à partir du mot « temps » est, soit altérée, soit mal exprimée, soit incomplète. Étant donné que la première partie est empruntée à al-Fārābī, on pourrait envisager une possibilité de déformation de la fin de l'emprunt, qui se termine dans l'original comme suit : ... En des temps de longueurs et des rapports mesurés (*M.*, fol. 76 ; Erl., I, p. 150). Néanmoins, rien dans le texte ne permet d'aboutir à cette solution. En outre, si l'on suppose que manque ici le mot *mu'ayyan* « déterminé » après « temps », on pourrait sous-entendre que ces temps se suivent dans des périodes de durées identiques ; cela rejoint la définition de Ṣafī al-Dīn (Erl., III, p. 470). En ce qui concerne les tout derniers mots de la définition, ils sont bien difficiles. On pourrait soit les interpréter comme nous les avons traduits, sans préciser à quoi au juste ils se rapportent, soit admettre une lacune.

Une percussion constitue le temps le plus court et elle équivaut à une syllabe *(lafẓa)*, au dire d'al-Fārābī et de ses devanciers (1).

Les rythmes sont les « mètres » des notes (2). Et le temps est appelé temps parce que sur ses extrémités se placent deux percussions qui le renferment (3). Le temps rythmique est aussi le bruit [ou le son] qui se produit à la suite d'un choc et dont la durée se maintient dans l'ouïe (4).

Le nombre de percussions dépasse toujours d'une unité celui des temps du rythme (5) : c'est pourquoi il nous sera aisé de compter les notes d'une mélodie sans regarder l'instrument qui les produit. Il nous suffira en effet de compter les percussions comprises dans le cycle du rythme et d'en sous-
150 traire une // du nombre de percussions qui se produisent dans les cycles ; nous obtiendrons ainsi le nombre qui correspond à celui des notes qui sont prolongées dans la mélodie. Ceci à condition que les percussions soient simples et fondamentales dans le rythme sans qu'elles aient subi de modifications (6).

Les temps qui sont limités par des percussions, dont chacune est utilisée dans la scansion rythmique et dans les diverses combinaisons rythmiques, sont illustrés comme suit : chaque syllabe *(lafẓa)* = O correspond à une percussion soit : une percussion+un temps (O.), une percussion+un temps (O.), une percussion+un temps (O.), une percussion+un temps (O.), une percussion (O) (O.O.O.O.O). Ce sont là quatre temps limités par cinq percussions (7). Chacun de ces temps se nomme intervalle; c'est ce qui sépare un son grave d'un son aigu, ou un son aigu d'un son grave (8).

(1) En effet, selon al-Fārābī et les autres théoriciens, la percussion la plus courte qui constitue le temps de mesure, ou le temps premier, équivaut à la prononciation d'un ***sabab*** léger en prosodie et correspond à *tan* présenté généralement par le symbole (O.) = ♩ ou ♪𝄾 (voir Erl., II, p. 60 et 170).

(2) *Awzān* « mesures » désigne aussi les mètres. L'auteur veut dire ici que les rythmes sont aux notes (percussions) ce que les mètres sont au divers éléments qui constituent le vers.

(3) Al-Fārābī écrit : « Les temps des rythmes sont limités par des percussions »; *M.*, fol. 157 ; Erl., II, p. 27.

(4) Cela confirme ce que nous avons suggéré *supra*, p. 139, n. 2, à savoir que le temps rythmique est assimilé à la durée de la note.

(5) Voir *M.*, fol. 81 ; Erl., I, p. 157.

(6) « L'instrument qui produit des notes » semble être le *'ūd*. D'autre part, le terme « note » est employé ici comme synonyme de percussion. On distingue en effet dans la rythmique, comme on le fait dans la prosodie, entre la forme fondamentale d'un rythme et les diverses variations qui peuvent l'affecter.

(7) Cette façon de présenter la percussion battue par un cercle, et le silence par un point ou une barre (O. ou O/), relève de la prosodie. Le créateur de la science prosodique arabe, al-Ḫalīl († 791-2), figurait en effet la consonne « mue » par un cercle et la consonne inerte par une barre. Le paradigme *fa'ū-lun*, par exemple, se figurait comme suit : OO/O/. La cinquième percussion, dont il est question ici, joue le rôle de limite ou de référence, car, à son défaut, on ne pourrait pas concevoir la durée mesurée du quatrième temps.

(8) Nous constatons ici la confusion que peut créer l'usage équivoque du terme note. Mais

Les rythmes sont de deux sortes : conjoints et disjoints. Le rythme conjoint est celui dont les périodes sont conjointes. Les séparateurs *(fawāṣil)* intercalés entre les cycles devront avoir un temps plus long que les temps qui séparent toutes les autres percussions d'un rythme donné. En effet, le séparateur, placé entre deux périodes d'un rythme donné, comporte
151 souvent une durée deux fois plus longue que celle de chacune d'entre elles. C'est là une condition générale (1).

Et tous les rythmes (2)...

Il en est de deux cycles formant un rythme comme d'un vers en poésie ; de même, il en est d'un cycle comme d'un hémistiche. Un rythme n'est parfait que lorsqu'il est formé de deux cycles (3).

Il arrive qu'on occupe une partie des longues pauses par une percussion [supplémentaire] qui servira de transition entre les deux cycles ; cette percussion est qualifiée de *maǧāz* « passage ». Parfois, on ajoute une percussion à la fin du deuxième cycle, percussion sur laquelle s'appuie la mélodie et où le musicien pourra effectuer un arrêt de repos ; cette percussion se nomme *iʿtimād* « appui » (4).

Il arrive qu'on introduise entre les percussions lourdes, en particulier, qui sont séparées par de longues pauses ou des mouvements ralentis, des

il se peut que l'auteur veuille dire par là que le terme technique « intervalle » s'applique aussi bien à la notion de distance qu'à celle de hauteur.

(1) En dehors de la première phrase de ce paragraphe, tout le reste laisse à désirer. Les divers théoriciens consacrent à ce sujet de longs exposés : Erl., I, p. 157-158 ; II, p. 29-34 ; III, p. 480.

A la suite d'une définition laconique du rythme conjoint, l'auteur parle des « séparateurs » ou des temps de disjonction qui relèvent du rythme disjoint, sans que celui-ci soit préalablement défini. D'ailleurs on cherchera en vain cette définition. Enfin, il dit que le temps du « séparateur » est d'une durée double de celle des autres périodes ce qui n'est pas tout à fait exact. D'une manière générale, un rythme est dit « conjoint » quand il se compose des groupes de percussions séparées par des temps égaux, comme par exemple : *a.* — O. O. O. O. *b.* — O.. O.. O.. *c.* — O... O... O... O..., etc.

Il est « disjoint » quand il se compose des groupes de percussions séparés par des temps inégaux. Ce rythme est de plusieurs espèces. Il est selon al-Fārābī simple ou composé. Voici un exemple du disjoint simple :

O... O... O....

En voici un autre du disjoint composé :

O.. O... O....

Voir, pour plus de détails, Erl., I, p. 156-157 ; II, p. 31-34, 197-206 ; III, p. 480-484). En ce qui concerne le « séparateur », al-Fārābī écrit : « Le temps long intercalé entre les groupes de percussions du rythme disjoint est appelé « séparateur »... Le « séparateur » devant avoir une durée supérieure à celle de chacun des temps qui composent les groupes. » (Erl., I, p. 157).

(2) Il y a ici une lacune.

(3) Cette même phrase figure dans le traité d'al-Fārābī (Erl., II, 52).

(4) Voir Erl., II, p. 38.

percussions supplémentaires, petites et douces, des *masḥāt* « frictions-trilles ? », des *ġamzāt* « clins d'œil-mordants ? » avec le plectre, et des percussions amorcées *(rawm)*, ou des percussions touchées à peine *(išmām)*. Le *rawm* consiste à faire désirer à l'auditeur une percussion, en lui donnant l'impression de vouloir l'exécuter, sans pourtant la ressortir, en sorte que sa place soit indiquée, ce qui permet d'en connaître l'existence. Dans le cas de *išmām*
152 // la percussion sera ressortie légèrement par une *masḥa*, une *ġamza*, ou une percussion petite et légère (1). En général, plus la pause séparant deux percussions est longue et plus le mouvement est lent, plus il est nécessaire de meubler cette distance qui sépare les deux percussions par l'une ou l'autre de ces percussions supplémentaires.

Parfois, on double les percussions, de sorte qu'au lieu d'une on en aura deux, qui occuperont la même durée que celle qui a été doublée. Toutefois, il n'est pas recommandable (2) d'appliquer le redoublement à toutes les percussions d'un rythme parce que l'effet en serait peu agréable ; il est par contre recommandé d'en doubler quelques-unes et de laisser les autres telles qu'elles sont (3). Parfois, on élimine certaines percussions [fondamentales] du rythme, d'un cycle ou de deux à la fois, leurs places restant vacantes, mais souvent, on remplit ces places par une *masḥa* avec le plectre ou une *ġamza* ainsi que nous l'avons mentionné plus haut, afin que les sens les perçoivent avec clarté. Ce procédé est qualifié de *tamḫīr* (4).

Il arrive qu'on accélère le mouvement d'un rythme lourd ou que l'on retienne celui d'un rythme léger et qu'on le ralentisse.

Parfois, on transforme un rythme disjoint en rythme conjoint selon
153 ce que // nous avons expliqué plus haut, ou bien on transforme un rythme conjoint en rythme disjoint par élimination, par des pauses ou en dissimulant certaines percussions.

En somme, le rythme est la division du temps sonore [musical], je veux dire la durée du son utilisée dans la mélodie, par des percussions qui seront

(1) Voir Erl., II, p. 37-38 et *supra* p. 132, n. 3.

(2) Lire *lā yaḥsun*.

(3) Voir Erl., II, p. 34-35, 176.

(4) Selon al-Ḫalīl, si l'on supprime du paradigme *mustaf'ilun* le *(s)* on obtient *mutaf'ilun*, qui est égal à *mafā'ilun*. Cette sorte de variation est appelée *ṭayy*; elle est pratiquée dans la prosodie. Ce procédé, appliqué à la rythmique, consiste dans le raccourcissement des temps intercalés entre les percussions. On appelle cette façon d'alléger le rythme : *tamḫīr*. Néanmoins, il semble que l'auteur distingue entre deux sortes de *ṭayy*, dont l'une est élimination et l'autre, suppression. Dans le premier cas, on élimine une percussion battue, mais la durée totale du rythme reste identique ; il en résulte des temps plus longs qui sont remplis par des percussions légères de broderie. Dans le second cas, on supprime quelques percussions fondamentales et, de ce fait, on raccourcit la durée totale de la mélodie.

plus ou moins nombreuses. Elles seront nombreuses dans un temps qui est plus long, je veux dire plus lent et plus lourd et elles ne pourront pas être rares dans ce cas ; elles pourront l'être par contre dans le temps le plus court et le plus rapide. Plus les percussions sont rapides, plus leur nombre est grand dans le temps le plus long (1). Les percussions posées et fortes sont les grandes qui se prêtent à l'énumération et à l'observation. Les percussions faibles et pleines sont les petites dont le nombre est insaisissable à l'audition et qui sont difficiles à observer. Il arrive que ces deux sortes de percussion soient tantôt mélangées les unes aux autres dans une même mélodie et tantôt séparées les unes des autres et utilisées d'une façon unique. Or, si les petites percussions sont nombreuses dans une mélodie, cette dernière sera libre *(mursal)* et continue (2) ; si les grandes sont nom-
154 breuses et ne se mêlent pas aux petites, la mélodie sera bien agencée *(murattal)* et d'une mesure exacte *(muḥarrar)* (3) ; cette dernière sera pénétrée de force autant que l'autre sera pénétrée de faiblesse. A mon avis, elles sont comparables aux deux espèces d'écriture dites : *al-muḥarrar* et *al-mursal*. En effet *mursal* est toujours exempt de beauté, rempli de défauts et donne lieu à toutes sortes de tolérances et d'exagérations, tandis que le *muḥarrar* est toujours dans l'excellence et dans le vrai (4).

La multiplicité ou la rareté des percussions que l'on produit entre les percussions [longues] sont fonction de la force de l'instrumentiste, de son habileté, de la légèreté et de la rapidité de sa main, ou de sa lourdeur et de sa lenteur.

(1) Pour bien comprendre ce passage, il convient de signaler que le terme « percussion » est souvent employé d'une manière ambiguë, désignant à la fois les percussions battues et celles qui auraient pu être battues et qui constituent les temps de mesure de la durée séparant deux percussions battues. On dit par exemple : tel mode comporte 16 ou 32 percussions, puis on précise parfois, lesquelles sont battues et lesquelles sont éludées. Donc, un temps long comme : O....... comprend huit percussions tandis que le temps : O.. n'en comprend que trois. La longue durée du temps long permet d'intercaler beaucoup plus de percussions légères de broderie que celle du temps court.

(2) Al-Bāqillānī (m. 404/1013) mentionne cinq formes du discours éloquent parmi lesquels le *mursal*, qui correspond à la prose ordinaire par opposition au discours mesuré ; voir BĀQILLĀNĪ, *I'ǧāz*, I, p. 51, 55 ; II, p. 123). Cela rejoint la conception de chant continu et discontinu (voir *supra*, p. 106, n. 6). Signalons enfin que Ṣafī al-Dīn appelle *mursal* le mode rythmique *double-ramal* dans lequel on ne produit que deux percussions :

a. — O... O....... *b.* — O....... O...............

(3) Le *tartīl* désigne généralement la cantillation du texte coranique, mais, en réalité, il signifiait l'art de bien articuler le texte révélé.

(4) Les Arabes connaissent une grande variété d'écritures. L'auteur semble vouloir assimiler *muwaṣṣal* à *mursal* « écriture ornée dont toutes les lettres sont unies » et *muqaṭṭa'* à *muḥarrar* « écriture sobre dont les lettres sont séparées ». Il y a là une brève allusion à l'attaque de l'auteur contre l'art somptueux de l'école moderne : voir *supra*, p. 50, n. 2 ; 57, n. 2.

C'est pour toutes ces raisons que les genres de modes rythmiques varient à l'audition. On entendra un même mode rythmique, tantôt augmenté d'une ou deux percussions, tantôt diminué d'une même quantité, d'où il résulte que sa forme varie à l'audition de différentes manières, au point que le mode devient ambigu et fait croire qu'il s'est écarté définitivement de son genre. Par suite, la modification affecte tantôt le nombre des percussions
155 fondamentales du rythme, tantôt la durée // de ses temps. Voilà quels sont les facteurs qui causent les modifications de tous les rythmes. Une modification ne saurait se produire que de ces deux façons (1). Il sera possible pour celui qui se penche sur mon *Livre qui satisfait les esprits sur les notes et les rythmes* d'y voir les exemples relatifs aux différentes espèces de modes rythmiques (2), puis d'en emprunter à son gré s'il est instrumentiste habile et de s'en servir dans ses modes *(ṭarā'iq)* et dans ses mélodies *(alḥān)*. Il pourra ainsi se distinguer des autres instrumentistes et les défier sans aucune peine.

Les rythmes sont, soit simples, soit composés. Le rythme est simple lorsque rien d'étranger à son genre ne s'y trouve associé ; il est composé lorsqu'on lui associe un élément n'appartenant pas à son genre. Bref, dans les rythmes composés, les deux cycles seront formés l'un d'une espèce et le second d'une autre, comme par exemple lorsque un cycle emprunte le *lourd-premier* et celui qui vient à sa suite, le *ramal* ou d'autres semblables (3).

Les modes rythmiques en usage chez les Arabes dans leurs mélodies
156 sont au nombre de sept : le *ramal*, le *lourd-premier*, // le *lourd-second* — chacun de ces trois rythmes a un rythme léger équivalent —, et enfin le *hazağ* qui est un rythme léger et qui ne possède pas en l'occurrence un mode léger équivalent. Toutefois, on pourrait l'alourdir ou l'alléger (4).

(1) C'est un résumé de ce que al-Fārābī écrit à ce sujet : *M.*, fol. 160-161 ; Erl., II, p. 36-39.

(2) Lire *al-īqā'āt*.

(3) Cette définition des rythmes simples et composés diffère de celle d'al-Fārābī : *M.*, fol. 158-160 ; Erl., II, p. 31-37.

(4) Le nombre et les noms des modes rythmiques mentionnés ici sont conformes à ceux d'al-Fārābī et d'autres théoriciens. Toutefois, les détails de leurs définitions respectives sont fort énigmatiques et, tels qu'ils sont, ils ne se rapportent à aucun système rythmique connu. Outre le fait que l'auteur omet, contrairement à l'usage, la description détaillée des modes : *léger lourd-premier*, *léger lourd-second* et *léger ramal*, et se contente à leur propos d'une phrase laconique (p. 147 n. 2), les définitions des modes restants sont à tel point imprécises que l'on se trouve dans l'impossibilité d'aboutir à une solution valable. Nous avons confronté ces deux pages avec les systèmes rythmiques de quatre ou cinq différents théoriciens, mais nous nous sommes toujours heurtés à une difficulté insoluble. Afin de ne pas nous livrer à des spéculations hasardeuses, nous préférons donner une traduction textuelle et apporter dans les notes suivantes les formes de chaque rythme telles qu'elles sont définies par divers théoriciens.

Le nombre maximal des percussions simples du *ramal* est de six et leur nombre minimal de quatre ; celles-ci constituent sa forme fondamentale. Dans son redoublement, le *ramal* comporte au maximum douze percussions et au minimum huit. Si l'on garde quelques-unes de ses percussions simples et qu'on en double quelques-unes, le nombre minimal des percussions dans un vers sera [?]... et ceci, lorsque l'une est doublée et que l'autre est laissée simple ; les formes de celles-ci ne seront pas comme celles des six premières percussions simples à cause de la différence de la longueur et de la brièveté de leurs temps. Tout cela se produit dans deux cycles du seul rythme en question (1).

Le nombre maximal des percussions du *lourd-premier* est de huit, leur nombre minimal de six et celles-ci constituent sa forme fondamentale. Dans son redoublement, il en comporte au maximum seize et au minimum
157 huit. Ceci, lorsqu'on double une percussion de chaque cycle // et qu'on laisse intactes toutes les autres. Il arrive que leur nombre soit quatre, mais cela est détestable, étant donné que dans ce cas la forme du rythme se perd (2).

(1) Voici, à titre de référence, les formes usuelles du *ramal* selon les auteurs suivants :

al-Kindī	O. . . O.O.
al-Fārābī	O. . . O.O./ O. . .O.O.
	O. . . O.O. . . . .O./ O.O.O.O.O.O. . .O./O. . . . .O. . .O.O. . . . .
Avicenne	O. . . O.O./ O. . . O.O.
Ṣafī al-Dīn	O. . . O. . . O.O.O.O.O.O.O. . . (lourd-*ramal*)
	a. — O.O.O.O.O. . . *b.* — O.O. . .O.O. . . *(ramal)*
al-Lāḏiqī	*id.* pour le lourd-*ramal* et le *ramal*.

et voici maintenant les formes du *léger-ramal* omises par l'auteur :

al-Kindī	*a.* — OOO OOO *b.* — OO. OO.
al-Fārābī	*a.* — OO. . . OO. . . *b.* — OO.O. OO.O.
Avicenne	O.OO.O.OO.
Ibn Zayla	O.O.OO.O.O
Ṣafī al-Dīn	*a.* — O.O. . O.O. . . *b.* — O.OO. O.OO.
	c. — O.OOO. O.OOO.
al-Lāḏiqī	O.O. . O.O. .

(2) Voici, à titre de référence, les formes usuelles du *lourd-premier* selon les auteurs suivants :

al-Kindī	O. . . O. . . O. . . . . . . /O. . O. . . O. . . . . . .
al-Fārābī	*a.* — O. . . O. . . O. . . . . . . / O. . . O. . . O. . . . . . .
	b. — OO. . OO. . OO. . O. . ./ OO. . OO. . OO. . O. . .
	c. — O. . . OO. . OO. . O. . ./ O. . . OO. . OO. . O. . .
Ibn Zayla	O.O. O.O. O.O. O. . .
Ṣafī al-Dīn	*a.* — O. . O. . O. . . O.O. . ./ O. . O. . O. . . O.O. . .
	b. — O. . O. . O. . ./ O. . O. . O. . .
al-Lāḏiqī	*a.* — O. . O. . O. . ./ O. . O. . O. . .
	b. — OO. OO. OOO.O.OOO.

Le nombre maximal des percussions du *lourd-second* est dix, la forme fondamentale en comprend huit. Leur nombre minimal est six, et ceci lorsqu'on élimine de chaque cycle une percussion.

Dans son redoublement, il comporte au maximum vingt percussions et au minimum dix. Il en est ainsi lorsqu'on double une percussion de chaque cycle et qu'on laisse le reste sous ses formes ordinaires. Il arrive que l'on double la deuxième percussion de chaque cycle, ou (1) la troisième, ou la quatrième, ou deux dans chaque cycle, ou deux dans l'un d'eux et une dans l'autre. Par conséquent les cycles seront tantôt différents et tantôt identiques (2). Il n'est pas recommandé d'employer ces rythmes à percussions multiples entièrement redoublées. Chacun de ces rythmes possède une variété d'espèces que l'on ne saurait énumérer qu'avec beaucoup de peine. Leurs
158 espèces les plus employées dans les mélodies // chez nous en sont les meilleures (3). Ce mode comporte aussi des aspects que la plupart des gens ignorent.

Et voici les formes de son *léger* omises par l'auteur :

al-Kindī OOO. OOO.
al-Fārābī *a.* — O.O.O.../ O.O.O...
b. — OOOOO..O/ OOOOO..O
c. — OOO. OO.. OO../ OOO. OO.. OO..

(1) Lire *aw*.

(2) Voici, à titre de référence, les formes usuelles du *lourd-second* selon les auteurs suivants :

al-Kindī *a.* — O... O... O....... O...
b. — O... O....... O...
al-Fārābī *a.* — O..O.... O.......
b. — O..O.... O.O.....
Avicenne O.O...O.
Ṣafī al-Dīn *a.* — O.O..O.O.. *b.* — O..O...O....
c. — O..O.... *d.* — O..O..O./ O..O..O.
al-Lāḏiqī O..O..O./ O..O..O.

Et voici les formes de son *léger* appelé aussi *māḫūrī* :

al-Kindī OO.O.
al-Fārābī *a.* — OOO.OOO.OOO. *b.* — OOO.O.OOO.O.
c. — OOO.O.O.O.O.O. *d.* — OOOOO.O.O.O.O.O.
e. — OO.OO. OO.O..
Avicenne OO.O. OO.O.
Ṣafī al-Dīn *a.* — O.OOO.OO O.OOO.OO
b. — OOO. OOO.
c. — O.OOO.O. O.OOO.O.

(3) Lire *huwa al-mustaḥabb*. On peut lire aussi *huwa al-mustağād* « c'est ce que l'on juge comme étant bon ».

Le temps de chaque mode rythmique *lourd* et faible équivaut au double de (1) celui de son mode léger (2).

Les percussions sont de trois sortes : fortes, douces et moyennes. La forte est celle qui est saturée, la moyenne est un coup sec et bref ainsi qu'il a été dit auparavant, la douce est celle qui constitue la *ġamza* « trille » et la percussion désirée ou touchée légèrement (3).

« La plus longue durée d'une note adaptable à un rythme et utilisable dans une mélodie équivaut en moyenne (chez le commun des gens) et selon l'usage répandu à (celle de l'articulation des dix lettres, mais on lui donne) une durée [à peu près] égale à celle de l'articulation de huit percussions *(asbāb)* légères successives, suivies d'une pause. [La valeur de cette pause est à peu près double de celle du temps qui sépare l'attaque de deux de ces syllabes émises de suite, sans arrêt. Si l'on supprime la pause qui vient à la suite de huit syllabes], nous aurons sept temps (étant donné que le nombre de temps est toujours d'une unité de moins que celui des percussions, ainsi que nous l'avons expliqué plus haut). Si la durée [note] se prolonge au-delà de cette limite [et si elle est suivie d'une autre qui la dépasse], elle ne pourra pas faire partie d'une composition musicale » (4). Le temps ainsi défini est le plus long qui sépare les débuts de deux notes successives.
159 // On divise ce temps O....... en deux parties égales O... O... dont l'une servira comme temps des modes rythmiques légers-lourds ; puis on divise l'autre moitié O... en deux O.O. dont l'une servira comme temps des modes rythmiques légers ; on divise enfin l'autre O. en deux OO et on obtiendra le temps le plus rapide (5) ; c'est le temps que l'on emploie dans les formules jouées par les *ma'āzif* (6), le *takrī'* (7), les formules d'évocation, le roulement

(1) Lire *ḍi'f*.

(2) Cette phrase laconique, dont le sens n'est pas très clair, semble remplacer l'exposé relatif aux modes légers de trois rythmes lourds que l'auteur vient d'étudier. Quant au septième mode, le *hazaǧ*, il sera mentionné à la page suivante.

(3) Voir Fārābī, *M.*, fol. 156v ; Erl., II, p. 27.

(4) C'est une citation d'al-Fārābī qui comporte certaines gloses et omissions. Nous avons mis celles-ci respectivement entre parenthèses et entre crochets. Il y a lieu de signaler que l'auteur n'emploie à aucun moment le terme *sabab léger* qui pourtant figure dans l'original ; le *sabab léger* équivaut à une syllabe fermée. Dans la deuxième parenthèse, l'auteur parle de dix lettres et cela donne des valeurs plus courtes que celles mentionnées par al-Fārābī. Néanmoins, la durée générale du temps défini ne change pas pour autant. En outre, la phrase : « si l'on supprime la pause... » est placée, dans le texte d'al-Fārābī, à un endroit ultérieur : *M.*, fol. 157-158 ; Erl., II, p. 29-30.

(5) Ce procédé ne correspond pas tout à fait à celui que développe al-Fārābī à la suite du passage cité auparavant *(ibid)*.

(6) Voir *supra*, p. 110, n. 2.

(7) Lire *taqrī'*, qui signifie probablement un battement rapide des percussions légères successives.

des timbales et autres formules semblables. En ce qui concerne le temps qui est employé dans les mélodies vocales, il est de l'ordre de la moitié de la moitié du temps premier : O.O. c'est là le temps le plus court qu'on y emploie... huit percussions... (1).

Le nombre des percussions du mode rythmique *hazağ* est de dix ; cinq dans chaque cycle. Il se réduit à six lorsqu'on en élimine la deuxième de chaque cycle et la quatrième ou la troisième. L'élimination dans ce cas signifie suppression. Ses cycles seront, soit identiques, soit différents. Il n'est pas possible d'appliquer le redoublement à ce rythme à cause de la
160 brièveté de ses temps et // parce que ce procédé pourrait porter atteinte à ses embellissements (2). Ce rythme ne fut pas très employé par les musiciens d'autrefois si bien que Ma'bad n'en usa que dans un seul chant.

Les autres modes rythmiques lourds ne se pratiquent pas chez nous dans les mélodies et de même les autres modes légers ne se pratiquent que dans les formules d'évocation, dans celles jouées par les *ma'āzif*, les timbales (3), dans la danse et leurs pareils. J'en ai étudié un grand nombre d'exemples dans mon *Livre qui satisfait l'esprit.*

En ce qui concerne les modes rythmiques dont Isḥāq al-Mawṣilī a traité, il n'a mentionné qu'une seule espèce et qu'un aspect unique de chaque genre, croyant que ces quelques espèces représentaient tout ce que connaissait le commun usage et tout ce qui était admis. Ne crois pas que les aspects présentés par Isḥāq constituent les formes fondamentales des modes rythmiques, il n'en est pas ainsi ; s'il a en effet mentionné le rythme fondamental de certains modes, pour les autres ce ne sont pas leurs formes fondamentales qu'il a exposées, mais une de leurs espèces modifiées par redoublement ou par élimination. Nous avons élucidé cela dans notre *Livre qui satisfait l'esprit.*

(1) Il y a ici une lacune certaine. De toute manière, il faut rattacher le mot « percussions » au paragraphe suivant et lire *wa-naqarāt.*

(2) Voici, à titre de référence, les formes du *hazağ* selon les auteurs suivants :

al-Fārābī *a.* — O. . OO. O. . / O. . OO. O. .
b. — O. . O. . O. . OO.
Ṣafī al-Dīn *a.* — O. . . O. . O. . O. *b.* — OO.O.
al-Lāḏiqī O. . O. O. . O.

(3) Lire *al-dabādib,* car, d'une part, le *rabāb* est à exclure dans ce contexte et, d'autre part, on trouve *dabādib* à deux reprises dans une phrase qui est sensiblement la même que celle-ci.

chapitre XXIX

L'ENTRÉE EN RYTHME (1)

161 L'expression : « Il [le musicien] est entré en rythme » signifie qu'il a bien pris sa mesure et le nombre de ses percussions ; d'autre part : « Il en est sorti » signifie qu'il s'est écarté de l'une et de l'autre. En effet, les notes émises par la voix doivent être confrontées avec le rythme et mesurées par ses percussions de sorte que les « motions » du rythme correspondent aux « motions » des notes et que les silences correspondent aux repos (2). Or, quand le rythme et les notes s'accomplissent en même temps et quand la fin du chant coïncide avec celle du rythme, on dit qu'il y a « entrée en rythme » et, dans le cas contraire, sortie, séparation et incohérence (3). Il faut donc veiller à ce que les cycles des rythmes se terminent d'une façon parallèle et identique sur
162 les pauses, qu'ils concordent avec les notes // longues ou brèves et que les pauses finales *(maqāṭi')* et les pauses intermédiaires *(fawāṣil)* soient mesurées

(1) Après avoir étudié les faits rythmiques et mentionné les modes rythmiques en usage chez les Arabes, l'auteur se tourne vers le problème de l'application de l'élément rythmique dans la composition musicale. Étant donné le rôle prépondérant joué par le rythme dans la constitution d'une mélodie, il est bien entendu que, si le musicien n'épouse pas sa mesure exacte, l'ensemble de la composition se trouvera perturbé, car — nous l'avons dit ailleurs — la facture prosodique et rythmique détermine celle du chant. Cela revient à dire que celui à qui manque le sentiment rythmique ne saurait se vouer ni à l'exécution, ni à la composition. C'est ce que l'auteur insinue dans la première partie de ce chapitre. En ce qui concenre la seconde partie, relative à la composition, l'auteur nous révèle que, de prime abord, le musicien doit établir le rythme qu'il se propose d'employer dans sa composition et l'adapter au poème donné. Le choix des notes et du mode n'intervient qu'en second lieu. Signalons enfin qu'Avicenne exprime une idée semblable dans son traité : « Celui qui veut saisir une mélodie doit tout d'abord en comprendre le rythme, dans ses diverses variations... » (Erl., II, p. 232).

(2) Les termes *ḥaraka* « motion » et *sukūn* « repos » ont été expliqués *supra*, p. 100 n. 4.

(3) Autrement dit, les notes d'un chant doivent être réparties en éléments. Ces éléments seront calqués sur la division rythmique et le tout sera conçu à l'instar d'un vers distique. Il y aura donc de grands membres qui correspondront aux vers, des membres moyens, qui correspondront aux hémistiches, et des petits qui correspondront aux pieds. Si le chant comporte plus d'un vers, les pauses ou les césures finales doivent être identiques, de même, écrit al-Fārābī : « les mesures moyennes comporteront le même nombre de temps et les mêmes divisions rythmiques combinées de la même façon » (Erl., II, p. 52). Cependant, les arrêts, les pauses, ou les césures de l'hémistiche et du vers peuvent être d'une longueur différente.

de telle sorte que leurs mesures soient en nombre pair (1) et que la fin du chant coïncide avec la dernière percussion du deuxième cycle du rythme.

Lorsqu'il se présente dans les rythmes un rythme composé, c'est dire que l'un de ses deux cycles est différent de l'autre. Si en effet un cycle se compose d'une espèce donnée tandis que l'autre n'appartient pas [à la même espèce] (2), le rythme est dit, alors, composé. Dans ce cas, la pause qui suit chacun des deux cycles doit être la même et rester invariable. Cela est d'autant plus important qu'il s'agit d'un rythme composé de deux genres différents. Il faut observer ceci dans les rythmes en question, car ces derniers sont surprenants.

Le musicien ne doit entamer [la composition d]'une mélodie qu'après avoir pris connaissance du rythme qu'il se propose d'employer dans sa composition, de sa mesure et de sa quantité, c'est-à-dire de son temps qui sera, soit lent, soit rapide, soit moyen. Après quoi il doit se référer à l'élément rythmique de base *(ʿāmūd)* et s'appliquer à adapter sa mesure au premier pied du vers jusqu'à ce qu'il parvienne à l'établir correctement.
163 Puis, il le fera suivre du second [élément] du vers en s'efforçant // de le placer de façon exacte dans le rythme en question et de lui appliquer sa mesure, en tenant compte des notes qu'il conçoit pour son revêtement musical et du genre auquel appartiennent ces notes, par genre je veux dire le mode *(iṣbaʿ)*. Une fois qu'il aura mis au point l'hémistiche, qu'il l'éprouve ! S'il le trouve naturel avec le rythme en question et se déroulant facilement avec lui (3), qu'il l'achève et le rédige ! A défaut, qu'il recoure aux variations du rythme. Quand il aura trouvé sa mesure juste, le musicien retournera aux notes qu'il suivra dans leur développement et il remplacera celles qu'il désire par d'autres qui sont plus agréables et d'une consonance plus forte jusqu'à ce qu'il réussisse à les disposer comme il faut. C'est son talent naturel et son savoir qui lui font atteindre ce but. Car, si le talent naturel seul atteint parfois le vrai, il tombe aussi dans l'erreur, alors que le savoir ne tombe jamais dans l'erreur, étant donné qu'il est fondé sur des règles connues et des lois solidement établies ; cependant, le talent naturel, s'il est parfait et si les règles sont respectées, apporte un supplément d'enrichissement aux règles. Le musicien poursuivra donc ainsi jusqu'à ce

(1) Cette phrase est mal faite, mais il est presque certain qu'elle relève d'une idée exprimée par al-Fārābī au moins trois fois dans son chapitre de la composition. Il y est rappelé avec insistance que, dans un chant mesuré, le nombre des membres moyens, comme aussi celui des grands, devra être pair : *M.*, fol. 167, 180, 182 ; Erl., II, p. 52, 79, 82.

(2) Nous proposons la lecture *wa-laysa hāḏā* [*minhu, hāḏa*] *murakkab*.

(3) Voir chap. XXXIII, p. 165, n. 4.

qu'il soit épris (1) de la mélodie. Puis, à force de l'exercer, de la répéter, et
164 de la retoucher, la mélodie gagnera un surcroît de beauté et d'excellence. Aussi deviendra-t-elle claire par l'application et sera-t-elle facile à l'audition dans son dernier achèvement en sorte que les natures puissent s'y accorder (2).

Si le musicien a la possibilité d'essayer sa mélodie sur un *'ūd*, qu'il le fasse ; à défaut, qu'il la soumette au jugement d'une personne ayant un goût qui lui inspire confiance et appartenant au nombre de ceux qui, s'ils ne pratiquent pas eux-mêmes la musique, sont exercés à son audition.

chapitre XXX

LES EMPRUNTS

Un musicien habile peut prendre la mélodie d'un chant donné et la modifier [en l'employant] dans une autre composition de plusieurs manières. Dans certains cas il cache l'original tandis qu'en d'autres cas il le laisse apparent ; cacher l'original est préférable. Cela est comparable à ce qui se passe dans la poésie, la rhétorique et l'art d'écrire des épîtres ; en effet, dans tous ces domaines, les gens font (délibérément) des emprunts aux œuvres des autres. Toutefois, ce qui est original réjouit davantage, car on le regarde comme neuf et plus méritoire (3).

(1) *Hannadathu* ou *hannadat bi-qalbihi* se dit d'une femme qui ravit le cœur d'un homme par son aimable conversation ou par sa conduite (cf. E. W. Lane, *Lexicon* s.v.). Par conséquent, *yutahannad fī al-laḥn* serait la passion et peut-être le sentiment de satisfaction que suscite dans le cœur du compositeur la mélodie, une fois achevée.

(2) Toute la dernière phrase est assez obscure ; notre traduction doit donc être considérée sous toutes réserves.

(3) Il faut bien distinguer entre l'emprunt ou le plagiat, qui consiste à prendre un chant donné qui sera la base d'une nouvelle composition et que l'on modifiera délibérément, et les modifications ou variations apportées à un chant donné sous forme d'ornements et d'embellissements, modifications qui relèvent du domaine de l'interprétation. Dans le premier cas, il s'agit d'une technique de composition approuvée ; dans le second, il s'agit d'une technique d'interprétation technique qui a ses opposants et ses partisans. A ce sujet, on se rappelle la prise de position très nette de l'auteur contre la tendance à surcharger des compositions classiques d'ornements et d'embellissements exubérants (chap. V, p. 57-58). D'autre part, la notion de plagiat ne comporte à cette époque rien de péjoratif, car l'élément emprunté, ayant reçu un nouvel éclairage, devient une composition vraiment nouvelle, en quelque sorte indépendante de son modèle, et considérée alors comme telle.

Parfois, le musicien emprunte la mélodie d'un chant donné puis il
165 l'adapte à un autre poème ayant le même mètre que le poème original. C'est ce qu'il y a de plus facile. La mélodie reste [alors] invariable et seul le rythme est modifié (1).

Parfois, le musicien fait passer la mélodie d'une touche à une autre et laisse le rythme invariable, d'où il résulte que les notes du chant original changent et la mélodie se dissimule davantage et s'éloigne de son espèce [d'échelle modale] ; c'est comme lorsque la mélodie est par exemple du mode *mazmūm* et se trouve changée en *maḥṣūr* ou en un autre (2) mode. Ce procédé n'est pas facilement applicable à toutes les mélodies, mais il est plus facile dans certaines et plus difficile dans d'autres. Pour s'assurer que cela est possible (3), le musicien doit examiner tout d'abord toutes les notes réunies dans la mélodie donnée, puis les répéter en lui telles qu'elles sont, enfin, changer le rythme et l'adapter aux dites notes elles-mêmes ; si les notes ont besoin d'une augmentation ou d'une légère diminution — si cela est possible — on le fait ; à défaut, une action délicate s'impose pour tout le chant ou pour une partie. Il arrive qu'on recoure au métabole et qu'on change le genre initial des notes en un autre qui sera plus grave ou plus aigu (4). Il arrive aussi que l'on modifie les notes par une augmentation ou une dimi-
166 nution, // si elles s'y prêtent. Si l'on procède de la sorte l'original sera encore mieux masqué. Si l'habileté du musicien est suffisante pour lui permettre d'adapter les notes d'une mélodie donnée à un poème d'un mètre différent de l'original et de remplacer le rythme par un autre, son modèle sera encore mieux caché. Toutefois, il est préférable qu'il augmente ou qu'il diminue quelque chose. Si l'augmentation et la diminution s'avèrent impossibles, que l'on substitue une chose à une autre. Il résulte de tout cela qu'un même vers peut être mis dans le moule de plusieurs rythmes et de diverses mélodies.

(1) L'auteur va passer maintenant en revue toutes les possibilités de modification d'un modèle donné. La première est celle où, le mètre du nouveau poème étant le même que celui de l'original, il en résulte que l'étendue des vers, le nombre et la composition de leurs éléments sont semblables. On conçoit donc facilement l'adaptation de la mélodie originale au nouveau poème. En outre, le changement de rythme mentionné suffit pour conférer au nouveau chant un caractère différent.

(2) *Dastān* « touche » ou « ligature » s'emploie aussi comme équivalent de mode ou de système (voir Introduction, p. 18). Il semble que le passage en question indique une modulation et non pas une transposition. Les termes techniques *mazmūm*, *maḥṣūr*, etc., seront étudiés par l'auteur dans le chapitre XXXII (voir aussi notre commentaire dans l'Introduction, p. 18-24).

(3) Les mots *hāḏā lā yumkin* ne présentent pas une suite logique avec la phrase suivante. Il faudrait lire soit *hāḏā yumkin* soit *hāḏā lā yumkin illā*.

(4) Tandis que plus haut (voir n. 2) il était, semble-t-il, question de changement de modes, ici, il ne s'agit que d'une métabole impliquant le changement de genres.

Isḥāq al-Mawṣilī dit : « Si, de deux musiciens mis à l'épreuve d'une compétition musicale, le plus averti craint, après avoir entendu son rival chanter, de ne pas être en mesure d'égaler son interprétation, s'il sait que le chant se prête à un autre rythme, il doit modifier le rythme sur-le-champ. S'il ne peut le faire, qu'il change la quantité du rythme en passant d'un mouvement accéléré *(ḫaṯṯ)* à un mouvement posé *(ğins)* (1) ou vice versa et qu'il chante en appliquant ces modifications. » Cette recommandation n'échappe pas, à mon avis, aux animaux et à plus forte raison aux hommes. Et il ajoute : « S'il le désire, il peut changer à la fois les genres des
167 rythmes // et leurs quantités. Ainsi, pourra-t-il une fois accélérer, une autre fois ralentir, donner tantôt au rythme la forme du mode *lourd*, tantôt celle du *léger*, du *ramal* et du *hazağ* (2). S'il agit de la sorte, il vaincra son rival. » Ce propos de Isḥāq encouragea certains artistes à des audaces aveugles sous le prétexte de s'en remettre à ce qu'il avait énoncé. Quant à son propos : « il peut changer les genres des rythmes et leurs valeurs en même temps », cela est, à mon avis, une chose bien difficile, si bien que lorsque quelqu'un s'y hasarde, on dira de lui qu'il est fou et qu'il a perdu la raison. En somme, Isḥāq a mis de la confusion dans son propos et il y a insisté ; de plus, il a omis de citer les modifications que les rythmes peuvent subir.

Il arrive qu'un musicien habile incline par son ingéniosité telle ou telle mélodie vers un genre qui n'est pas le sien, qu'il y excelle, et que la mélodie ainsi modifiée produise un effet agréable. Le musicien sera en mesure d'agir ainsi en se référant aux mélodies célèbres, en cherchant à connaître la manière de chaque musicien appliquée dans le genre de mélodies qui lui est propre. En effet, chacun possède un style particulier par lequel il se
168 distingue et qui est connu comme étant le sien. Si bien qu'un auditeur suffisamment exercé et doué de pénétration, entendant un chant de ce style, le saisira sans peine. De même il saisira ce qui se présente des mélodies modernes et il saura d'où elles dérivent et quelle est la manière qu'elles emploient. A ce propos, j'ai assisté à une séance où un chanteur interprétait le chant :

« Plus d'une fois j'ai exténué mes chameaux pour toi ;
je les ai forcés à parcourir un désert aride, alors qu'ils succombaient sous leur [charge. »

(1) Les deux termes *ḫaṯṯ* et *ğins* sont expliqués par al-Fārābī dans la section relative à la rythmique ; cf. *M.*, fol. 158 ; Erl., II, p. 31. *Ğins* (litt. « genre ») pourrait correspondre à la forme fondamentale du rythme. *Ḫaṯṯ* serait la variante qui résulte de l'allègement du rythme, par l'introduction de percussions légères.

(2) Voir p. 156-157, 159 du ms.

Or, je ne l'avais jamais entendu. Cependant, les assistants le trouvèrent beau. On me demanda quel était mon avis. « Il est beau, dis-je, mais sa mélodie est nouvelle. » Ayant cherché des renseignements le concernant, nous apprîmes que son auteur était en effet celui qui venait de le chanter. Une chose pareille ne saurait donc échapper à celui à qui on présente un chant (1).

On racontait que 'Abd Allāh b. Ṭāhir al-Mus'abī (2), grâce à son habileté dans cet art, avait attribué un chant de sa propre composition à Mālik b. al-Samaḥ (3). Par la suite, plusieurs artistes l'apprirent sous le nom de Mālik. Enfin, un jour, ce chant fut exécuté devant al-Ma'mūn alors que 'Abd Allāh était présent et on disait qu'il était l'œuvre de Mālik; 'Abd Allāh fit alors connaître à Isḥāq, qui y assistait lui aussi, que le dit chant était de
169 sa propre composition. Après l'avoir cherché en vain dans le recueil *(dīwān)* (4) de Mālik, Isḥāq admira l'habileté déployée par l'auteur dans le chant et son style. Voici le chant en question :

> « Est-ce que vous n'avez pas, (ô) Banū Ǧarm, abreuvé votre prisonnier ;
> Que ma vie soit votre rançon contre un assoiffé de vengeance ! (5) »

Quiconque pourra imiter l'exemple de tels artistes accomplis, aura atteint le plus haut degré d'art et le rang le plus élevé.

(1) Il est vrai que, dans cet exemple, l'auteur vante ses mérites, mais cela n'est qu'accidentel, car son but est d'illustrer le propos tenu auparavant selon lequel un véritable connaisseur ne se trompe pas. Par contre, l'illustration suivante montre que même un musicien de l'envergure de Isḥāq peut tomber dans le piège lorsqu'il s'agit d'une imitation parfaite d'un style quelconque.

(2) 'Abd Allāh ibn Ṭāhir (m. 230/844), fils du fondateur de la dynastie des Ṭāhirides, fut, à la cour du calife al-Ma'mūm un grand compositeur et un exécutant de talent. La famille Ṭāhir a donné plusieurs musiciens de qualité et notamment le fils de 'Abd Allāh.

(3) Mālik al-Ṭā'ī ou Ibn Abī l-Samaḥ (m. *ca* 136/754). Musicien arabe de noble descendance. Une certaine tradition le considère comme l'un des quatre plus grands chanteurs des Arabes.

(4) « Recueil » signifie ici l'ensemble des œuvres.

(5) Cette anecdote est empruntée au *Kitāb al-Aġānī* où elle est racontée avec plus de détails : *Aġ.* XI, p. 16-17.

chapitre XXXI

LES CORDES (1)

Les cordes qui sont tendues produisent un son aigu, les cordes qui sont détendues produisent un son grave. De même, les cordes qui sont minces engendrent à la fois un son aigu et la rapidité, c'est-à-dire la rapidité du mouvement, tandis que celles qui sont épaisses engendrent un son grave et la lenteur, à cause de la rapidité du mouvement des unes et de la force avec laquelle ce mouvement traverse et perce l'air, contrastant avec l'épaisseur des autres et la lenteur de leurs mouvements (2).

Comme, parmi les notes musicales, il y a des aiguës et des graves (3)
170 (par « aiguës » nous voulons dire légères et par « graves », lourdes), // les unes et les autres pouvant être également dures ou molles, rapides [ou lentes] (4), on leur a assigné des cordes de même nature, afin qu'elles soient parfaites et rendues de façon exhaustive et qu'elles en soient plus belles et plus parfaites. L'affaire n'est donc pas ce qu'ont pensé Isḥāq et ses disciples ; en effet, il a cru qu'une seule corde fournit suffisamment de notes pour permettre de se dispenser de toutes les autres cordes. Il a oublié et même ignoré que les cinq cordes ont été établies pour produire toutes les notes que l'homme est capable d'émettre et pour les imiter telles qu'elles sont,

(1) Ce court exposé sur certaines causes de l'acuité et de la gravité dans les sons produits par les cordes relève de l'ensemble des faits corrélatifs étudiés dans les chapitres X-XI. C'est là, en effet, qu'il conviendrait de le placer, à l'exemple de ce qu'on trouve chez al-Fārābī (*M.*, fol. 42 ; Erl., I, p. 83-84). Mais, comme la doctrine arabe relative aux modes est fondée sur l'instrument favori, le *'ūd*, l'auteur devait considérer ce chapitre comme une sorte d'introduction à l'étude particulière des modes *(ṭarā'iq)* qui fera l'objet du chapitre suivant.

(2) Par rapport aux propos d'al-Fārābī, cet exposé est moins précis, moins clair et moins complet. Néanmoins l'auteur semble insister plus que son modèle, sans pourtant aller plus loin que lui, sur cette notion capitale qu'est le mouvement vibratoire. A l'instar de son éminent devancier, il connaissait les phénomènes liés aux mouvements vibratoires. Cette question, d'ailleurs, était connue de plusieurs auteurs anciens qui, faute d'instrument adéquat, n'ont pu évaluer le nombre exact des vibrations émises par les sons.

(3) Lire *layyina*, car, dans l'explication qui suit, il est question de *layyina* comme équivalent de — *ṯaqīla*.

(4) Nous proposons d'ajouter *baṭī'a* « lentes » pour compléter le deuxième couple.

avec leur minceur, leur épaisseur, leur dureté et leur mollesse, et qu'en cela réside la perfection suprême (1).

Les cordes, telles qu'elles ont été établies par les philosophes et unanimement admises par eux pour engendrer toutes les notes naturelles que l'homme émet, sont au nombre de cinq. Le cas de cette cinquième corde, qu'il s'agisse de sa tension ou de sa proportion, est semblable à celui d'une quelconque autre corde et sa disposition n'est pas différente. Elle joue un rôle beau et remarquable dans le *'ūd* ; elle aide à parfaire les mélodies, à embellir la musique instrumentale, à multiplier les notes et à les rendre
171 dans leur totalité (2). // Si toutefois beaucoup de gens ont conçu des doutes à ce sujet, c'est à cause de leur manque d'expérience. C'est aussi à cause de leur ignorance qu'ils ont penché pour la concision, renoncé à une chose pour une autre, ajouté et retranché jusqu'à ce qu'un certain nombre de personnes se soient bornées à quatre cordes uniques et quatre touches dans leur *'ūd.* C'est là le principe qui fut connu de la plupart des anciens. Puis, d'autres eurent recours à la multiplication, ils employèrent toutes les touches et les augmentèrent, ils ajoutèrent des cordes jusqu'à en mettre trois à la place d'une seule, cherchant ainsi à renforcer les notes et la puissance de leur sonorité. Cependant, le cas moyen est celui qui est exposé plus haut et que nous sommes en train d'étudier (3). Or, si on tend ces cinq cordes selon l'accord communément admis, la note qu'engendre la première corde à vide sera pareille à celle produite par l'*index* de la troisième corde (sol_2-sol_3) et jouera le rôle de son *saǧāḥ* (4) (sa tonique) ; leur rapport sera celui de deux à un qui est le rapport du simple au double, et celle-là [la note de l'index de la troisième corde] sera le double de la note de l'annulaire de la cinquième corde (sol_4) qui se nomme *al-ḥādd.* Le rapport entre les deux
172 notes extrêmes les plus éloignées sera celui // de quatre à un (4/1) qui est celui du quadruple. La note qu'engendre chaque corde libre sera avec celle rendue par la corde suivante dans le rapport de un plus un tiers (4/3) ; elle

(1) Il est peu probable que Isḥāq ait nié la nécessité de quatre ou cinq cordes. Il a seulement pu avancer la possibilité de faire rendre à une seule corde deux octaves, ou presque, et ainsi de reconcer — mais en théorie seulement — aux autres cordes. Cette polémique fournit à l'auteur l'occasion de parler de la cinquième corde du *'ūd*, de son rôle et de ses possibilités.

(2) En effet, la cinquième corde, selon l'accord en usage commun, fournit le même nombre de notes et la même succession d'intervalles que les autres cordes. En outre, la cinquième corde, qui ne devient courante qu'à partir du Xe siècle, fut introduite, en premier lieu, pour compléter le système parfait (deux octaves, cf. fig. 4).

(3) Les cordes de renforcement n'ont rien à voir avec le sujet étudié ; si l'auteur les mentionne, c'est parce qu'il a été vraisemblablement attiré par la question de leur nombre et pour conclure que l'adoption des cinq cordes s'impose.

(4) Lire *saǧāḥihā*.

sera avec celle que produit la troisième corde dans le rapport d'un demi plus un quart (3/4) ; c'est là aussi le rapport qui se trouve entre chaque note rendue par une corde à vide et celle arrêtée au niveau de l'auriculaire. Les rapports (1) entre les notes sont nécessairement, soit dans le rapport du même au même comme celui de la note de l'auriculaire d'une corde et celle de la corde libre suivante (2), soit du double comme celui qui est entre la note de l'index de la première corde (la$_2$) et celle de l'annulaire de la troisième (la$_3$), la note de l'index de la deuxième corde (ré$_2$) et celle de l'annulaire de la quatrième (ré$_3$), la note de l'index de la troisième corde (sol$_3$) et celle de l'annulaire de la cinquième (sol$_4$), la note de la première corde à vide (sol$_2$) et celle de l'index de la troisième (sol$_3$), la note de la deuxième corde à vide (do$_2$) et celle de l'index de la quatrième (do$_3$), la note de la troisième corde à vide (fa$_2$) et celle de l'index de la cinquième (fa$_3$), la note du médius des Perses de la première corde (si♭$_2$) et celle de l'auriculaire de la troisième (si♭$_3$) et aussi celle de la quatrième corde à vide (si♭$_3$), la note du médius des Perses de la deuxième corde (mi♭$_2$) et celle de l'auriculaire de la quatrième (mi♭$_3$), qui est celle rendue par la cinquième corde à vide, la note du médius Zalzal de la première corde (si𝄳$_2$) et celle de la deuxième voisine de la quatrième (si𝄳$_3$), la note du médius
173 Zalzal de la troisième corde (la𝄳$_2$) et celle de la première voisine // de la première (la𝄳$_3$), et de même [le médius Zalzal] de la [cinquième] corde (sol𝄳$_4$) avec celle de la première voisine de la troisième corde (sol𝄳$_3$).

Tous ces intervalles se nomment les consonances les plus parfaites. Il y a aussi le rapport du même plus la moitié (3/2) comme celui qui est entre la note de chaque corde libre et celle de l'index de la corde qui vient à sa suite.

La consonance du premier rapport s'appelle : la consonance (3) du tout plus le tiers du tout (4/3) ; c'est le groupement à quatre notes ainsi que

(1) Le début de cette phrase : *wa-lammā kānat al-sabābāt* « étant donné que les *index...* » est une erreur évidente. Tenant compte du contexte, nous proposons la lecture suivante : *wa-kānat al-asbāb* « les rapports sont... », ou bien *wa-kānat al-munāsabāt* (à peu près la même chose). La suppression de *lammā* « étant donné que » s'impose, car cette subordonnée n'est suivie à aucun moment d'une proposition principale.

(2) Les deux notes mentionnées sont, en effet, identiques et elles sont représentées par le même rapport (4/3) ; mais il ne s'agit pas du tout d'un rapport d'égalité entre deux nombres (2/2 par ex.) qui est dit le « rapport du même au même ». Malheureusement, ce n'est pas la seule difficulté dans ce paragraphe qui expose les consonances parfaites. La partie qui suit l'énumération des octaves comprises dans l'échelle du *'ūd* est fort confuse et incohérente.

(3) Litt. « et la consonance ». En supprimant la conjonction, nous obtenons une lecture plausible, mais nous nous heurtons alors à d'autres difficultés. « Le premier rapport », c'est-à-dire ici la « quarte », n'a pas été mentionné auparavant .Comme le second rapport, dont il est question

nous l'avons dit ailleurs. Le second s'appelle : la consonance de « l'intervalle du tout » (octave). Dans le premier cas, on entend par le « tout », toute la corde ; dans le second cas, toutes les notes consonantes, c'est-à-dire celles dont les extrémités s'accordent entre elles, car le rapport dans le cas présent traduit la consonance de deux notes qui forment les bornes du système. Et cette consonance de « l'intervalle de cinq notes » ne s'écarte pas de ces rapports consonants.

Il a été admis et établi chez eux (1) qu'un animal ne peut pas commencer une modulation (un son) (2) ayant une valeur d'acuité et de gravité, puis aboutir au-delà de la moitié de sa moitié qui coïncide avec la touche de l'annulaire de la cinquième corde (sol_4) étant donné que celle-ci correspond à la moitié de la moitié de la note engendrée par la première
174 corde libre, // ou bien du double du double de la note initiale, lorsqu'on prend comme point d'aboutissement la note de la première corde à vide (sol_2) et lorsqu'on opère à partir des aiguës. Puis (3), ils cherchèrent à réaliser cette étendue sur les instruments. A cet effet, ils eurent besoin de la moitié de la cinquième corde pour produire la moitié de la moitié (1/4) et le double du double (4/1) qui sont le *ṣiyāḫ* du *ṣiyāḫ* et le *sağāḫ* du *sağāḫ* (4). Les praticiens se contentent souvent de quatre cordes.

Il existe plusieurs manières d'accorder [*un ʿūd*], mais la plus usuelle et celle dont en général on tire parti est celle où la note de l'auriculaire de chaque corde est identique avec celle que rend la corde libre se trouvant immédiatement à sa suite. On commence par le *bamm* parce qu'elle est la première des cordes et parce que la note qu'elle émet est la première, la plus grave et la plus grande. Il arrive aussi que l'on attribue la qualité de grandeur aux notes aiguës, à cause de la grande propagation du son. Cela n'altère pas le sens que nous avons assigné au mot grandeur, car celui qui l'emploie dans le dernier sens entend la propagation du son et sa puissance, tandis que celui qui parle de grandeur au sujet des notes graves, entend
175 la grandeur du rapport.

ici, est l'octave, il faut admettre que la consonance de quarte fut mentionnée avant celle de l'octave (ce qui est quelque peu étrange). Par conséquent, de deux choses l'une : ou bien le paragraphe comporte une lacune, ou bien il faut considérer la phrase concernant le rapport d'égalité comme altérée, c'est-à-dire que, dans sa conception originale, elle aurait exprimé le rapport *sesquitierce*.

(1) A sous-entendre « chez les auteurs de l'Antiquité ». En effet, la limitation de l'*ambitus* de la voix humaine à deux octaves, dont il est question par la suite, est un fait sur lequel plusieurs auteurs anciens sont d'accord ; voir A. Auda, *Les gammes musicales*, p. 16.

(2) Littéralement un son *(ṣawt)*. Il faut sous-entendre « commencer une mélodie sur une note donnée ».

(3) Lire *wa-staḫrağū*.

(4) Autrement dit, les deux extrêmes du système complet.

Une fois cet accord établi, il arrive qu'on fasse rendre à la première corde libre une note identique à celle de la troisième corde libre (fa_2), lorsqu'il s'agit des modes *(ṭarā'iq)* dits *muṭlaq* ; par là on cherche à renforcer les notes [principales] et à leur donner plus d'ampleur. De même, on tend parfois cette même corde de façon à ce qu'elle rende une note identique à celle du médius de la troisième corde (la$\flat_3$), lorsqu'il s'agit des modes dits *maḥmūl*, pour les raisons précitées ; on la fait encore rendre une note identique à celle de l'annulaire de la troisième corde (la_3) dans les modes dits *maḥṣūr*, encore pour les mêmes raisons (1). Néanmoins, cela n'est pas tout à fait indispensable.

chapitre XXXII

LES NOMS DES MODES (2)

Nombreuses sont les divergences des gens à propos des modes *(ṭarā'iq)* qu'ils qualifient de termes qu'il serait trop long de commenter. On rattache la plus grande partie des modes aux « doigts » et le reste aux « touches ». Les espèces (3) les plus en usages sont celles que l'on attribue aux quatre doigts : le *muṭlaq* est associé à l'auriculaire (4), le *mazmūm* à l'index,
176 le *maḥmūl* au médius, soit celui de la première touche *(médius perse) //*, soit celui de la seconde (médius Zalzal), et le *maḥṣūr* est associé à l'annulaire. Chacune de ces espèces est plus aiguë que celle qui la précède.

(1) Avec les quelques lignes qui terminent le chapitre nous pénétrons subitement dans l'univers bien complexe des modes qui fera l'objet du chapitre suivant. Étant donné les difficultés que soulève l'étude des modes et la grande importance de cette question épineuse, nous lui avons consacré un long paragraphe dans l'Introduction (p. 18-24). Nous pouvons néanmoins retenir de ce passage le fait que la modification de l'accord usuel du *'ūd* a pour but la mise en valeur des degrés principaux des modes donnés.

(2) Voir Introduction p. 18-24.

(3) Le mot « espèce » ici est employé comme équivalent de « système » et il s'agit vraisemblablement des espèces de quartes, cadre mélodique chez les Arabes. Ceci indique que les termes cités par la suite désignent, non seulement les points de départ des systèmes, mais aussi les successions d'intervalles à l'intérieur de chaque système et peut-être d'autres conventions ayant trait à l'univers modal, que malheureusement, l'auteur ne mentionne pas.

(4) *Muṭlaq* désigne la corde libre et la note émise par elle. L'auteur explique plus bas pourquoi il l'associe à l'auriculaire.

La plus grave est le *muṭlaq*; celles qui viennent à sa suite sont plus aiguës (1).

Le *muṭlaq* est ainsi appelé parce qu'il contient les notes qu'engendrent les cordes libres et leurs pareilles. En effet, on appelle souvent une chose par le nom de ce qui lui est pareil, semblable et voisin. C'est la raison pour laquelle on attribue le *muṭlaq* à l'auriculaire (2). Le *mazmūm* est ainsi appelé parce qu'il correspond à la première note que l'on serre sur la corde ; il est associé à l'index. Le *maḥmūl* est ainsi appelé parce qu'il ressemble à une chose portée entre deux autres ; c'est comme s'il était porté entre le *muṭlaq* et le *mazmūm* (3). La note qui lui est associée est celle du médius. Le *maḥṣūr* est ainsi nommé parce que le son correspondant y est pressé et puissant. La touche qui lui est associée est celle de l'annulaire. Il m'est arrivé de voir des gens qui appelaient ce qui est associé au médius, *maḥmūl premier* et *maḥmūl second* pour différencier les deux médius, désignant ainsi par *maḥmūl* premier ce qui est sur la touche du premier médius et par *maḥmūl second* ce qui est sur la deuxième touche du médius. D'autres appellent également *maḥmūl* ce qui est sur l'annulaire (4).

177 Le procédé qui convient le mieux dans ce cas est le suivant (5) : si les notes des cordes libres et leurs voisines, je veux dire celles des auriculaires, sont fréquentes dans un mode, on leur attribue ledit mode. Il n'est donc pas nécessaire de parler des auriculaires, étant donné que les notes des auriculaires sont identiques à celles que rendent les cordes libres ; on confond

(1) En prenant comme point de référence la fin du précédent chapitre, nous pouvons établir que la note principale du *muṭlaq* sera fa$_2$ (par ex.), celle du *mazmūm*, sol$_3$, celle du *maḥmūl*, la ♭$_3$ ou la 𝄳$_3$; celle enfin du *maḥṣūr* sera la$_3$.

(2) L'auteur fait allusion à l'accord usuel, selon lequel la note produite par l'auriculaire de chaque corde est identique avec celle que fournit la corde libre se trouvant immédiatement à sa suite. Il s'ensuit que l'on peut assimiler et identifier les espèces de l'auriculaire et celles du *muṭlaq* qui ne forment, en réalité, qu'une seule et même espèce. En effet, dans la terminologie ancienne, *mazmūm* est le terme qui désigne la note de l'index.

(3) Le *maḥmūl*, qui correspond à la « note du médius », se place logiquement entre le *mazmūm* et le *maḥṣūr*, autrement dit, entre les notes de l'index et de l'annulaire. Mais, en assimilant le *muṭlaq* à l'auriculaire, comme l'auteur le fait, le *maḥmūl*, ou le troisième degré, sera en effet placé entre l'index (deuxième degré) et le *muṭlaq* (quatrième degré) ; le *maḥṣūr* (tierce majeure à partir du *muṭlaq* — corde libre) n'est qu'une variété du troisième degré. Cela sera conforme à la tradition que l'auteur rapporte plus bas et qui dit que certains appellent, également, *maḥmūl* ce qui est sur l'annulaire.

(4) C'est probablement parce que l'annulaire représente avec les médius les variations du troisième degré mobile de la quarte.

(5) Cette phrase se rapporte au cas évoqué par la suite, à savoir celui de l'assimilation de l'auriculaire au *muṭlaq*. L'enchaînement n'est pas très heureux, mais il se peut qu'il y ait une lacune.

donc, dans le discours, les deux manières d'obtenir ces notes à cause de leur parenté.

Nous estimons, pour notre part, que l'index s'introduit obligatoirement dans toutes les mélodies (modes) parce que sa note reste toujours invariable et parce que les genres des mélodies ne sont connus que sous trois aspects que l'on attribue aux deux médius et à l'annulaire (1). Or, l'espèce qui renferme le médius des Anciens en prend le nom ; celle qui renferme l'annulaire en prend le nom, et ceci, à condition que la note en question soit prédominante dans la mélodie (2). L'expérience enseigne qu'aucune mélodie ne peut se passer de l'un de ces trois genres. Cette opinion est comparable à la théorie sur les sens des Physiciens. En effet, ces derniers en comptent quatre et négligent le cinquième parce qu'il est commun aux
178 quatre. // Ils retiennent donc : la vue, l'ouïe, le goût et l'odorat. Ils négligent le sens du toucher et s'en passent parce qu'il est commun à tous les sens et leur ressemble (3). Je néglige donc la note de l'index dans chaque mélodie et je m'en passe parce qu'elle est commune à toutes les mélodies. Les autres notes, c'est-à-dire les deux médius et l'annulaire se nomment les *maǧārī* « courses » ou « voies ». Dire médius et annulaire ou touche des deux médius et touche de l'annulaire, revient au même ; les deux dénominations sont équivalentes. Quand s'associent dans une mélodie deux de ces trois choses, c'est-à-dire deux touches, la mélodie — je veux dire sa composition (4) — sera dite perturbée.

Quand on baisse la note de l'index et qu'on la remplace par celle de la voisine, ce procédé est appelé *al-taǧnīb*. Dans ce cas la mélodie reste

(1) Cela relève de la théorie du *maǧrā* « voie » ou « course » dont il sera question plus particulièrement à la page 183 du ms. Le système modal des Anciens, issu de cette théorie, était basé sur l'échelle fournie par les cordes du *'ūd* accordées à la quarte. Sur ces cordes disposées pareillement, les notes sont fournies par les cordes libres, les touches de l'index (9/8), les touches de l'annulaire (81/64), de l'auriculaire (4/3) et l'une des touches du médius (32/27 pour le médius des Anciens et 27/22 pour le médius de Zalzal). Les notes du médius et de l'annulaire ne doivent jamais se rencontrer dans une échelle modale. Partant de ce principe, et mises à part les bornes fixes de la quarte, la note de l'index est en effet commune à tous les aspects que l'on obtient. Autrement dit, elle constitue un degré fixe, contrairement à ceux des médius et de l'annulaire qui sont mobiles.

(2) La prédominance et la fréquence de la note principale d'un mode est un élément extrêmement important de la pratique modale. Cela confirme aussi ce que nous avons suggéré *supra*, p. 159, n. 3.

(3) On se souvient qu'au chapitre IX, p. 71, l'auteur a omis le sens du toucher pour faire correspondre le nombre des sens à celui des aspects de quintes. En supprimant cette fois-ci le toucher, il fait appel à une théorie des physiciens qui semble être fantaisiste. Nous croyons, pour notre part, que l'auteur confond ce qu'il appelle ici *ḥiss muštarak (sensum commune)* avec l'une des facultés de l'âme qui porte ce même nom. Voir à cet effet chap. IX, p. 70, n. 7 ; 71, n. 1.

(4) Voir *supra*, n. 1.

telle qu'elle est et n'est affectée que par le remplacement d'une note par une autre. Si, cependant, on emploie dans toute la mélodie, à la place de la note de l'index, la note voisine, la mélodie gagnera en mollesse et sera appelée *muğannab* (1). Cela est mon opinion.

Le *mazmūm* amolli est associé à la voisine de l'index. Dans cette espèce se succèdent la touche de la voisine de l'index, la touche du médius
179 perse // et la touche du médius de Zalzal sur une même corde (2). Ce *mazmūm* est appelé amolli parce que, lorsqu'on emploie le premier *mazmūm* sur la quatrième et la troisième cordes, et celui-ci sur la deuxième et la première cordes (*bi-marr?* mot obscur), il vient à l'esprit quelque chose de son effet qui s'entend pareillement, mais celui-ci, qui est du côté supérieur (c'est-à-dire le côté des notes graves), est plus grave parce qu'il se situe à un point plus grave ; il sert de *sağāḥ* (note inférieure d'une octave) à la dite note aiguë. On l'appelle souvent la voisine du médius ainsi que je l'ai entendu de plusieurs personnes. La voisine du médius est en vérité la touche qui se situe entre la touche de l'index et celle du médius des Anciens appelé médius des Perses (3).

En ce qui concerne la possibilité d'employer indifféremment la touche du médius des Anciens ou celle de la voisine du médius suivie le plus souvent (4), dans certaines mélodies, du médius de Zalzal, elle recouvre aussi une forme de substitution ; la note de cette touche, je veux dire celle du médius
180 des Perses ou celle de la voisine du médius, remplace la note // de l'index, quand on cherche à la rendre plus forte et légèrement plus aiguë. Cela est considéré comme agréable dans les mélodies qui s'y prêtent, dont les principales appartiennent aux modes *muṭlaq* (5). La voisine du médius

(1) Il s'agit dans un cas d'une altération accidentelle et dans l'autre d'un nouveau système ou mode, comme par exemple : sol-la-si-do, qui devient sol-la♭-si (ou si♭)-do.

(2) Ce passage concernant le *mazmūm* amolli est malheureusement bien défectueux et énigmatique. D'abord, l'auteur ne précise pas laquelle des deux voisines de l'index sert de point de départ à ce mode, nous avons donc le choix entre :

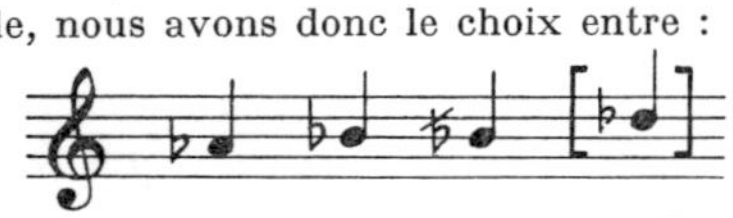
et
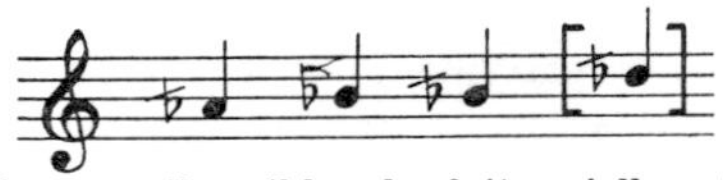

Ensuite, la troisième ligne de la page 179 du ms. est incompréhensible, du fait qu'elle est altérée ; cela rend hasardeuse toute tentative d'élucidation.

(3) Celle-ci est à un intervalle de 8/7 de la note engendrée par la corde libre, selon la définition donnée à la page 87.

(4) Lire *fa-ġāliban*.

(5) Parmi les modes décrits par Avicenne, il y en a un qui ressemble à celui que l'auteur vient d'évoquer et que certains appellent *mu'allaq* « suspendu » selon ce qui est dit à la ligne suivante : voir ERL., II, p. 242.

n'est donc que le médius des Perses (1). J'ai entendu des gens qui appellent ce mode *muʿallaq* « suspendu ».

En ce qui concerne le mode [rythmique] connu sous le nom de *māḫūrī* (2), il est assimilé par la plupart des gens de notre époque au *lourd-second* allégé ; cela est en effet juste, mais en réalité le procédé du *tamḫīr* est applicable à tous les modes ; toutefois, comme il s'était avéré que ce procédé convenait mieux à certains modes rythmiques qu'à d'autres, il y fut fréquemment appliqué, d'où il devint d'un usage commun. Le procédé du *tamḫīr* consiste généralement à éliminer certaines percussions du mode rythmique et, dans la plupart des cas, à supprimer certaines percussions fondamentales et simples du rythme, ou à les alléger et les accélérer par des percussions très légères et furtives, en faisant ressortir les percussions fondamentales et les pauses. Comme le procédé était employé fréquem-
181 ment par les praticiens // dans le *lourd-second* et son léger, il leur fut associé.

En ce qui concerne le mode dit *muḫālif*, c'est celui dont les cycles sont différents, je veux dire les cycles de son rythme ; et toi, si tu l'entends, il ne t'échappera point. Il s'agit de faire en sorte que les percussions de l'un des deux cycles soient différentes de celles du second, en nombre et en composition. Étant donné qu'il s'applique le plus souvent au *ramal* et au *hazaǧ*, et qu'alors il est d'un effet agréable, il leur fut associé. Toutefois ce procédé est applicable à tous les modes, et il leur est en effet appliqué, mais les praticiens ne se sont pas aperçus de ce phénomène parce qu'ils ne lui ont pas prêté attention et qu'ils ont porté tout leur intérêt sur la première possibilité, en excluant toutes les autres. Parfois, certaines personnes intitulent *muḫālif* le *ramal* et le *hazaǧ* dotés du *taǧnīb* (3). Cela est sans fondement.

Bref, il ne faut appliquer le terme mode que lorsqu'il correspond à ses notes d'arrêts *(maqāṭiʿ)* ou à sa note initiale. Quant aux usages particuliers des

(1) Cette assertion met l'auteur en contradiction avec lui-même.

(2) Ce passage inopiné aux modes rythmiques et l'emploi du terme *ṭarīqa* à leur propos confirment ce que nous avons dit dans l'Introduction (p. 17-18), à savoir que le système modal englobe à la fois les faits mélodiques et les faits rythmiques. En ce qui concerne le *māḫūrī* et le procédé du *tamḫīr*, étudiés dans ce paragraphe, l'auteur suit, de très près, le modèle d'al-Fārābī dans son explication : *M.*, fol. 165 ; Erl., II, p. 48.

(3) Le *taǧnīb* est un procédé relatif aux mélodies ; il consiste à baisser la note de l'index et à l'utiliser sous forme d'altération dans la mélodie. Dans le cas présent, il s'agirait d'un mode *(ṭarīqa)* où l'échelle comporte les notes de la touche voisine et dont le rythme est *ramal* ou *hazaǧ*. Au terme de l'épître sur la musique *al-Šarafīyya* de Ṣafī al-Dīn, se trouve un exemple noté de *muǧannab al-ramal* : voir Erl., II, 1re partie, p. 182.

182 termes que l'on trouvera par-ci par-là //, ils ne relèvent pas de la notion du mode (1).

Ce que nous venons de rapporter au sujet des modes est tout ce qu'il était possible d'en dire.

Le *surayğī* a trait à un aspect particulier de la musique d'Ibn Surayğ dans lequel celui-ci se distingua à son époque, aspect qui, par conséquent, fut attaché à son nom. Si donc dans une mélodie se produisent des notes (formules) semblables à celles qui sont propres à Ibn Surayğ, on les lui attribuera et, pour cette raison, on dit [de cette mélodie] qu'elle est *surayğī*. Toutefois, on ne devrait utiliser ce mot que pour ses propres mélodies et il faudrait employer le terme *musarrağ* pour les autres cas. Ce dernier doit être attribué à la mélodie et aux notes qui sont conçues à sa manière, de même que l'on attribue le *māḫūrī* aux rythmes et percussions qui empruntent ses caractéristiques. En effet, s'il fallait attribuer un mode à Ibn Surayğ en se référant à ses mélodies, il faudrait en attribuer un autre à Ma'bad, qui se réfère à ses mélodies et à son style, un autre à Ġarīḍ et à tous ceux qui possèdent un style musical propre ; on les appellerait en l'occurrence *ma'badī* et *ġarīḍī* de la même façon qu'on dit *surayğī* (2).

En ce qui concerne les expressions qu'utilisaient Ibrāhīm, Isḥāq et leurs disciples, telles que *mazmūm* « dans la course (ou en voie) de l'annulaire » et « dans la course du médius », elles sont dues à la manière de voir de leur
183 temps. // C'étaient en effet Ibrahīm et Isḥāq qui leur avaient donné ces noms. La « course » (ou la « voie » = *mağrā*), selon l'opinion d'Isḥāq, se rapporte soit à la touche du médius, soit à celle de l'annulaire. Lui-même dit dans son livre que la musique comporte deux courses dans chaque tétracorde *(ṭabaqa)* dont l'une a trait au médius et l'autre à l'annulaire ; c'est ce qu'il dit textuellement. Il soutient aussi que l'index est commun aux deux courses et que cela s'apprend par l'instinct et l'exercice et non pas par l'étude et la démonstration rationnelle. Il dit que le tétracorde sera attribué à celle des deux touches qui est employée comme « course » (3). Le goût d'Isḥāq à ce propos est sans défaut, mais les « courses », chez nous,

(1) La dernière phrase est peu claire.

(2) Cette mise au point est bien intéressante, car elle donne l'impression que l'auteur est à cheval entre deux conceptions : celle des Anciens qui liait la pratique modale à l'élaboration des formules mélodiques issues des styles particuliers des grands musiciens de jadis, ou d'autres mélodies largement répandues, et celle qui tendait à systématiser les modes en insistant de plus en plus sur l'aspect des systèmes ou des échelles modales. L'auteur ne repousse pas la première conception, mais il semble dire que dans le cadre des systèmes représentés par les *ṭarā'iq* — lesquels sont en nombre limité — on peut emprunter telle ou telle manière sans aller jusqu'à assigner à chaque formule le terme de *ṭarīqa*.

(3) Voir *supra*, p. 161, n. 1.

sont au nombre de trois parce que lui ne compte qu'un seul médius. S'il a considéré que l'un pouvait remplacer l'autre, alors, c'est une chose que l'on peut admettre (1).

En ce qui concerne les modes rythmiques *ramal* et *lourd-premier* (2), on raconte que ce fut Ibrāhīm qui leur donna ces noms. Quant aux
184 Anciens, ils connaissaient le rythme // à un temps qu'ils considéraient comme *ramal*, le rythme à deux temps qu'ils considéraient comme *lourd-premier*, le rythme à trois temps qu'ils considéraient comme *lourd-second* et le rythme à quatre temps qu'ils considéraient comme le *hazağ*. Plus le nombre de percussions augmente, plus celui des temps croît.

Nous venons de rapporter là un ensemble de renseignements utiles.

Les Anciens connaissaient également les notions rythmiques : lourd, moyen, accéléré, rythme à cycles différents, [rythme] symétrique, et les modifications par élimination ou par redoublement (3).

chapitre XXXIII

LA QUALIFICATION DU CHANTEUR-MUSICIEN

Il faut choisir, pour l'enseignement de cet art, l'homme qui a atteint le plus haut degré de perfection musicale (4). Il est en effet rare de trouver une personne qui, tout à la fois, possède à fond la science de la musique, ait des dispositions musicales naturelles, et soit dotée d'une voix claire et belle, émettant de son gosier des notes qui ne seront ni imparfaites *(nāqiṣa)*,

(1) Il ressort de ce paragraphe que l'auteur accepte, à une variation près, la théorie du *mağrā*, mais il n'est plus d'accord sur la terminologie relative au système modal.

(2) Voir chapitre XXVIII, p. 145, n. 1-2.

(3) Voir p. 142.

(4) Il est significatif que l'auteur commence et termine ce chapitre par des faits qui relèvent plutôt de l'éducation musicale, sujet auquel il reviendra ultérieurement. Ce faisant, l'auteur souligne le rôle déterminant que joue un maître parfait dans la formation du futur musicien de qualité. L'élève reflète l'image de son maître ; il hérite de ses qualités et de ses défauts, de là l'importance du choix du maître. Il va de soi que cela n'est valable que si l'élève possède des dispositions naturelles. Il ne faut pas oublier non plus que dans cet enseignement exclusivement oral, l'imitation d'un modèle est cruciale, aussi bien dans le domaine de l'interprétation que dans celui de la composition (cette question sera évoquée plus bas dans ce même chapitre). Le débutant imite donc tout d'abord l'exemple de son maître avant d'acquérir son indépendance artistique.

ni étranglées *(munqaṭi'a)* (1), ni désagréables à entendre (2). De plus, cette personne doit avoir fréquenté les artistes accomplis, suivi leur enseignement,
185 connu leurs méthodes et leurs // styles, passé une grande partie de son temps en leur compagnie et enfin avoir dépassé l'âge de la jeunesse. En effet, on ne peut tirer aucun profit musical d'un jeune parce qu'il est en plein épanouissement et, de ce fait, inconstant, change souvent d'avis et passe d'une méthode à une autre, ne pouvant déceler ce qui est absolument juste. Il est rare donc que l'on puisse tirer un quelconque profit d'un jeune homme. Il serait plus avantageux pour lui de rendre correctement la musique à condition de l'avoir apprise chez un maître accompli et d'avoir une excellente nature.

On considère comme musicien parfait celui qui s'émeut et qui émeut [son auditoire], qui pratique le chant, qui l'interprète, qui imite, qui retient et transmet la tradition et qui, enfin, sait raisonner sur tout ce qu'il fait. De tels artistes sont fort rares. On raconte qu'on n'a vu que trois musiciens ayant réuni à la perfection toutes les conditions précitées, ce sont : Ibrāhīm b. Maymūn (al-Mawṣilī), 'Allūya (ou 'Allāwaya) (3) et Isḥāq al-Mawṣilī. Ce dernier était le plus savant des trois mais il avait la voix la moins belle (4).

On dit que le musicien le plus parfait est celui qui est doté d'une belle voix. On dit également que c'est celui qui possède les quatre qualités
186 suivantes : la disposition naturelle, la maîtrise, la tendresse (« expression » ou « sensibilité ») et le savoir. Privé de l'une de ces quatre qualités, l'artiste ne sera qu'aux trois-quarts excellent ; privé de deux, il sera demi-excellent ; privé de trois, il sera un quart d'excellent ; s'il n'en possède aucune il ne sera point excellent du tout. Ces qualités, à presque toutes les époques, ne se retrouvent, toutes ou à peu près, que chez les femmes, et, lorsqu'une femme les réunit toutes, elle est, à mon avis, mille fois excellente. Le talent de la pratique musicale est plus éminent chez les femmes, plus durable et plus

(1) *Nāqiṣ* signifie « diminué, amoindri, imparfait, incomplet, défectueux », etc. Dans ce contexte, ce terme est ambigu ; il peut se rapporter soit à la justesse des notes, soit à leur puissance, soit à leur timbre. Comme *nāqiṣ* et le terme voisin *munqaṭi'* sont, à la page 167 presque identifiés et opposés à *zawā'idī* « voix trop timbrée et épaisse », comme, d'autre part, *qaṭī'* est opposé à *aǧašš* « voix grasse » (définie comme « celle d'un chanteur suffoqué, incapable de chanter les notes jusqu'au bout » p. 175), il semble que les deux termes en question désignent une voix « serrée », dont l'émission est faible et impuissante, et dont les notes ne se soutiennent pas jusqu'au bout. C'est donc à la fois une question de puissance et de timbre.

(2) Le mot n'est pas très clair ; on peut lire, soit *munbašay'a* « désagréables », soit *munša'iṯa* « dispersées » ; cette dernière propriété est mentionnée parmi les qualités vocales (p. 195 du ms.).

(3) 'Allūya ou 'Allāwaya (m. pendant le règne du calife al-Mutawakkil 232-46/ 847-861) grand musicien, élève d'Ibrāhīm al-Mawṣilī.

(4) « Il n'y avait rien à reprocher à Isḥāq sauf sa voix... » (*Aġ.*, V, p. 104, 116).

prospère. Isḥāq avait dit : « le chant est un livre que les hommes conçoivent et que les femmes rédigent » (1). Il dit d'autre part : « Si le chanteur réunit à la perfection trois qualités, il n'aura pas besoin de la quatrième ; ce sont : la transmission de la tradition et sa conservation dans la mémoire, l'imitation, et la science » (2). Il semble qu'il ait supprimé la tendresse [« expression » ou « sensibilité »], alors qu'elle est nécessaire au chanteur ; il s'en remet ainsi entièrement à ce qui n'est pas le plus utile.

Mālik b. al-Samaḥ dit : « J'ai interrogé Ibn Surayǧ sur ce que disent les gens, à savoir : un tel est dans l'erreur et un tel est dans le vrai. Il
187 répondit : le musicien qui enrichit (3) les mélodies, qui a un souffle long, qui confère de la proportion aux mesures, qui donne de l'emphase à la prononciation, qui respecte les inflexions grammaticales, qui soutient les notes longues pendant toute leur durée, qui détache distinctement les notes brèves et qui, enfin, utilise correctement les différents genres rythmiques, un tel musicien est considéré comme étant dans le vrai » (4). Mālik ajoute : « J'ai rapporté ce propos à Ma'bad qui m'a dit : s'il y avait un Coran pour la musique, il ne saurait être autrement. »

L'enseignement d'un chanteur dont la voix émet des notes imparfaites *(nāqiṣa)* et qui s'étrangle *(qaṭī)* (5) est déplorable ; ne peuvent en profiter que des élèves très forts ; cet enseignement est une source de dépravation pour les voix. De même est déplorable pour l'enseignement la voix qui émet des notes redondantes (ou trop timbrées = *zawā'idī*). C'est celle dont les notes sont surabondantes [trop épaisses] (6). Il en résulte que sa modulation, c'est-à-dire sa voix, est toujours perturbée et instable, revêt chaque jour une couleur différente et que cela induit l'élève en erreur.

(1) Cette phrase figure telle quelle chez al-Fārābī : *M.*, fol. 5 ; Erl., I, p. 11 et n. 12, p. 309. Rédiger ne signifie pas ici écrire sur papier, mais organiser et retenir de mémoire une composition dictée sous l'inspiration. En effet, nous trouvons dans le *Kitāb al-Aġānī*, une foule d'exemples où les musiciens de renom appellent les musiciennes aux moments d'inspiration, même pendant la nuit, et leur dictent, fragment par fragment, les œuvres qui hantent leur esprit : voir Maqqarī, *Analectes*, II, p. 86.

(2) Isḥāq dit à propos d'Ibrāhīm b. al-Mahdī : « Il n'a ni *riwāya*, ni *ḥikāya*, ni *dirāya.* » (*Aġ.*, V, p. 119). Ce sont en effet les mêmes termes que l'auteur rapporte au nom d'Isḥāq.

(3) Lire *yušbi'*.

(4) Voir *Aġānī*, I, p. 125.

(5) Voir *supra*, p. 166, n. 1.

(6) *Zawā'id* est le pluriel de *zā'ida* « addition, supplément » ; le suffixe (iyyun) est, en fait, un adjectif corrélatif : « redondant », « pourvu de supplément ». *Zawā'idī* sera donc : la voix qui émet des notes redondantes. Toutefois, cet adjectif ne traduit pas la pensée exacte de l'auteur et il semble qu'il faille interpréter *zawā'id* comme « notes timbrées démesurément ». De plus, *zawā'idī* semble être le contraire de *nāqiṣ* et *qaṭī'* (voix qui émettent des notes imparfaites, minces, serrées ou même étranglées).

Yaḥyā b. Ḫālid, me semble-t-il, s'informa auprès d'Isḥāq au sujet d'un chanteur et le consulta à son propos. « Il chante bien, lui dit Isḥāq, mais il n'est pas apte à l'enseignement. » « Pourquoi donc, demanda Yaḥyā ? »
188 « C'est parce que sa voix produit des notes trop timbrées qui ne sont pas imitables, répondit Isḥāq. »

Le chanteur en question était celui qui est connu sous le nom de *Waǧh al-qar'a* « Visage cornu » (1). Cette anecdote est rapportée par al-'Atābī et d'autres.

Celui qui est doté d'une belle voix fait profiter l'élève de la beauté de sa voix et le forme à sa manière. En effet, les voix ne demeurent pas identiques à elles-mêmes ; elles subissent des modifiactions, tantôt avantageuses, tantôt fâcheuses, sous l'effet de l'imitation ; celle-ci étant une part importante de cet art (2).

On raconte que le scribe 'Amr ibn Bāna (3), malgré la dureté de son larynx et le peu de moelleux de sa voix était le plus habile des hommes en fait d'imitation ; il apprenait un chant, puis, il en imitait l'auteur de telle sorte que, s'il s'était soustrait aux regards, l'auditeur ne se doutait pas qu'il s'agissait bien de 'Amr ibn Bāna. Il était ingénu et, en chantant, ne s'accompagnait d'aucun instrument ; sur ce point, on lui reconnaissait une supériorité qu'on n'attribuait à aucun autre.

On raconte à ce propos qu'un pleureur professionnel (ou un chanteur de charme) (4) apprit l'histoire d'un animal de mer nommé *'Arūs al-baḥr* (la Sirène) qui surgit à la surface chaque fois qu'il aperçoit des
189 voyageurs, qui apparaît dans toute sa splendeur, // avec des cheveux et une apparence humaine, et qui siffle [des chants] tels que l'auditeur ne peut s'empêcher de se précipiter vers lui ; c'est pourquoi les gens se bouchent

(1) Voir *Aġ.*, V, p. 23.

(2) La question de l'imitation a été brièvement mentionnée *supra*, p. 165, n. 4. On se souvient aussi qu'Isḥāq al-Mawṣilī la classe parmi les trois qualités essentielles du bon chanteur (p. 167). Toutes les anecdotes qui vont suivre auront pour objet d'illustrer et de mettre en évidence cette qualité primordiale (voir p. 169, 194).

(3) 'Amr b. Bāna (dans le texte, on lit Bāba, mais c'est une erreur) était l'élève d'Isḥāq al-Mawṣilī et d'Ibrāhīm b. al-Mahdī. Ce fut un bon chanteur ; mais il ne jouait d'aucun instrument et ignorait totalement l'art de l'accompagnement (*Aġ.*, V, p. 52 ; XIV, p. 52-55) ; c'est à quoi fait allusion l'auteur dans la phrase suivante.

(4) *Nāḥa* est un pluriel rare de *nā'iḥ* « pleureur ». Cela pourrait provenir du fait que l'art des lamentations funéraires appartenait plutôt aux femmes qu'aux hommes. D'après le *Lisān al-'Arab*, le *nā'iḥ* est un homme qui a le don de faire pleurer. Cela est bien différent des lamentations funéraires, car on peut faire pleurer dans le cadre d'une expression artistique, tandis que les lamentations funéraires sont fonctionnelles. L'illustration qui suit prouve qu'il s'agit bien d'une expression artistique et non pas des véritables lamentations.

les oreilles pour éviter de l'entendre. Ce pleureur prit le bateau et arriva jusqu'au dit lieu. A son approche, les voyageurs se bouchèrent les oreilles comme d'habitude et ils l'invitèrent à en faire autant. Mais lui, refusa et dit : « Attachez-moi au mât, et laissez-moi seul ! » Ainsi firent-ils. Alors, l'animal surgit, prit un air doux et siffla. Le pleureur s'évanouit pendant un moment et, en se réveillant, il put s'imaginer le chant de ces sirènes qui s'était imprimé en lui. Dès lors, il alla l'imiter dans ses lamentations et ses mélodies, et sa voix emprunta des intonations à leur chant. Par la suite, il regagna son pays et fut unique en son époque (1).

On raconte aussi qu'Ibn Ǧāmi' (2) et Isḥāq assistaient aux réunions d'al-Rašīd ; ayant une femme qu'il aimait à Médine, Ibn Ǧāmi' avait prié al-Rašīd d'ordonner au responsable de la poste de lui en apporter des
190 nouvelles // à chaque courrier adressé à Sa Majesté. C'est ainsi que des nouvelles lui parvenaient régulièrement. Un jour, Isḥāq, malgré sa bonne nature et l'excellence de son caractère, avait suggéré à al-Rašīd d'ordonner que l'on contrefasse sur-le-champ une lettre semblable à celle qui arrivait du Ḥiǧāz et que l'on y écrive l'annonce du décès de l'épouse d'Ibn Ǧāmi' afin de faire éclater l'excellence de son amour et les manifestations de sa douleur. L'ordre fut donné et exécuté ; le courrier parvint ; on brisa le sceau ; al-Rašīd lut à Ibn Ǧāmi' le nouvelle annonçant la mort de son épouse et lui présenta ses condoléances. Ibn Ǧāmi' en fut affligé et endolori. Voyant l'état dans lequel il se trouvait, le calife lui fit savoir qu'il plaisantait et l'invita à chanter. Ibn Ǧāmi' entonna alors des chants dans lesquels il exprimait la douleur qui venait de l'accabler — c'est d'ailleurs un sentiment qu'il exprimait toujours dans son chant —. Aucun de ceux qui étaient présents ne pouvait s'empêcher de pleurer. A la suite de cela, Isḥāq se mit à apprendre les chants d'Ibn Ǧāmi' et à l'imiter en adoptant sa manière ; ces chants connurent des développements extraordinaires (3).

(1) On reconnaît ici facilement les principaux faits de l'histoire bien connue d'Ulysse et des Sirènes, racontée au chant XII de l'Odyssée (éd. Garnier, p. 177-179). La variante la plus importante est celle du remplacement du héros par un pleureur anonyme et le profit artistique que celui-ci tire de son aventure. Nous trouvons une brève allusion à cette anecdote dans Ibšīhī, *Mustaṭraf*, II, p. 177.

(2) Ibn Ǧāmi', contemporain d'Ibrāhīm al-Mawṣilī et son rival à la cour de Hārūn al-Rašīd, fut un musicien très délicat et sensible. Plusieurs témoignages de l'époque vantent la douceur de sa musique. Voir Ibn 'Abd Rabbihī, *al-'Iqd*, III, p. 179 ; *Aġ.*, VI, p. 12, 69-92.

(3) Nous trouvons cette même anecdote en deux versions différentes dans *Aġ.*, VI, p. 75, 76. Les points communs de ces deux versions sont : *a.* — Le grand pouvoir expressif d'Ibn Ǧāmi' sous l'empire d'une intense douleur ; *b.* — sa vive affection pour sa mère qui réside loin de lui ; *c.* — le tour qu'on lui joue en lui annonçant par une lettre falsifiée la mort de sa mère pour mettre à

Ceci peut être réalisé par celui qui a une voix assez bonne et non par celui dont la voix est mauvaise et qui émet des notes étranglées.

Si la voix de l'élève est atteinte d'une quelconque faiblesse ou s'il lui
191 arrive d'avoir // une voix qui émet des notes étranglées, le maître habile doit la traiter avec délicatesse en lui choisissant des mélodies qui tendent vers les graves et en lui évitant celles qui tendent vers les aiguës. En effet, les mélodies de tessiture grave lui seront plus faciles et masqueront ses défauts, tandis que les mélodies de tessiture aiguë déshonoreront l'élève, accentueront son défaut et nuiront à sa voix ; car celui qui a une voix faible, s'il chante des mélodies fortes, en éprouvera de la lassitude et n'en tirera aucun profit ; au contraire, de telles mélodies lui feront du tort et étrangleront sa voix.

l'épreuve son amour pour elle et pour provoquer en lui ce profond sentiment d'affliction, capable de stimuler ses meilleurs moyens d'expression.

Dans la première version, c'est le musicien Ibrāhīm Ibn al-Mahdī qui inspire la falsification de la malencontreuse lettre et c'est lui-même qui la présente à Ibn Ǧāmiʿ. Ce dernier, éprouvant une profonde douleur quand il apprend la triste nouvelle, refuse obstinément de chanter, mais se laisse convaincre lorsque son interlocuteur lui dit : « Tu feras cet effort pour le prince des croyants . » Ibn al-Mahdī écoute attentivement les accents plaintifs et déchirants d'Ibn Ǧāmiʿ, il lui fait répéter plusieurs fois son chant et réussit ainsi à fixer celui-ci dans sa mémoire. Il lui dévoile enfin qu'il s'agissait d'une plaisanterie et il l'invite à réitérer son exploit ; mais, en l'absence du sentiment qui l'accablait, Ibn Ǧāmiʿ s'en avoue incapable. Alors, c'est Ibn al-Mahdī qui reproduit le chant entendu auparavant sans rien y changer et en lui donnant la même expression.

Dans la seconde version, c'est le calife Hārūn al-Rašīd qui donne l'ordre de falsifier la dite lettre. Ibn Ǧāmiʿ, apprenant la malheureuse nouvelle, se met à chanter avec une telle passion que certains auditeurs vont se frapper la tête contre le mur. Constatant le grand tourment d'Ibn Ǧāmiʿ, le calife lui révèle la supercherie.

La comparaison entre les versions de l'*Aġānī* et celles dont nous avons donné un court résumé montre que l'auteur, tout en se référant à la même anecdote, en a modifié certains détails importants qui transforment l'essentiel de ce qu'on a voulu illustrer. Outre le remplacement de la mère d'Ibn Ǧāmiʿ par son épouse et celui d'Ibn al-Mahdī par Isḥāq, l'auteur omet le motif de l'anecdote, qui est la mise en évidence du grand pouvoir expressif de ce musicien sous l'empire d'une réelle douleur.

On pourrait croire à une altération dans la version de l'auteur, surtout à la fin du récit ; mais ce n'est pas le cas, car dans ce passage précisément se dessine une conception fort différente. Ce n'est pas au moment même de l'affliction qu'Ibn Ǧāmiʿ chante, mais après avoir été tranquillisé. Il ne fait donc qu'imiter les émotions vécues, émotions vraies mais passées. A vrai dire, cette même conception figure dans la première version de l'*Aġānī* rapportée plus haut. On se souvient qu'Ibn al-Mahdī y réalise l'exploit que l'auteur attribue ici à Ibn Ǧāmiʿ. Toutefois, l'imitation qu'effectue Ibn al-Mahdī revêt un caractère enjoué. En effet, celui-ci cherche à montrer la vivacité de son esprit, la rapidité de son assimilation ; il ne vise pas à reproduire des émotions vécues. Si l'on ajoute qu'Ibn al-Mahdī n'était pas très estimé par notre auteur, on comprend bien pourquoi il l'a remplacé par Isḥāq. Enfin, Isḥāq, dans la version de l'auteur, apprend la manière d'Ibn Ǧāmiʿ et n'en fait pas comme Ibn al-Mahdī, un libre jeu de l'esprit, ou un tour de brio.

chapitre XXXIV

LES QUALITÉS (1) [DU MUSICIEN]

Il est recommandé que le chanteur ne fasse pas de grimaces, qu'il ne torde pas le cou, qu'il ne se penche pas, qu'il ne fasse pas saillir sa poitrine, qu'il ne remue pas tout son corps, qu'il ne se balance pas, qu'il ne fasse pas effort au point que ses artères jugulaires se gonflent, que ses veines tressaillent et que ses yeux louchent ; qu'il ne balance pas non plus son instrument d'un côté à l'autre.

Pour ce qui est des déformations des lèvres quant on prononce les motions
192 de flexion, c'est-à-dire le *ḍamma*, le *fatḥa* et le *kasra* (2), // elles ne sont pas détestables, à condition de ne pas les exagérer. En effet, ces déformations renforcent les voyelles, ajoutent à leur clarté et rendent leur prononciation plus parfaite. Toutefois, l'exagération dans la prononciation du *kasra* est la plus laide et la plus déplaisante.

Les meilleurs gestes (ou mimique) (3) sont ceux que l'on effectue par un mouvement léger des yeux, des sourcils, de la main, des épaules et de la tête. Certaines personnes pratiquent des gestes d'une manière qui souvent surprend et détourne l'attention du chant ; si bien qu'ils se mêlent presque

(1) Dans le chapitre précédent l'auteur a décrit certaines des conditions requises pour être un bon musicien et que n'importe quel individu peut remplir, pour peu qu'il ait un certain talent naturel et qu'il ait reçu une bonne formation. Dans le présent chapitre, il s'agit des qualités individuelles qui ne se basent sur aucune règle, qui ne s'acquièrent pas et qui, de plus, ne sont pas indispensables.

Nous pouvons diviser ce court chapitre en quatre parties :

a. — le maintien du musicien, son comportement et sa tenue ;

b. — ayant parlé du balancement du corps et des mouvements des lèvres, l'auteur traite succintement de la mimique ;

c. — des actes de bravoure ;

d. — des prouesses et des tours de force qui tiennent de l'acrobatie.

(2) Voir chapitre XVII, p. 100, n. 4.

(3) L'auteur semble admettre une mimique rudimentaire à condition qu'elle soit discrète et qu'elle ne gêne pas l'audition, ni le déroulement du chant. Il ressort des phrases suivantes que certains chanteurs avaient l'habitude d'effectuer, au cours du déroulement du chant, des arrêts peu justifiés, pendant lesquels ils se livraient à des représentations de mimes ; il leur arrivait aussi de remplacer les fins des phrases par une mimique. L'attitude de l'auteur vis-à-vis de la mimique rejoint dans l'ensemble celle d'al-Fārābī : *M.*, fol. 13, Erl., I, p. 22.

au chant et prennent de l'importance comme s'ils en faisaient partie intégrante, d'où il résulte que, quand on ne les associe pas au chant, celui-ci paraît imparfait. Il arrive qu'un artiste de cette catégorie se contente d'un geste au lieu de chanter les notes jusqu'au bout, ou surtout d'achever l'exécution de la mélodie aux coupures ; ce faisant, il trompe avec ses gestes son auditoire et il l'étonne, croyant ainsi se référer aux paroles de celui qui a dit :

« Souvent, un geste est plus explicite qu'une expression verbale, surtout, s'il s'agit [d'un léger clin d'œil. »

Ce sont là de mauvais artifices et des arrêts de repos (1) qui témoignent de l'impuissance. Certains artifices sont pourtant parfois nécessaires et on les recherche dans certaines circonstances, mais ce n'est pas le cas ici.
193 Isḥāq, malgré sa prééminence, en possédait quelques-uns dont il se servait pour parer son art à l'intention des rois ; cela lui était permis à cause de l'admiration et du respect que ces rois lui avaient témoignés et de la chance qu'il avait d'être protégé par eux. Il réalisa son plus bel exploit dans le genre, lorsqu'un de ses contemporains — il me semble que ce fût Dabrab (2) ? — porta atteinte à sa réputation d'instrumentiste en présence d'al-Mu'taṣim ou al-Wāṯiq. [Répondant à cette provocation], Isḥāq dit : J'ai abandonné la pratique instrumentale et je ne joue plus, mais je conserve encore un reste que personne ne possède. Dérange l'accord de ton *'ūd* [dit Isḥāq à Mulāḥiẓ et donne-le moi !] Ainsi fit-il. Isḥāq prit alors le *'ūd*, l'examina et dit : « L'accord est en effet perturbé d'une façon embarrassante. » Puis il entonna un chant [en se servant du *'ūd* désaccordé] sans émettre aucune fausse note. Al-Mu'taṣim [lire al-Wāṯiq] en fut émerveillé et demanda : « D'où tiens-tu cela ? » « J'ai appris cet art des savants de la Perse, et je m'y suis exercé longtemps, répondit-il. » Le calife pria Isḥāq d'enseigner cet art aux esclaves musiciennes. « Elles n'en seront pas capables, reprit Isḥāq, parce qu'il est trop difficile, et moi-même je n'ai pu y arriver qu'à la suite d'un effort soutenu de longues années (3). » Isḥāq fit ainsi croire aux assistants

(1) Les *istirāḥāt* sont des arrêts que le chanteur, pour se reposer, introduit à certains moments déterminés et qu'on occupe par des interludes instrumentaux.

(2) Ce nom est faux. D'ailleurs, l'auteur avoue ne pas en être sûr. Il s'agit d'un musicien du nom de Mulāḥiẓ. De même, le calife mentionné dans cette anecdote est al-Wāṯiq (227-232/842-847) et non pas al-Mu'taṣim (218-227/833-842). Voir note suivante.

(3) Cette anecdote est un bref résumé de ce que nous pouvons lire dans *Aġ.*, V, p. 57-58. Cependant, il y manque certains détails importants dont l'absence laisse perdre beaucoup de la saveur et de la belle composition du modèle. Voici, à titre de comparaison, l'essentiel de l'anecdote rapportée dans *Aġānī*. En présence du calife al-Wāṯiq a lieu une discussion entre musiciens au sujet des instrumentistes célèbres de l'époque. Isḥāq défend avec ardeur Zalzal contre Mulāḥiẓ, mais voyant

que cela se fonde sur une règle de l'art et sur un principe fondamental ; or, il n'en était rien. En réalité, il avait pris le *'ūd*, examiné avec soin ce qui,
194 de ses notes, avait été faussé et ce qui // en était resté juste. Puis, ayant pris connaissance de toutes les positions des notes fausses ou justes et les ayant tâtées des doigts et bien arrêtées dans son esprit, il entonna un chant composé de peu de notes, dans lequel il employa juste ce qui était indispensable ; de plus, comme il avait de la chance, de la mémoire et d'autres moyens susceptibles de masquer tous les défauts, il put mener à bien son entreprise qui fut jugée inouïe. Et elle fut en effet belle et inouïe, mais si vraiment elle avait été due à un principe fondamental de l'art musical, toute personne capable et instruite aurait pu apprendre celui-ci.

Certains artistes, lorsqu'ils se réunissent en grand nombre [pour une séance musicale], jouent du *'ūd* en le tenant derrière eux ; ce faisant, ils croient avoir effectué un tour de force ; ou bien, ils enrobent leurs doigts dans les manches de leurs vêtements et font semblent de pincer une note à vide, alors que leur doigt est posé sur une autre corde. Même si la note ainsi engendrée est fausse, ils croient avoir effectué un tour de force. L'art de jouer du *'ūd* de dos, consiste à ramener (1) les deux mains derrière soi comme un ligoté, tout en maintenant le *'ūd* dans sa position initiale ; on joue et on calcule ainsi, alors que les mains demeurent dans leurs positions initiales.

que ses arguments n'arrivent pas à convaincre le prince des croyants, il propose de convoquer les deux artistes en question et de les mettre à l'épreuve. Cette épreuve tourne finalement au désavantage de Mulāḥiẓ, qui, irrité, s'adresse au calife en ces termes : « Pourquoi cet intrigant d'Isḥāq ne jouerait-il pas lui même ? » A quoi Isḥāq répond : « J'ai arrêté depuis lontemps la pratique instrumentale, mais... » (la suite est identique à ce que rapporte l'auteur, sauf le fait que, dans l'original, Mulāḥiẓ chante et Isḥāq l'accompagne, ce qui rend l'épreuve plus dure pour Isḥāq). Puis, au moment où Isḥāq dit au calife que ses musiciennes ne seront pas capables d'apprendre le beau chant qu'il venait d'exécuter, il raconte une autre anecdote expliquant l'origine du chant et comment lui-même a pu apprendre l'art particulier qui le caractérise. C'est l'histoire de l'illustre musicien persan Fihlīz qui, bien qu'on ait dérangé l'accord de son *'ūd* sans qu'il le sache en profitant de son absence momentanée, arrive à briller et à jouer des morceaux de bravoure qui émerveillent le roi. Isḥāq ajoute : « En apprenant cette histoire, je me suis dit que ce Fihlīz ne saurait être plus fort que moi » ; décidé à réitérer cet exploit, Isḥāq met dix ans pour y aboutir. Cette deuxième anecdote, dont nous avons donné un court résumé, est condensée dans la deuxième phrase de la version de notre auteur.

(1) Lire *wa-tuqlab*.

chapitre XXXV

LES CARACTÉRISTIQUES DES VOIX (1)

195 Nous citons parmi les caractéristiques des voix : la voix tendre *(šağiyy)*, la voix fraîche *(nadiyy)*, la voix délicate *(raṭb)* — ces deux dernières sont identiques —, la voix redondante *(zawā'idī)* (2), c'est celle qui produit des notes trop timbrées et épaisses, la voix dite *nağum* (3), qui est semblable à la précédente, la voix mordante *(muğalğil)*, qui retentit à pleine force, la voix enrouée *(abaḥḥ)*, qui est souvent belle, à condition de ne pas l'exagérer, car l'exagération dans ce cas finit par étrangler la voix.

On demanda à Isḥāq : « Lesquelles parmi les voix sont les plus belles ? » il répondit : « La voix enrouée et accablée *(abaḥḥ mut'ab)*, la voix ronde, qui est moyenne, tendant vers l'éclat, la voix sonore *(ğahr)*, qui est puissante,

(1) Ce petit chapitre nous apporte des notions précieuses sur les qualités artistiques de la voix chantée. Nous y trouvons, à peu de chose près, toutes les qualités connues de nos jours : la puissance, l'éclat, l'épaisseur, le volume et le timbre. Certes, l'auteur ne les classifie pas en ces termes et il faut les chercher à travers la riche nomenclature ici exposée. Cette diversité des qualités, devant laquelle nous nous trouvons, est de nature à étonner. Toutefois, elle apparaît normale si l'on tient compte du grand rôle et de l'importance de la musique vocale artistique à l'époque qui nous occupe. D'autre part, il est intéressant de signaler que, dans cette riche nomenclature, il n'est jamais question d'un classement des voix selon la hauteur, car à aucun moment des termes relatifs à l'acuité et à la gravité n'y sont employés. Toutefois, il semble qu'à cette époque on appréciait moins les voix graves, sombres, grasses et rugueuses ; on leur préférait les voix aiguës légèrement rauques, ou éclatantes, mordantes, claires et puissantes.

L'auteur cite vingt-huit qualités que l'on reconnaît à une voix. Ce même nombre est donné dans une nomenclature analogue par un auteur arabe du xxe siècle — Kāmil al-Ḫulay — cité par J. Rouanet, *La musique arabe*, dans *Encyclopédie Lavignac*, t. V de la première partie, p. 2796-2797. Dans la nomenclature de Kāmil al-Ḫulay, dix-huit termes sont identiques à ceux de notre auteur. L'interprétation que donne Kāmil al-Ḫulay à certains termes ne correspond pas tout à fait à celle qu'en donne notre auteur. Quoiqu'il en soit, il est à peu près certain que Kāmil al-Ḫulay, dans ce cas tout comme dans les autres détails concernant le parfait chanteur, le parfait connaisseur, et la réaction de l'auditoire, reproduit les thèmes développés par notre auteur, thèmes qui représentent une tradition ancienne remontant aux premiers siècles de l'islam. Toutefois, si Kāmil al-Ḫulay se réfère à une pratique actuellement encore en vigueur, son témoignage peut être d'une importance toute particulière.

(2) Voir chapitre XXXIII, p. 166 n. 1. L'auteur semble classer cette voix parmi les voix louables, car il conclut le paragraphe en ces termes : « toutes ces voix sont louables ».

(3) La voyelle *u* se trouve au-dessus de la lettre *ġayn*, mais il se peut qu'il s'agisse tout simplement de *nağam* « notes » ; dans ce cas, il y aurait un *lapsus*.

lourde, et dont les notes sont claires, et enfin, la voix lisse *(amlas)*, qui est pure et détimbrée. Toutes ces voix sont louables.

Parmi les autres caractéristiques nous citons : la voix grasse *(aǧašš)*, la voix dispersée *(šaʿṯ)*, la voix étouffée, qui est gênée et sort difficilement, la voix étranglée *(qaṭīʿ)*, qui fait penser à celle d'un chanteur suffoqué
196 incapable de finir ses notes, la voix sourde *(muẓlam)* //, c'est celle dont toutes les notes, ou la majorité d'entre elles, s'entendent à peine et ne portent pas. Il arrive qu'on retrouve ces mêmes phénomènes dans les sons des cordes. La voix dite *minṭiqī* ou *minṭaqī* (1) est inférieure à la précédente et à la voix gênée; c'est celle qui s'élargit et exagère au point que les notes en sortent démesurées et d'une valeur augmentée ; elle est dite aussi déployée, ce qui veut dire que les notes y sont déployées. La voix stridente est la voix tranchante et sèche, qui est dépourvue de douceur. Il arrive qu'une voix de cette espèce produise des sons pointus semblables à des cris et pour cette raison on l'appelle criarde. La voix embrouillée *(mubalbal)* est celle dont les notes sont perturbées et s'écartent de leurs places (2). La voix tremblante est celle qui donne l'impression que le chanteur grelotte. La voix foulée « pressée », dite aussi voûtée, rappelle celle d'un homme bossu. La voix rugueuse est le contraire de la voix lisse. La voix dite *mutaqaʿqiʿ* « rocailleuse » fait entendre une sorte de *qaʿqaʿa* « raucité » semblable au parler des bédouins. La voix sans netteté est celle dont les notes émises donnent l'impression
197 d'être // pétries et mâchées. Toutes ces voix sont désapprouvées.

chapitre XXXVI

L'AGENCEMENT DES PARTIES DE LA MUSIQUE (3)

Le musicien est tenu d'employer les genres lourds des modes rythmiques et mélodiques au début de la séance musicale et de commencer par des

(1) Terme étrange. Il pourrait se rapporter à *minṭiq* qui signifie très disert, et qui, par extension, devient une voix dont l'émission est très facile et ne se soumet pas à un contrôle strict. On peut aussi lire *manṭiqī* « zonale » c'est-à-dire restreinte à une zone, à une portion du registre.

(2) Dans la nomenclature précitée de Kāmil al-Ḫulay, ce dernier fait dériver *mubalbal* de *bulbul* « rossignol » et l'explique comme « voix capable de chanter comme un rossignol ».

(3) Le titre de chapitre — *tartīb al-ġināʾ* — est sensiblement le même que celui du chapitre XX — *tartīb al-alḥān* —. En effet, *ġināʾ* « chant » et *alḥān* « mélodies » sont souvent identifiés à « musique » tout court. Mais il suffit de parcourir le contenu de ces deux chapitres pour se rendre

našīd et des *istihlāl* (1). En un mot, il débutera par les mélodies lourdes, il se gardera d'ouvrir sur un rythme léger, il terminera par les *ramal* et les *hazağ* (2), il emploiera au commencement, soit une espèce du mode *mazmūm* soit une espèce du mode *muṭlaq*, étant donné que ces deux modes sont modérés et se placent entre la vivacité et la douceur (3) ; à la suite de cela, il emploiera toutes les autres espèces — ou la majorité d'entre elles — selon les circonstances. Il est préférable, à mon avis, qu'il emploie d'abord le mode *mazmūm*, car il est plus fort que le *muṭlaq*, et le fait de commencer par le plus fort procure de la vivacité ; car la vivacité, placée au bon moment,
198 produit le meilleur effet et // constitue le moyen le plus efficace pour apporter la joie ; en effet, la vivacité engendre la vivacité.

Les mélodies douces et mitigées font généralement du tort à l'auditeur aux premiers moments et elles lui procurent un sentiment d'affliction. Il est donc préférable de placer les mélodies douces vers la fin pour qu'on puisse en retirer une sensation de repos et de quiétude, car, si les mélodies fortes se succèdent, l'âme se lassera à les suivre et les sens auront de la peine à les assimiler et à les reproduire ; il leur faut du repos pour s'en délasser. Ce repos a la vertu d'aider à reprendre des forces à la suite de l'effort qu'imposait l'audition des autres mélodies. Donc, les mélodies fortes, vigoureuses et mâles seront nécessairement séparées entre elles par celles qui sont douces, relâchées et féminines, qui serviront de repos de temps à autre,

compte de la diversité des faits qui y sont étudiés Dans le chapitre XX, l'auteur étudie les règles techniques de la composition d'une mélodie ; dans le présent chapitre, les règles ou les recommandations d'ordre esthétique qui régissent la présentation d'un programme musical, lors d'une séance ou d'un banquet. Dans une tradition exclusivement orale, le programme du musicien n'est jamais établi à l'avance ; il est pour ainsi dire improvisé pendant la séance et en fonction de l'ambiance générale, de la qualité de l'auditoire, et enfin du goût et des capacités du musicien lui-même. Néanmoins ce programme est soumis à certaines règles esthétiques, communément admises et dont quelques-unes des plus importantes sont énoncées dans ce chapitre.

(1) Voir chapitre XXIII, p. 129 n. 1.

(2) Nous trouvons des recommandations dans le même esprit dans Maqqarī, *Analectes*, II, p. 88, où il est question de *mutaḥarrikāt* et *ahzāğ* au lieu de *armāl* et *ahzāğ* (plur. de *ramal* et *hazağ*). Le terme *mutaḥarrikāt* doit être analogue à *alḥān muḥarrika* « mélodies qui stimulent, agitent ou mettent en train » dont il est question à la page suivante. C'est pourquoi je pense que le terme *mutaḥarrikāt* est plus heureux que *armāl* (*ramal* est un rythme lourd).

(3) *Šidda* et *līn* désignent généralement l'acuité et la gravité des sons, mais, dans ce cas, l'application de la notion de hauteur conduirait à un non-sens, car, selon les dires de l'auteur lui-même : « le *muṭlaq* est le mode ou le système le plus grave » (p. 160). En outre, l'auteur écrit dans la phrase suivante que le *mazmūm* est plus fort que le *muṭlaq*, et non pas plus aigu. Puis il ajoute que ce mode engendre la vivacité. En effet, tout le paragraphe qui suit est consacré au contraste des mélodies douces et fortes, à leurs effets respectifs et à leur alternance dans le programme musical. C'est ce développement qui conduit l'auteur à mentionner la théorie grecque relative à l'*éthos*.

car l'âme se lasse et se fatigue à chaque fois qu'elle s'exalte et s'anime (1). Elle a d'autant plus besoin de repos que la séance approche de la fin. On goûte mieux donc les mélodies stimulantes et les rythmes légers au dernier
199 moment, // lorsqu'il viennent à la suite des mélodies lourdes et lentes, parce que l'âme les subit sans grand effort, s'en excite facilement et les assimile promptement. C'est là la raison même qui explique la préférence de la plupart de gens pour cette catégorie musicale ; car la faiblesse de leur âme ne leur permet pas de s'élever à la hauteur de l'autre catégorie, et leur peu de forces ne leur permet pas de l'assimiler ou de l'apprécier (2). Nous donnerons à ce sujet des explications ultérieures susceptibles de satisfaire l'esprit, quoique sa source soit d'un accès difficile, et que le chemin qui y mène soit ardu. En effet, les théories relatives à ce sujet avaient fortement préoccupé certains savants et hommes intelligents, si bien qu'ils aboutirent à des développements fastidieux qui s'éloignèrent de la clarté du langage et qui égarèrent les chercheurs. Procéder à un examen minutieux et complet de ces doctrines, à la lumière de l'enseignement des philosophes les plus éminents, mènerait à de trop longs commentaires. On les trouve dans les ouvrages appropriés. La théorie en question s'intitule, dans ces livres : « la théorie des effets qu'exercent les modes rythmiques sur l'âme » ; elle constitue une partie importante de la philosophie (3).

200 Il ne faut pas que le musicien passe d'une espèce à une autre d'un seul mouvement *(hazzāz)* (4), sauf si on improvise. S'il est possible d'ajouter à un chant un ou deux autres [chants] de la même espèce, cela est préférable ; mais, si le musicien désire passer d'un mode à un autre, il doit intercaler entre les deux modes un intervalle de temps, occuper cet intervalle par

(1) Lire *kullamā* au lieu de *kamā*.

(2) L'auteur semble assimiler ici musique facile et entraînante à musique légère. Cela correspond aux idées développées dans le second chapitre de ce traité. Voir aussi Moutsopoulos, *op. cit.*, p. 231-233.

(3) Cette dernière remarque se réfère à l'école pythagoricienne qui considérait la musique comme discipline principale dans la recherche et la spéculation philosophique. En outre, tout ce dernier paragraphe nous fait revenir un instant aux idées exposées en détail dans les premiers chapitres du traité et plus particulièrement à la théorie de l'*éthos*. Toutefois, le fait que sur ce dernier point l'auteur parle seulement des modes rythmiques, nous incite à penser qu'il a pu s'inspirer notamment du philosophe al-Kindī qui, lui aussi, fonde sa doctrine de l'*éthos* sur les seuls modes rythmiques.

(4) Ce terme est difficile, d'autant plus qu'il ne figure dans aucun des grands dictionnaires suivants : *Lisān al-ʿArab, Tāǧ al-ʿArūs,* non plus que dans ceux de Lane et Dozy. M. Jean Lecerf a eu la gentillesse de me signaler que le mot *hazzāz* a été conservé par la langue moderne et signifie « cahot », action de balancer, de bourlinguer çà et là. Cela convient à ce que l'auteur veut dire, c'est-à-dire à l'interdiction d'enchaîner deux modes différents sans préparation.

quelque chose qui servira de séparation entre les deux passages ; il pourra, par exemple, toucher le *'ūd* (1), ou tourner les chevilles, car, comme dit Isḥāq : « Il est désagréable pour l'ouïe d'entendre deux espèces qui se succèdent pendant une courte durée. » Si la modulation s'impose à cause d'une défaillance dans la transmission ou pour une autre raison, qu'on change le rythme (2).

Les chants qui s'enchaînent d'un seul mouvement *(hazzāz)* doivent nécessairement comporter des mélodies semblables et apparentées. Le *hazzāz* s'appelait chez les anciens *al-qubbāṭ* [?] (3). Il ne faut pas non plus que les vers uniques soient répétés ; si toutefois on les répète, qu'on le fasse deux fois et qu'on les place au début du chant.

201 Si les musiciens forment un ensemble, ils suivront la marche de leur chef et la suivront constamment.

Cet ordre de choses est aujourd'hui encore familier aux maîtres de cet art (4).

Il nous faut maintenant évoquer le cas du jeu des flûtes. Celles-ci seront choisies par les musiciens en fonction de la tessiture des voix qui chantent et ceci est nécessaire. On choisira donc, pour les voix graves et épaisses, des flûtes aux ouvertures larges, et, pour les voix aiguës, des flûtes étroites. Quant à la voix lisse, claire et dure, il serait préférable, à mon avis, de ne l'accompagner ni d'une flûte, ni d'autre chose qui puisse empêcher son audition. Si toutefois un tel accompagnement s'avère indispensable, que la flûte soit plus basse que le registre *(ṭabaqa)* de la voix qui chante. De même, on choisira pour les *'ūd*, des flûtes longues et aux ouvertures larges afin que ces dernières ne les dominent pas.

Il est nécessaire que le chanteur évalue sa voix au moyen des instruments à cordes et qu'il choisisse un registre moyen pour être en mesure d'atteindre
202 au plus haut degré d'octaviation sans effort ni gêne. Ce registre // doit être adapté à sa voix particulière telle qu'elle est normalement.

(1) Voir *supra*, p. 131 n. 3.

(2) Nous trouvons, à l'exception du terme *hazzāz* (qui à cette époque n'était peut-être pas consacré par l'usage), les mêmes indications concernant la modulation, dans les *Rasā'il*, I, p. 119, éd. Bombay.

(3) La lecture de ce terme est incertaine. C'est peut-être *qubāṭ* du verbe *qabaṭa* « mêler ou réunir » ou bien *qubbūṭ* « sorte de confiture ou de nougat aux pistaches » (Dozy, *Supp.*, II, p. 302 a) : ce qui serait une métaphore naturelle pour une espèce de « pot-pourri ».

(4) Cette phrase est équivoque, elle peut se rapporter au seul fait qui la précède ou elle serait la conclusion générale du chapitre. En effet, la suite est tout à fait indépendante du sujet étudié auparavant.

Il peut arriver que le chanteur ait une défaillance [de mémoire] pendant qu'il chante, et qu'il se trompe ; en retrouvant sa mémoire, il ne doit pas persister dans l'erreur, mais doit revenir à ce qui est vrai pour que le chant ne soit ni altéré, ni perturbé.

chapitre XXXVII

LES APPLAUDISSEMENTS ET L'EXIGENCE DE RÉPÉTITION (1)

Il y a des gens qui n'excellent pas dans l'applaudissement de la musique ni dans l'exigence de répétitions *(al-zahzaha wa-l-iqtiḍā')* ; de ce fait, ils ne placent pas leurs interventions au bon moment. Ils croient que celles-ci n'ont été conçues que pour réjouir et réconforter le chanteur, alors que les applaudissements et l'exigence de répétitions occupent une place plus subtile et plus utile.

J'ai entendu un homme doué d'une oreille sûre et exacte qui, voulant appeler l'attention sur l'habileté et l'excellence d'un chanteur dit : « Je le vois faire des choses dont il ne se rend pas compte. » Ceci dit, il crut avoir brossé le portrait le plus élogieux du chanteur en question. « S'il agit sans

(1) *Al-zahzaha* est un terme rare qui signifie l'action de crier *zih* (mot équivalent à « bravo ») lorsqu'on est saisi d'une grande admiration (*Taǧ al-'Arūs,* IX, p. 389). En ce qui concerne le terme *iqtiḍā'*, il est équivoque dans ce texte. Le verbe *iqtaḍā* (VIIIe forme de *qḍy*) signifie « demander, exiger, vouloir satisfaire, rendre nécessaire quelque chose, en montrer la nécessité, contenter ». En parcourant le contenu de ce chapitre, nous constatons que l'auteur donne à *iqtiḍā'* deux sens : l'un, qui serait l'exigence de répéter (le « bis ») et l'autre, plus large, issue de la première forme de ce verbe et qui comprendrait aussi l'idée de « jugement ». Plus on se rapproche de la fin du chapitre, plus cette interprétation devient évidente.

On distingue dans ce chapitre deux types de réactions spontanées à l'audition d'une belle performance. L'une est celle des ignorants, qui ne connaissent pas les véritables desseins et le rôle adéquat des manifestations d'admiration ; ceux-ci, croyant que le seul but de ces manifestations est de contenter l'interprète, applaudissent à tort et à travers et expriment leur exaltation par des termes absurdes. L'autre type de réaction est celle des avertis ; ceux-ci ne subissent pas la musique entendue, mais ils l'apprécient à sa juste valeur. Ils se manifestent au bon moment, c'est-à-dire à chaque fois que l'artiste réalise une invention frappante ou tout autre bel exploit artistique. Il est bien entendu que cette intervention n'a pas comme seul but de contenter l'artiste, mais de l'avertir par des expressions et des signes spéciaux qu'il vient d'exceller et, par là, de l'inviter à répéter son exploit au cours de la séance. Dans cette musique, où l'improvisation et l'interprétation personnelle jouent un rôle prépondérant, on comprend bien l'importance de ce type de réaction, qui n'est ni fortuit, ni gratuit.

203 se rendre compte, lui dis-je, il est semblable à quelqu'un qui a perdu l'esprit et ce n'est pas du tout un mérite ; le mérite serait de faire des choses dont il se rend compte. »

J'ai entendu une autre personne dire à l'adresse de ce même chanteur, voulant également décrire ses qualités d'instrumentiste, sa maîtrise et sa virtuosité : « Voici qu'il tire des cordes plus qu'il ne s'en trouve ! » Or cela est absurde.

J'ai vu une personne qui, écoutant une chanteuse *(sitāra)* (1) appartenant à l'un des dignitaires, se mettait au début de chaque chant entendu à bénir le Prophète, que Dieu répande Ses grâces et Ses bénédictions sur lui et sur sa famille, en poursuivant ainsi sans rien y ajouter jusqu'à la fin du chant.

Un amateur de musique, un auditeur fidèle, pour qui la musique était un objet de prédilection, me dit après un passage d'une mélodie : « Regarde ceci ! c'est comme une chose qui saute sur une autre pour l'attraper ! », et il réunit les doigts de sa main en simulant un geste de capture. Je crois qu'il pensait au saut du chat sur la souris.

Ce même personnage me dit aussi, alors qu'une note chevrotée
204 *(taṯwiba)* (2) passait dans une mélodie : « Regarde ce passage ! // Il fait penser à une colombe qui s'envole en se dirigeant vers le haut. » Il voulait illustrer par là la gradation qui s'effectue sur la note longue (3). Il me dit aussi à propos d'une autre phrase : « A présent, cette patience devient terrifiante. » Il dit aussi en écoutant une clausule : « Regarde cette clausule : elle est semblable à un homme qui court et puis s'asseoit. »

J'ai aussi entendu quelqu'un dire aux chanteurs : « Que Dieu fortifie vos corps ! », comme s'il s'adressait à des maçons ou à des porteurs.

Certains disent : « Augmente-le ô Madame ! » ou d'autres inconvenances de langage et d'expression fort laides.

(1) *Sitāra* est un nom donné à une chanteuse que possède un homme riche. Il dérive de *sitāra* « rideau » car la chanteuse était ordinairement cachée par un rideau : voir Dozy, *Suppl.* I, p. 632.

(2) Il manque ici les points diacritiques. Nous proposons de lire *taṯwiba*, étant donné que ce terme figure au nombre des « sons et formules préférentiels » (p. 130) où il est ainsi défini : « un son unique, long, prolongé et chevroté, semblable à l'appel à la prière ». Cette définition présente une analogie avec la description qui suit.

(3) *Tadrīǧ* serait une montée ou une descente systématique (p. 124). D'autre part, le terme *idrāǧ* (de la même racine) signifie « accélération » (p. 132-133). Il pourrait s'agir à la fois d'une formule musicale montante et de l'accélération du mouvement, ce qui explique d'une part, l'image du vol de la colombe et d'autre part, la montée systématique qui s'effectue dans l'appel à la prière.

En somme, si les applaudissements et les exigences de répétitions (ou les appréciations) sont employés convenablement, ils seront comparables à l'éclat d'une perle. Cela revient à dire que si le chant comporte une perle, elle sera mise en évidence par le truchement des applaudissements, par la bienveillance que l'on montre en exigeant sa répétition et en faisant ressortir ses bonnes qualités. Si, par contre, le chant ne comporte pas de perle, il sera impossible d'y faire apparaître un quelconque complément ou d'y insuffler une certaine vie.

205 Le fait de favoriser un chant aide à faire sortir ce qui est caché //, surtout si le chanteur sait que, parmi les assistants, se trouvent des gens capables d'apprécier son chant ; pour cette raison, il s'efforce de faire briller son art et il s'applique à montrer toutes ses qualités et tout ce qu'il y a de mieux en lui. Les applaudissements ont en effet été conçus pour appeler l'attention du chanteur. Or, quand une belle formule préférentielle (1) a lieu dans le chant, on doit l'en avertir sur-le-champ par un mot, un cri d'exclamation, un applaudissement, ou en disant : « Eh ! », « Au nom de Dieu ! » « Bravo, au nom de Dieu ! » « Que c'est beau ! » « Quelle est belle cette prolongation (2), cette note nasillante, ou cette note serrée entre les lèvres ! » ou autres choses semblables étudiées auparavant dans un chapitre approprié (3). L'appel de l'attention du chanteur sur de telles formules, lorsqu'elles se produisent dans son chant, est utile, car le chanteur cherchera à en tirer profit et se proposera de les répéter et de les établir dans ses mélodies.

Il est donc détestable de placer les applaudissements à un moment inopportun, ou, comme dans une course de chevaux de chercher à devancer celui qui chante. Cela est gênant pour le chanteur et c'est une cause
206 d'égarement, surtout s'il est // peu intelligent ou très impressionnable.

C'est pourquoi il faut applaudir et exiger la répétition seulement lorsque celui qui applaudit et qui exige (ou qui formule une appréciation) connaît les dites formules préférentielles, est exercé à l'audition de la musique, a l'esprit présent pendant l'audition, est apte à affronter l'art musical et ses différents chants, s'emploie à sa recherche, est capable d'en distinguer le bon et le mauvais, le parfait et l'imparfait, lorsque, enfin, il ne perd rien de vue et ne laisse rien lui échapper. C'est ainsi qu'il apportera au musicien du

(1) Lire *al-mu'ayyan* (voir chap. XXIII-XXIV).

(2) Lire *al-mudda*.

(3) Nous rappelons que ce genre de réaction, qui consiste à exprimer, sur le champ, le sentiment de satisfaction et d'émerveillement, par un mot, une phrase, un cri, par des applaudissements, etc., est encore en pratique en Orient ; Rouanet, citant Kāmil al-Ḫulay rapporte quelques expressions courantes telles que *mā šā'a Allāh* « Gloire à Dieu », *güzel, güzel* « beau ! beau ! », etc. (*op. cit.*, p. 2797).

profit et contribuera à faire sortir ses bonnes qualités ; c'est là une chose très utile pour le chanteur et l'aide la plus grande qu'on puisse lui apporter. Tout ce qui est contraire à cela est germe de dépravation et de tort ; il vaudrait mieux s'en passer que d'en user. C'est pourquoi, ceux qui se considéraient d'un rang trop élevé pour donner un avis sur le chant et pour applaudir, — comme les rois et les ministres — avaient besoin de faire appel à un individu capable de stimuler le chanteur, de l'avertir et de l'éclairer, car toute feinte dans ce cas rend pénible et fatigante la compréhension du chant, en détourne l'attention du chanteur et l'empêche de contrôler son déroulement.

207 On m'a raconté que Asmar al-Nadīm dit un jour à ses compagnons, alors qu'ils étaient à l'écoute d'un chant extraordinaire : « O nos amis, voici un morceau d'ambre gris posé devant vous ; qui aime en avoir une part pourra la gagner. » C'est là une réflexion inouïe.

Si, en plus de toutes les qualités précitées, il est (1) un praticien perspicace et s'il comble les lacunes et fait corriger les fautes techniques, celui-là sera considéré comme un maître éminent.

chapitre XXXVIII

L'EXAMEN

La plupart des gens s'emploient dans cet art à retenir les poèmes mis en musique, les noms de leur composition *(talḥīn)* (2) et de leurs modes les plus connus. Ils croient ainsi avoir embrassé tout ce qu'il leur en faut
208 savoir et saisi // la part la plus considérable de l'art musical ; et à plus forte raison, s'ils ont lu tant soit peu des théories de Isḥāq al-Mawṣilī ou de

(1) « Il », c'est vraisemblablement ce personnage idéal que l'auteur avait décrit à la page précédente et auquel il revient maintenant après une longue parenthèse. Comparez ce juge de la musique à celui dont parle Platon; voir Moutsopoulos, *La musique*, p. 242-243.

(2) Le terme *talḥīn* revêt trois significations sous la plume de l'auteur : *a.* — composition ou action de composer (p. 88, 107, 162 du ms.) ; *b.* — « harmonie » (le second élément dans la définition de la musique), p. 120 du ms. ; *c.* — cantillation (p. 120-121 du ms. ; voir aussi *Rasā'il*, I, p. 86). Le pluriel de *talḥīn (talḥīnāt)* signifie par extension formules de cantillation ou vocalises. Ceci dit, il est bien difficile de savoir ce que l'auteur entend au juste par « les noms de leur *talḥīn* ». En plaçant *asmā'* « noms » après *talḥīn,* on obtient une lecture assez plausible : « la plupart des gens s'emploient à mémoriser les poèmes mis en musique, leur musique *(talḥīnahā)* et les noms des modes les plus connus qui s'y attachent .»

celles d'Ibn Ṭalḥa (1) et de leurs pareils, leurs présomptions croissent et leurs prétentions se multiplient. Il leur arrive aussi de prétendre à la faculté de discerner la fausse percussion et la fausse note dans une interprétation musicale.

Voici ce qui m'a conduit à mentionner ce fait et à attirer l'attention sur lui : un individu en induisit un autre en erreur à propos du mode rythmique *lourd-deuxième* (2) qu'il venait d'exécuter, en prétendant avoir ajouté une percussion supplémentaire à sa forme fondamentale. Cela s'était passé en présence de gens incapables de spéculer convenablement sur cet art et d'autres dont l'intelligence est au-dessus de tout ce que mes paroles peuvent décrire. A la suite de quoi, les uns émirent des doutes, tandis que les autres crurent (3) que l'exécutant était capable d'une telle performance en raison de la grande expérience de son oreille. Je me suis alors ingénié à réfuter son opinion et à détruire ses prétentions, car la modification qu'il avait apportée au rythme était due à son instinct et non pas à sa science. J'ai donc dit : « Celui-ci prétend à ce que seul peut atteindre
209 l'homme le plus fort dans les deux arts, // théorique et pratique, et ceci, après des recherches minutieuses et des études théoriques. » En effet, dans ce mode rythmique, il ne saurait être question d'une percussion en moins ou d'une percussion en plus, étant donné la multitude de ses percussions. Le connaisseur s'en rend compte (4) en se référant à la mélodie. Il est en effet plus facile de le considérer par rapport à la mélodie (5), bien que cela aussi soit bien difficile, car ce rythme, dans sa forme fondamentale, comporte huit percussions, quatre dans chaque cycle. Puis on lui ajoute la percussion du *maǧāz* « passage » (6), ce qui le fait passer à neuf percussions. Il est exécuté et employé sous cette forme dans les mélodies. Par la suite, on lui ajoute la percussion (7) dite *i'timād* « appui » (6) qui le met à dix percussions. Si on redouble, soit ses percussions fondamentales, soit les autres, on obtient tantôt seize, tantôt vingt percussions. On peut aussi n'en redoubler qu'une partie et laisser les autres, simples, isolées, et ceci de plusieurs manières. On peut aussi en supprimer quelques-unes, soit dans les deux cycles, soit dans un seul (8) ; la suppression affectera alors,

(1) Manṣūr b. Ṭalḥa Ṭāhir (m. 297/910), membre d'une famille de musiciens dont les plus célèbres sont 'Abd Allāh et son fils 'Ubayd Allāh.

(2) Voir la page suivante et p. 109, 146.

(3) Il faut sous-entendre *wa-ẓanna ba'ḍuhum*.

(4) Lire *yatabāyan*.

(5) Littéralement, de le tirer ou de le prendre de la mélodie.

(6) Voir p. 141 ; Fārābī, *M.*, fol. 184 ; Erl., II, p. 84.

(7) Lire *naqra*.

(8) Lire *fī al-wāḥid*.

210 soit deux // percussions, soit une seule (1). Il s'ensuit que les espèces de ce rythme sont fort nombreuses ; elles sont toutes employées dans les mélodies. Quand pourra-t-on donc considérer ce rythme comme ayant une percussion de moins ou une de plus ?

Donc, si quelqu'un prétend à une certaine compétence musicale, qu'on le soumette à un examen en lui désignant un musicien qui lui chantera un chant qu'il ne connaît pas et dont le rythme ne sera pas rendu correctement. Puis que le musicien augmente les notes du chant (2) d'une certaine quantité après la quantité donnée (3) et qu'il en supprime s'il le peut. Puis qu'on lui demande : « Dans quel mode le chant doit-il être ? quel est son mode rythmique ? et où se trouve le défaut ? » C'est là l'épreuve la plus accessible à laquelle on soumet un musicien-praticien. S'il prétend à une compétence théorique, qu'on l'interroge sur des sujets présentés (ou mentionnés) dans ce traité.

En ce qui concerne celui qui désire examiner un chanteur et le choisir [comme élève] (4), il faut qu'il prenne son temps, qu'il l'entende longuement chanter différentes espèces de chants, qu'il surveille l'émission des lettres de sa bouche pour vérifier si elles ne sont pas défectueuses ou
211 déformées, qu'il observe l'aisance de sa déclamation poétique //, qu'il évalue (5) la puissance de sa voix à pleine force, qu'il veille sur la manière dont il accomplit les répliques à l'octave, enfin, qu'il examine sa voix dans les mélodies fortes et puissantes.

(1) La forme de ce mode ainsi que celle des autres modes et toutes les questions techniques concernant les diverses sortes de percussions, les modifications d'un rythme fondamental, etc., ont été étudiés dans le chapitre XXVIII.

(2) Lire *naġamihi*.

(3) Voir p. 76-77 du ms., où cette même formule fut employée. Ajoutons que « quantité » ici représente un aspect qualitatif, à savoir des notes supplémentaires et étrangères au mode donné. En effet, l'épreuve impose au postulant l'identification du mode donné, lequel est quelque peu dissimulé à cause des notes qui lui sont étrangères.

(4) C'est vraisemblablement du choix d'un élève qu'il s'agit ici, car, dans les cas précédents, il était question de la mise à l'épreuve des gens qui sont déjà des musiciens et des théoriciens, tandis qu'ici il doit s'agir de l'examen d'un postulant qui désire se destiner à une carrière musicale. Certains points de ce dernier examen font penser à la méthode du grand chanteur-musicien Ziryāb : voir Maqqārī, *Analectes*, II, p. 88-89.

(5) Lire *wa-yastaḫbir*.

chapitre XXXIX

CE QUI CONVIENT AU LARYNX

Voici ce qui convient [au larynx] : l'absorption abondante d'eau chaude à jeûn ou l'absorption d'huile d'amande, à jeûn ou lorsqu'on a faim ; le gargarisme avec du *'aqīd* (sorte de boisson rafraîchissante à base de lait) (1) ; le froment tendre broyé, cuit avec du beurre et du sucre *(farīk)*, la canne à sucre grillée, l'œuf à la coque, la consommation des prunes, l'absorption du *sawīq* (2), du jus de violettes dilué dans de l'eau chaude, la succion de la plante *ǧullāb* (3), l'usage de *siwāk* (4) au matin et le jus de légumes ; la fréquentation de l'étuve, l'application aux études et à la récita-
212 tion chantée *(inšād)* (5) entretiennent la beauté de la voix. // La négligence de ces recommandations mène à la perturbation et l'altération de la voix.

Il existe des soins nombreux pour le larynx et des infirmités qu'on peut connaître en consultant un ouvrage de médecine.

On dit que la meilleure chose pour le larynx c'est de le soumettre à un labeur tenace jusqu'à ce qu'il se fortifie.

On raconte que Ma'bad questionna Ǧamīla al-Ḥaḏrā' (6) au sujet de soin de la voix. Elle répondit (7) : « Le surmenage de la voix et les longues veilles l'altèrent ; de même, lui sont nuisibles les chants à danser et les

(1) « Breuvage qu'on prépare en faisant évaporer la partie séreuse du lait... on le boit fondu dans l'eau. C'est, selon les Arabes, une boisson rafraîchissante... » (Dozy, *op. cit.*, II, p. 151 a).

(2) Selon l'usage actuel, c'est une bouillie sucrée de grains de blé.

(3) Il s'agit, soit de julep, soit d'une espèce de dattes : Dozy, *op. cit.*, II, p. 633 b .

(4) *Siwāk* signifie cure-dent, mais aussi l'arbre dont la racine fournit l'excellent bois avec lequel on se frotte les dents (Dozy, *ibid.*). Toujours selon Dozy : « on mange ses baies, qui ressemblent à des raisins de Corinthe, non seulement fraîches, mais aussi sèches... Il est douceâtre et chaud au goût, à peu près comme le cresson de fontaine .» A la lumière de cette explication, il se pourrait que l'auteur recommande ici la consommation des baies et non pas les cure-dents.

(5) L'*inšād* est une cantillation à mi-chemin entre le chant et la déclamation. Probablement, cette espèce d'exercice avait des vertus particulières favorisant le développement de la voix.

(6) Ǧamīla (m. ca 720), esclave affranchie, musicienne de grande valeur. Ma'bad, ici nommé, disait d'elle : « Dans l'art musical, Ǧamīla est l'arbre et nous sommes les branches. »

(7) Lire *fa-qālat*.

aliments à goût acide, et ceci en particulier pour ceux qui ont le larynx sec ; ceux qui ont le larynx humide ne sont pas tenus à cette restriction.

La voix gagne en beauté, en clarté et en mordant, si elle est produite dans des endroits (1) spacieux, vides, lisses et durs et qui ont la forme d'une voûte allongée ou une forme semblable ; elle gagne par contre en volume, en épaisseur et en portée dans le cas contraire. En effet, la voix qui heurte les endroits durs et lisses est plus claire et plus aiguë.

Le vent frais, la rosée et le froid altèrent la voix. Celle-ci est plus
213 grave en hiver et à ciel couvert ; // elle est plus aiguë en été et à ciel dégagé. Il faut que le chanteur se méfie des choses qui peuvent affecter la voix et de ce que celle-ci ne soit pas amollie et efféminée comme celle d'une jeune mariée, [qu'il se méfie] dans toute la mesure du possible de la fatigue, des plafonds avec des retraits, et d'autres choses semblables.

chapitre XL

LES DIMENSIONS DES INSTRUMENTS, LA DISPOSITION DES TOUCHES ET LE CHOIX DES CORDES

Les dimensions des instruments, que certains leur fixent, ne nous sont d'aucune utilité étant donné que ces instruments existent chez nous dans leurs formes les plus achevées et leurs états les plus parfaits. Leur différence de longueur et de largeur est une différence qui n'affecte pas les notes (2), mais elle fait [que leur sonorité] est grande, petite, volumineuse ou intime.

214 Les instruments d'une longueur (3) moyenne // sont le plus souvent de quarante doigts ou d'un peu en plus ou en moins. Entre ces divers instruments aucune différence sensible ne saurait se produire.

En ce qui concerne les causes d'acuité et de gravité, elles sont fonction de la longueur de la corde (4) ; plus la corde est longue, plus la note qu'elle

(1) Il s'agit de l'ensemble des organes qui participent à la production de la voix chantée.

(2) Il ne s'agit pas d'une vérité générale, mais d'une indication ayant trait aux dimensions courantes du *'ūd* qui diffèrent légèrement les unes des autres et dont l'auteur fournit les mesures à la phrase suivante.

(3) Lire *al-aṭwāl*.

(4) Ce paragraphe devait normalement faire partie de l'exposé sur les causes de l'acuité et de la gravité des cordes (p. 155).

engendre est grave et molle, plus elle est courte, plus la note est aiguë et dure ; à condition toutefois que les deux cordes [comparées entre elles] soient identiques au point de vue de la tension *(tamdīd)* (1). C'est là une condition générale valable pour tous les instruments à cordes.

En ce qui concerne les instruments dont la sonorité est claire, ils doivent être faits d'un bois vieux, bien mûr à l'intérieur et à l'extérieur, mince, léger et bien gonflé dans l'eau (2) ; ils doivent avoir des cordes fines, lisses et fortes, disposées par ordre d'épaisseur et de minceur de sorte que celle du *bamm* (la première) soit la plus épaisse et celle du *zīr* (la quatrième) soit la plus mince ; aussi les touches seront-elles disposées de la même manière : la première sera la plus épaisse et la dernière la plus mince (3).
215 La première touche se situe immédiatement // à la suite du sillet du *'ūd* et elle constitue la course *(maǧrā)* (4) des cordes. Voilà donc tout ce dont on a besoin à ce propos.

En ce qui concerne l'accord du *nāy* (flûte) (5) avec le *'ūd*, le *nāy* le plus en faveur et dont l'usage est le plus fréquent, à l'exclusion de toutes les autres variétés de *nāy* et des *dūnāy* [flûte double] (6), comporte sept ouvertures [percées] sur sa face supérieure, rangées sur une seule ligne, et deux autres sur sa face inférieure, dont l'une [se trouvant à l'extrémité de la flûte]

(1) *Tamdīd* signifie « degré de tension de la corde », « hauteur générale des sons d'une mélodie ». Il signifie ici que les deux cordes, comparées entre elles, sont au même degré de tension. Dans un contexte tout à fait analogue, al-Fārābī, au lieu d'employer le terme *tamdīd*, écrit ceci : « ... Pourvu toutefois que les deux cordes soient identiques au point de vue de toutes les autres causes d'acuité et de gravité. » (*M.*, fol. 35r ; Erl., I, p. 65).

(2) Ces trois dernières lignes concernant le bois dont on fabrique le *'ūd* ne sont pas très explicites. Notre traduction doit être considérée avec réserves.

(3) Il s'agit probablement de la grandeur des sections délimitées par les ligatures.

(4) L'emploi de ce terme ici est un peu problématique. Le *maǧrā* « voie » désigne généralement le degré du médius dans un système ; ce degré sur le *'ūd* se situe, soit à intervalle de tierce mineure, soit à intervalle de tierce neutre de la note fournie par la corde libre ; il concerne aussi le degré de l'annulaire c'est-à-dire la tierce majeure. L'auteur semble assigner ici à ce terme une signification plus générale, à savoir : le point de départ d'une série de notes que produit une corde, quelle que soit la disposition de ces notes.

(5) Ce long passage sur la flûte présente quelques difficultés que nous avons pu résoudre grâce à un exposé identique sur la flûte d'Ibn Zayla (m. 439/1048), exposé qui se trouve dans son traité intitulé *Kitāb al-Kāfī* (Ms. Or. 2361 du British Museum, fol. 237r). A quelques variations près — qui ne portent pas sur le fond —, les deux versions développent les mêmes faits et presque toujours dans des termes identiques. Nous avons donc la conviction qu'il s'agit d'une même source. Toutefois, bien que la version d'Ibn Zayla soit plus heureuse, nous laissons celle de l'auteur telle qu'elle est et nous donnons les corrections qui s'imposent soit entre crochets, soit dans les notes suivantes.

(6) *Dūnāy* désigne parfois un instrument à anche double.

demeure toujours ouverte et n'entre pas en ligne de compte, son rôle étant de régler [le volume] de l'air (1).

En ce qui concerne les ouvertures qui sont rangées sur une seule ligne, la dernière d'entre elles et la plus éloignée de l'embouchure est la septième en partant de la tête de la flûte ; cette ouverture correspond à la troisième corde libre (fa$_2$), la sixième ouverture, à son index (sol$_3$), la cinquième, à son annulaire (la$_3$), la quatrième, à son auriculaire qui est

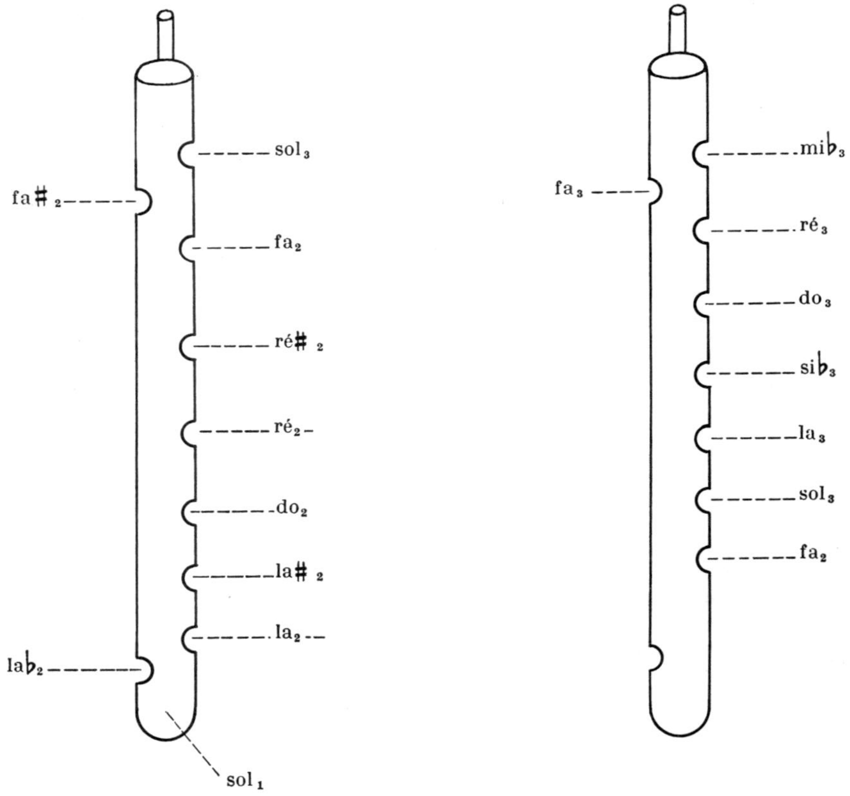

(1) Dans la figure 8, nous avons donné le schéma de la flûte décrite par notre auteur et par Ibn Zayla, en respectant à la lettre leurs indications. Or, cette flûte ne correspond à aucune de celles que décrit al-Fārābī dans le chapitre consacré à cet instrument (Erl., I, p. 262-267). Apparemment, les principes exposés par al-Fārābī semblent être plus solides et plus plausibles, mais cette impression ne pourrait être confirmée ou infirmée qu'à la suite d'une longue étude sur les flûtes en usage à l'époque.

aussi la note de la quatrième corde libre (si$\flat_3$), la troisième, à l'index de la quatrième corde (do$_3$) ; la deuxième, à son annulaire (ré$_3$), et la première, à son auriculaire (mi$\flat_3$) ; (c'est l'ouverture qui se trouve à proximité de
216 l'embouchure) // (1). La huitième note du *'ūd* sera produite astucieusement par la deuxième ouverture, [la plus proche de la bouche des deux ouvertures percées sur la face inférieure de la flûte]. Puis, s'il y a une note qui n'a pas d'égale à la flûte (2), il faudra qu'ils (les instrumentistes) examinent son rapport à l'endroit où elle se produit, qu'ils cherchent sa double (octave) (3) et celle qui puisse la remplacer, puis la faire rendre à la flûte, sauf le cas d'un petit nombre de notes qui n'ont ni doubles, ni remplaçantes (4) ; celles-ci seront obtenues astucieusement, en intensifiant ou en affaiblissant le souffle et en bouchant avec le doigt une partie de l'ouverture dont la mesure est connue des joueurs par habitude, faisant en sorte que la note ainsi produite soit proche de celle que font entendre les cordes. Il en est de même des notes des médius qui sont obtenues par les ouvertures [qui correspondent aux notes] des annulaires (5), en intensifiant ou en affaiblissant le souffle. Ne connaît ces choses que celui qui pratique la flûte (6).

(1) Il semble qu'il y ait ici une erreur. Dans la version d'Ibn Zayla, nous trouvons à cet endroit la phrase suivante : « Et l'ouverture qui se trouve à proximité de la bouche, l'une des deux ouvertures percées sur la face inférieure de la flûte, correspond à la note qui se produit à un niveau situé au-dessous des touches fixes de la quatrième corde. » Il s'agit de la note sol$_4$ dont la place habituelle est sur la touche de l'index de la cinquième corde, mais que l'on peut obtenir sur la quatrième corde si on l'arrête à un niveau dépassant les touches fixes. A la lumière de cette version nous proposons de lire : *wa-l-ṯaqab al-qarīb min al-famm*, puis de déplacer ces quatre mots de la façon suivante : *wa-l-naġma al-ṯāmina fī al-'ūd innamā tustaḫraǧ min al-ṯānī bi-ḥīla wa-huwa al-ṯaqab al-qarīb min al-famm min al-ṯaqabayn al-laḏayn fī asfalihi.*

(2) Lire *al-nāy.*

(3) Lire *ḍi'fihā.* L'auteur emploie le terme *ḍi'f* « double » dans un même contexte à la ligne suivante : *lā yūǧad lahā ḍi'f wa lā nā'iba.*

(4) Voici le même passage dans la version d'Ibn Zayla, laquelle est plus heureuse et plus cohérente : « Si le joueur de flûte a besoin d'une autre note d'entre celles que le *'ūd* émet et s'il ne la trouve pas sur la flûte, qu'il recourre à sa double (octave) qui s'y trouve, et qu'il la fasse produire à sa flûte en remplacement de l'autre ; ce faisant, cette note se substituera à l'autre et occupera sa place. » En somme, cela revient à dire qu'il faut remplacer une note qui n'est pas comprise dans l'échelle de la flûte, par son octave aiguë ou grave, selon le besoin.

(5) Lire *al-banāṣir.*

(6) Voici, pour ce dernier passage, la version d'Ibn Zayla : « ... On s'ingénie, en intensifiant ou en affaiblissant le souffle et en levant le doigt de l'ouverture qui se rapproche de cette note jusqu'à une limite où se produit la note recherchée. On peut trouver toutes les notes par la même astuce et le même moyen. »

Certains comparent ces cordes [les cordes du *'ūd*] aux quatre humeurs (1) et font correspondre la première corde à la bile noire, la seconde, au phlegme, la troisième, au sang et la quatrième, à la bile jaune. Ils prétendent que
217 chacune d'entre elles // régit la nature qui lui correspond.

Certains astrologues prétendent que toutes les cordes, les chevilles, le chevalet et le sillet sont conçus à l'exemple des étoiles fixes et errantes, des signes du zodiaque, du soleil et de la lune. Ils tiennent à cet effet des propos qu'il suffit à beaucoup de gens d'entendre pour que leurs esprits en soient marqués. Ces théories figurent dans les ouvrages consacrés à cet art, par certains littérateurs. Ce sont ceux qui, étant incapables d'aboutir à un résultat fondé sur [les règles de] la vraie science, s'en remettent à la dite théorie et à d'autres semblables dont ils remplissent leurs livres (2).

(1) L'auteur reprend ici son exposé sur les cordes, interrompu par la description de la flûte. Toutefois, il ne continue pas dans le même esprit, mais il profite de l'occasion pour faire en quelques mots le procès de certaines théories célèbres qui passionnaient l'antiquité et le moyen âge. La théorie suggérée brièvement par l'auteur dans la phrase suivante ne se borne pas aux humeurs ; elle s'étend aux éléments, aux points cardinaux, aux saisons, etc. Elle fut soigneusement développée dans les écrits d'al-Kindī, Sa'adia Gaon et, en particulier, dans la *Risālā* sur la musique des Iḫwān al-Ṣafā' où l'on trouve une profusion de détails. La manière dont l'auteur présente cette importante théorie laisse entendre qu'elle ne lui était pas chère.

(2) La réfutation de l'opinion de ce que l'auteur appelle les « astrologues » est fort mal rédigée. Compte tenu de sa position plus ou moins favorable à l'égard des théories pythagoriciennes relatives à l'harmonie universelle, l'attaque que livre ici l'auteur contre des conceptions qui relèvent directement des doctrines pythagoriciennes fondamentales pourrait paraître étrange. La proximité de la théorie de correspondance entre cordes et humeurs avec celle, mal exprimée, des derniers paragraphes, nous laisse croire qu'il s'agit de l'arithmologie allégoriste et de tous ses développements. En effet, dans l'épître sur la musique des Iḫwān al-Ṣafā', le long chapitre qui expose toutes les séries de quatre êtres suit immédiatement le paragraphe relatif à la correspondance des quatre cordes du luth et des humeurs ; ce chapitre vient illustrer le symbolisme du nombre quatre. A cet effet, il est, également, question des étoiles, des signes zodiacaux, du soleil et de la lune, etc. Donc, l'auteur, tout en acceptant la conception de l'harmonie et celle de l'harmonie universelle, rejette la doctrine arithmologique.

chapitre XLI

LA FORMATION MUSICALE (1)

Celui qui désire s'exercer à l'art de la musique doit s'appliquer à écouter beaucoup de musique exécutée par les grands maîtres, à analyser minutieusement ses éléments (et les espèces) (2) jusqu'à ce qu'il soit de force à
218 distinguer entre les mélodies fortes //, les mélodies douces et les mélodies moyennes — qui sont les modérées —, à connaître les espèces [de sentiments et de passions] que lui procure chacune d'elles, les sons et les formules préférentiels (3), à déceler les percussions qui se prolongent dans la mélodie, les durées des notes, à veiller que les notes émises par la voix s'achèvent avec les percussions de sorte qu'elles leur correspondent et qu'elles ne soient ni plus longues ni plus courtes (4). En effet, il arrive à beaucoup de gens de ne pas achever les notes avec les percussions et (5) de faiblir avant leur extinction, soit à cause de leur peu de connaissance, soit

(1) Dans cette musique exclusivement orale la question de la formation du musicien est d'une importance primordiale. Celle-ci s'effectue, comme dans toutes les traditions orales, de bouche à oreille et impose au postulant une longue période d'apprentissage et d'expérience artistique. Dans un chapitre correspondant, al-Fārābī distingue entre la formation de l'exécutant et celle du compositeur (*M.*, fol. 14v ; Erl., I, p. 23-24). Notre auteur ne fait pas de même. Apparemment, son exposé se rapporte à la formation du compositeur, mais certains faits nous laissent dans l'équivoque. C'est peut-être parce que dans cette musique il arrive souvent que les frontières entre composition et exécution se perdent, du fait que ces deux aptitudes se trouvent dans un même individu. D'autre part, compte tenu des propos d'al-Fārābī à ce sujet, il manque ici un élément important, à savoir celui de l'imitation d'un modèle qui est la base de cet enseignement. Notre auteur en a traité à plusieurs reprises dans cet ouvrage et avec insistance. C'est pourquoi il faudrait le sous-entendre dans nombre de faits relatifs à la formation musicale que voici : *a.* — écouter longuement les grands maîtres ; *b.* — analyser les divers éléments de l'art de la musique ; *c.* — arriver à distinguer les différentes sortes de mélodies et les choses qu'elles expriment ; *d.* — connaître les sons et formules préférentiels ; *e.* — aboutir à la précision rythmique et avoir le sentiment exact du rythme ; *f.* — connaître les moyens et les artifices susceptibles de masquer certains défauts de la voix ; *g.* — utiliser correctement le procédé d'octaviation ; *h.* — posséder et retenir les modes mélodiques et rythmiques ; *i.* — recourir à la musique instrumentale en tant qu'élément secondaire.

(2) Comme il est question un peu plus loin des espèces, il semble que ce mot est ici de trop.

(3) Voir chapitres XXIII-XXIV.

(4) Voir chapitre XXIX.

(5) Lire *wa-qaṣṣar*.

à cause de la faiblesse de leur voix, soit à cause de l'insuffisance de leur souffle. Néanmoins, celui qui est doté d'une voix faible pourrait achever les notes de la mélodie en ménageant sa respiration et en la traitant avec douceur et ingéniosité. C'est ce que font fréquemment les artistes habiles qui, en dépit de la faiblesse de leur voix, arrivent à masquer leurs défauts en recourant à certains artifices. C'est là un fait que l'on oublie souvent. Aussi faut-il que l'artiste soit en mesure d'analyser les répliques à l'octave *(ṣayḥāt)* et de vérifier s'il reste dans la mélodie une possibilité d'octaviation à laquelle on puisse aboutir, car l'exploitation à fond de ce procédé est un devoir (1). Cette obligation s'étend aussi à divers faits autres
219 que l'octaviation. Beaucoup d'artistes // prennent des licences à ce propos en exécutant leurs propres œuvres comme celles des autres et en supprimant les répliques à l'octave. Ce faisant, ils détériorent les mélodies. S'il arrive que le musicien supprime une réplique dans toute la mélodie, il doit l'indiquer et préciser qu'il l'annule (2). Il doit aussi déceler les modes *(ṭarā'iq)*, arriver à les graver dans son âme et à connaître ceux qui sont lourds, ceux qui sont légers, et toutes les autres caractéristiques que l'ouïe est capable de percevoir. Quand le musicien est de force à parvenir à tout cela et quand il est doué du moindre talent naturel, il sera en mesure de composer. Plus son talent et son savoir sont grands, plus sa force est grande.

La musique instrumentale, si elle n'est pas associée au chant, n'est pas profitable (3). Elle est en effet la suivante des mélodies [ou de la musique vocale], et le rythme, ainsi que nous l'avons dit, est le propre du mouvement mélodique (4). La musique instrumentale n'est utilisée que pour soutenir les mélodies ; ses défauts et ses qualités sont fonction des défauts et des qualités des mélodies. Il s'ensuit que celui qui joue les modes et les établit parfaitement ne peut être jugé maître de son art qu'à condition

(1) L'auteur attache beaucoup d'importance au procédé d'octaviation car il le mentionne fréquemment : p. 106, 110-111, 126-127, 134, 137, 201, etc. du ms.

(2) Lire *wa-yansuḫuh*.

(3) Ce paragraphe ne constitue pas un élément étranger à la question traitée dans ce chapitre comme cela pourrait paraître. C'est une sorte de mise en garde contre la conception qui accorde à une certaine musique instrumentale pure une supériorité sur le chant. Tout en réfutant cette opinion, l'auteur soutient qu'un artiste ne peut être digne de ce nom que lorsqu'il connaît et pratique la bonne musique vocale.

(4) L'annexion du rythme peut avoir deux raisons : *a.* — la présence du terme *ḍarb*, qui signifie à la fois musique instrumentale et accompagnement rythmique ; *b.* — le rythme, à l'instar de la musique instrumentale, est lui aussi le suivant de la musique vocale.

d'avoir utilisé dans ces modes les mélodies (1), je veux dire par mélodies, les mélodies bonnes, fortes et parfaites, c'est-à-dire les anciennes ou
220 toutes celles qui leur ressemblent. // Certains estiment que la musique instrumentale pure est plus noble que le chant accompagné. Cette opinion est sans fondement, car le chant est bien plus noble et plus utile que la musique instrumentale ; bien plus, il semblerait que lorsque le chant s'associe à une musique instrumentale et s'accorde avec elle, l'un comme l'autre souffriraient alors d'imperfection. L'opinion de ces gens est donc contraire à la vérité. J'incline à croire que celui qui avait soutenu et divulgué ce propos était inapte au chant et plus doué pour le jeu instrumental (2). En outre, nous avons vu certains artistes — et nous en voyons encore de nos jours —, jouer un grand nombre de modes et chanter une espèce de mélodies vocales choisies parmi les mélodies douces et imparfaites (3). Or, si l'un d'eux s'efforce d'interpréter celles qui sont bonnes et difficiles, il en est incapable. D'autres font appel, pour se justifier, à l'exemple des rois persans. Or, ces derniers ont effectivement abandonné le chant, mais ce n'était pas seulement pour s'éviter la lassitude qui résultait de l'audition d'un chant accompagné. En effet, la plupart de leurs modes instrumentaux sont des imitations de leurs mélodies vocales ; car, après avoir joué un mode, l'artiste
221 reproduit l'image de la mélodie appartenant à ce mode (4). // On peut en conclure qu'ils avaient renoncé à la musique vocale par souci d'allègement ou de dépouillement. C'est ainsi que procédaient beaucoup d'Anciens qui respectaient cet art et ne cherchaient pas à en tirer des bénéfices.

chapitre XLII

ADDENDA

Mentionnons dans ce chapitre les choses nécessaires qui nous ont échappé. En ce qui concerne les mélodies, il en existe certaines qu'on pourrait considérer comme incomplètes par rapport aux possibilités qu'elles

(1) Cette indication, ainsi que l'exemple des rois persans donné par la suite, font croire que l'auteur n'était pas adversaire à tout prix de la musique instrumentale et qu'il l'admettait si elle imitait le chant.

(2) Lire *al-ḍarb*, correction suggérée par le scribe.

(3) Cela reflète son attitude contre la musique romantique de son époque.

(4) Autrement dit, l'instrumentiste joue un prélude mettant en relief les caractéristiques du mode, puis il cite des chants appartenant à ce mode. Ces pièces jouées pourraient correspondre aux *ṭarā'iq* et *rawāsīn* mentionnés à la page 197.

contiennent ; ces mélodies demandent à être parachevées. D'autres sont dans la situation opposée et ne donnent lieu à aucune addition. D'autres enfin supportent parfois, bien qu'étant parfaites d'une certaine perfection, un supplément d'enrichissement destiné à les embellir, à les rendre plus parfaites et plus agréables à l'audition. Cette espèce de contribution, en particulier, est apportée sans peine, ni règle précise la concernant, par celui qui est doué d'une bonne disposition et d'une belle voix. Ainsi, si nous voyons un musicien cherchant à ajouter ou à retrancher quelques
222 éléments // aux mélodies de Ma'bad, Ibn Muḥriz, Ibn Surayǧ, al-Ġarīḍ (1), ou de l'un de leurs disciples, nous pouvons être certains que les mélodies en question seront déformées, car elles sont considérées comme parfaites, ayant réalisé toutes les possibilités qu'elles contenaient. On ne doit donc rien en modifier, à moins d'être entièrement assuré de la nécessité de le faire (2).

Isḥāq et ses disciples accusaient Ibrāhīm b. Šakla de fautes de ce genre et, en dépit de ses qualités artistiques, désavouaient ses propos audacieux vis-à-vis de la musique des Anciens (3). Les bruits couraient avec insistance que Isḥāq était un musicien plus averti que Ibrāhīm. On racontait aussi qu'al-Ma'mūm ou al-Mu'taṣim avait dit : « Quand Isḥāq se trompe en musique, il est encore supérieur à Ibrāhīm dans le vrai. »

Si on s'interdit de modifier les mélodies, si ce n'est que pour les raisons indiquées au début de ce livre (4)... Ajoutons que l'imitation a une supériorité et qu'elle ne possède cette supériorité qu'on lui reconnaît que pour une seule raison et que, pour cette raison, il ne faut pas que les mélodies soient modifiées (5).

(1) Ma'bad (m. 125/743), Ibn Muḥriz (m. 96/ca 715), Ibn Surayǧ (m. 107/726) et al-Ġarīḍ (m. 106/ca 725) sont considérés comme les « quatre grands chanteurs des Arabes ». Parfois al-Ġarīḍ est remplacé par Mālik (m. 136/ca 754). Voir *Aġ.*, I,97-129.

(2) Les principaux faits qui ressortent de cet important paragraphe relatif à l'exécution et à l'interprétation sont les suivants : *a.* — L'interprète est appelé à enrichir une mélodie donnée par ses apports personnels et à l'orner à son goût. *b.* — Ces apports dépendent uniquement du talent naturel de l'interprète et de ses capacités vocales ; ils ne sont régis par aucune règle précise, et, par conséquent, ne s'acquièrent pas. *c.* — Cette liberté donnée à l'artiste cesse d'être effective quand il s'agit d'une certaine catégorie de musique ; les chants appartenant à cette catégorie et consacrés par la tradition doivent être exécutés sans aucune modification.

(3) Nous lisons en effet dans *Aġ.* qu'Isḥāq désavoue Ibrāhīm publiquement et en présence d'al-Mu'taṣim pour avoir dit que les chants des « quatre grands » manquaient de certains éléments de perfection qui étaient au-delà des capacités de ces chanteurs et que, lui, il les ajouterait à ces chants pour les rendre plus parfaits et plus beaux (*Aġ.*, V, p. 63).

(4) La proposition principale manque dans cette phrase.

(5) L'imitation, en tant qu'élément fondamental de l'art musical, fut évoquée, étudiée et illustrée aux pages 185-186 du ms. Voir aussi chapitre XXXIII, p. 165, n. 4 ; p. 168, n. 2.

223 En ce qui concerne la création // de l'art [musical], les instruments [de musique] et la question de leur origine, il est difficile d'en connaître l'époque et de la fixer. Beaucoup de gens, se livrant à diverses conjectures, attribuent l'origine de cet art tantôt à certains philosophes nommément désignés, tantôt aux rois grecs et perses, tantôt au diable *(Iblīs)* (1) que Dieu le maudisse ! allant jusqu'à dire qu'il en fut le premier inventeur, et tantôt à certains prophètes, que la grâce de Dieu soit répandue sur eux ! Nous allons rapporter à ce sujet ce qui est conforme à la vérité de ce que nous avons emprunté aux gens de mérite, à ceux dont la théorie sert de référence, et à ceux en particulier, qui, grâce à leur éminence, occupent une place importante dans cette science. Aussi, ces témoignages nous dispenseront-ils du reste.

Abū Naṣr al-Fārābī dit (2) : « Il y a deux formes dans l'exécution musicale : l'une concerne l'exécution des mélodies parfaites que fait entendre

(1) Il se peut que l'auteur fasse ici allusion aux nombreuses anecdotes selon lesquelles des musiciens célèbres tels qu'Ibrāhīm al-Mawṣilī, son fils Isḥāq, Ziryāb et d'autres furent inspirés par les *ǧinn* « génies » et par *Iblīs* « le diable » et apprirent le meilleur de leur art de la bouche de ces apparences fugitives (voir *Aġ.*, V, 97 ; MAQQARĪ, *Analectes,* II, p. 86). En outre, certains docteurs de la religion ont considéré la musique sous toutes ses formes comme une manifestation diabolique. Al-Buḫārī dans son *Ṣaḥīḥ, bāb ṣifāt Iblīs wa-ǧunūdihi,* écrit à propos d'*Iblīs:* « Sa boisson, le vin, sa distraction, la musique, la danse et la poésie... », voir *Encyclopédie de l'Islam,* article *Iblīs;* al-Ḥuǧwīrī, *op. cit.*, p. 411-412 ; CLÉMENT D'ALEXANDRIE, *Exortation to the Greeks,* cité par O. STRUNK, *Source readings in music history,* p. 61.

(2) L'auteur mentionne les diverses opinions sur la genèse de l'art musical à titre d'information. Il ne s'y attarde pas, parce que ce ne sont pour lui que des anecdotes. C'est à la théorie rationaliste d'al-Fārābī qu'il fait appel et il cite la plus ou moins intégralement sur dix pages. Cette très intéressante théorie, qui figure dans l'introduction du grand traité d'al-Fārābī, commence d'abord par l'exposition des formes essentielles de l'art musical à son point d'achèvement. A la suite de quoi, al-Fārābī nous fait remonter aux origines lointaines de la musique, au stade où l'homme commence à s'exprimer instinctivement en musique pour dissiper sa lassitude au moment du travail et trouver un surplus de courage. C'est à partir de ces modulations hybrides de la voix et de ces formules musicales rudimentaires que la musique se développe pour devenir un art. Voici un schéma de ce qui va suivre :

L'art musical à son point d'aboutissement

Musique vocale	*Musique instrumentale*
Chant artistique.	Musique destinée à accompagner le chant, à l'orner, à lui servir d'introduction, d'intermède et de postlude.
Lamentation funéraire.	
Déclamation modulée.	
Cantillation.	
Chant simple.	Musique instrumentale pure.

L'art musical à travers son évolution

Première étape: vocalises et formules musicales rudimentaires destinées à aider l'homme dans l'accomplissement de son labeur.

la voix humaine, l'autre, l'exécution des mélodies que font entendre les
224 instruments artificiels. Cette dernière se subdivise selon les espèces // d'instruments ; à cette catégorie appartient l'art de jouer [du *'ūd*], du *ṭunbūr*, ou d'un autre instrument de ce genre. L'autre (l'art vocal) se subdivise à son tour selon le genre des paroles poétiques auxquelles s'associent les notes et selon le dessein vers lequel tendent ces paroles. Citons, par exemple : l'art du chant (artistique) (1), l'art d'exécuter une lamentation funéraire ou une élégie (2), l'art de déclamer les *qaṣā'id* (3), l'art de la lecture modulée (cantillation du Coran), et aussi le *ḥudā'* « chant de chameliers » (4) et d'autres formes analogues. »

Parmi les mélodies instrumentales, les unes sont conçues pour imiter ce qu'il est possible d'imiter des mélodies parfaites (5), ou pour les orner [et les enrichir], pour jouer le rôle de préludes, de postludes et d'interludes qui permettent au chanteur de se reposer *(istirāḥāt)*, enfin pour compléter ce que la voix est incapable de rendre entièrement. D'autres mélodies

Deuxième étape: perfectionnement et début d'organisation artistique de ces vocalises et formules rudimentaires.

Troisième étape: les mélodies se diversifient et deviennent de trois sortes : *a.* — celles qui créent des sensations agréables. *b.* — celles qui agissent sur la faculté imaginative. *c.* — celles qui provoquent des passions.

Quatrième étape: fusion des catégories précitées et recours aux poèmes.

Cinquième étape: annexion de la musique instrumentale dans sa fonction d'accompagnement.

Sixième étape: développement des instruments en fonction des sons de la voix.

Septième étape: la théorie musicale.

L'exposé détaillé de ces points est reproduit textuellement par notre auteur. Cependant, ce dernier ajoute de temps à autre de courtes gloses, que nous mettrons entre parenthèses, et omet certaines phrases, que nous rajouterons entre crochets.

(1) *Ṣinā'at al-ġinā'* désigne l'art relatif au chant artistique quel que soit sa nature et cela, par opposition aux genres suivants qui forment des catégories à part. Il se peut également que ce terme désigne une forme élaborée par rapport aux autres formes qui sont libres et se rapprochent de la cantillation.

(2) Il s'agit d'une catégorie particulière confiée généralement aux femmes et qui ne fait pas partie de l'art proprement dit.

(3) *Qaṣā'id* est le pluriel de *qaṣīda* : voir *supra*, p. 112, n. 2. Il doit s'agir de la déclamation faite sur un ton solennel qui revêt un caractère mélodieux, contrairement à la lecture modulée mentionnée par la suite qui, elle, met l'élément musical plus en évidence. Cette dernière se rapporte à la cantillation du Coran.

(4) Le *ḥudā'* est l'une des premières formes du chant arabe. Le Dr Farmer écrit à ce propos : « Peut-être le *ḥudā'* fut-il d'abord un « charme » contre le *ǧinn* (génie) du désert... Le *ḥudā'* n'était pas réservé au seul chamelier... Al-Mas'ūdī affirme que le *ḥudā'* eut son premier développement à travers le *bukā'* ou « lamentation funéraire des femmes ». Voir aussi p. 121 et 134 du ms.

(5) Cela veut dire « doubler le chant ».

instrumentales sont conçues de telle façon qu'il devient difficile, voire impossible, de leur faire imiter les mélodies parfaites (vocales), ou de s'en servir pour apporter à celle-ci un quelconque soutien. Elles sont comparables à des motifs décoratifs qui n'ont pas pour objet de figurer quoi que ce
225 soit mais // qui sont dessinés selon une forme (1) d'aspect agréable. C'est le cas des *ṭarā'iq* et *rawāsīn* (2) de Perse ou du Ḫūrāsān, qui ne peuvent pas accompagner (nos chants) (3). (Ils représentent toutefois les meilleures formes artistiques des Persans.) Étant donné que cette musique est imparfaite et que, même achevée, elle ne représente qu'une partie de la perfection, l'âme, en entendant ce genre tout seul, éprouve le désir d'y trouver les autres éléments de perfection qui lui manquent. Si, à la longue, cette musique ne satisfaisait pas le désir de l'âme, celle-ci s'en éloignera et en sera exaspérée. Toutefois, constatant l'avantage qu'offre l'adoption de cette espèce de musique en surplus (4), l'âme l'agréera pour ses vocalises (5). On ne doit donc employer ces espèces de musiques que sous forme d'exercices pour l'oreille et la main, ou comme préludes au chant (que nous appelons *mabādi'*) (6), et comme interludes (aussi les emploie-t-on dans les *naša'id*) (7). »

Al-Fārābī ajoute : « Ce sont les dispositions naturelles de l'homme (8),
226 implantées en lui // depuis sa naissance, qui lui permettent de créer de la musique. Parmi ces dispositions citons : [le penchant de l'homme pour la poésie], la disposition animale qui s'exprime par des sons spéciaux (9) traduisant les divers états de joie ou de douleur, le goût que l'homme manifeste pour le repos à la suite d'un labeur et son besoin de ne pas sentir la

(1) Lire *ṣīġat ṣiyaġatan*.

(2) Ce sont des compositions instrumentales basées sur des formules modales que l'on développe selon un plan bien défini.

(3) Le mot *alḥānunā* « nos chants » est une glose de l'auteur. Cette interprétation pourrait refléter son attitude vis-à-vis de la « musique moderne » qui s'inspirait de la musique persane ; la glose suivante appuie cette hypothèse. A la lumière de ces deux gloses, l'auteur semble vouloir dire que cette musique persane est très belle mais qu'elle s'adapte mal à « nos chants ». Quoi qu'il en soit, cette glose n'est pas très heureuse, compte tenu du contexte.

(4) Lire *tazwīduhu*.

(5) Voir p. 198 n. 1.

(6) Cette glose vient après le mot « intermèdes », mais *mabādi'* ne s'applique qu'aux préludes.

(7) *Našīd* (plur. *našā'id*) représente la partie qui précède le chant proprement dit (voir p. 55-56). Dans ce cas, il pourrait s'agir de courtes interventions instrumentales au cours de l'improvisation vocale.

(8) Lire *li-l-insān*.

(9) Lire *tuṣawwit bi-hā*.

fatigue pendant le travail. Or, les vocalises improvisées *(tarannumāt)* (1), ont en effet ce pouvoir de détourner l'attention de l'homme de la fatigue au moment du labeur et de faire en sorte qu'il ne sente pas les travaux effectués. Elles lui font perdre la notion du temps passé à la besogne, elles l'aident à supporter cette besogne et à persévérer davantage dans son accomplissement. La sensation du temps donne en effet naissance à une impression [de fatigue] plus grande qui provoquera dans l'esprit de l'homme l'idée d'une sensation réelle de fatigue, étant donné que la fatigue résulte du mouvement, que le temps est fonction du mouvement, et qu'ils sont fonction l'un de l'autre (je veux dire, le temps et le mouvement qui sont inséparables) » (2).

« D'autre part, on prétend que les vocalises improvisées ont aussi un effet sur les autres animaux, comme, par exemple, celui exercé sur les chameaux des bédouins, quand ils entendent le *ḥudā'* [chant des chameliers]. »

« Voilà pour ce qui concerne les dispositions naturelles [et les instincts] qui ont donné naissance à la musique. Quant à la façon dont furent créées
227 les différentes branches // de la musique pratique, c'est grâce à ces dispositions naturelles et à ces instincts dont nous venons de parler que la musique s'est développée jusqu'à devenir un art. Par les vocalises improvisées, certains

(1) Dans ce long paragraphe il est question, à deux ou trois reprises, et dans un même contexte, de *tarannumāt* ou de *tarnīmāt*. Ces termes représentent une forme particulière de l'expression vocale.

Al-Fārābī dit, en parlant de « chant à notes vides », que si le chant est composé essentiellement de notes vides, il sera proche des pures *tarannumāt* et des mélodies dont les notes ne s'associent pas aux lettres composant un *logos* (*M.*, fol. 175 ; Erl., II, p. 67). Il ressort de ce passage que les *tarannumāt* sont des vocalises ou des motifs mélodiques sans paroles. Dans le même ordre d'idées, notre auteur associe *tarnīmāt* aux mélismes.

Le grand grammairien Sībawayhi dit : « La poésie fut conçue pour le *ġinā'* « chant » et le *tarannum* « modulation de la voix » (*op. cit.*, II, p. 326). Tous les autres exemples que nous avons vus, montrent qu'il s'agit de vocalises ou de fragments mélodiques improvisés qui s'enchaînent librement.

Dans cette fine analyse de l'évolution musicale, *tarannum* représente les premières manifestations musicales de l'homme ; celles-ci ne sont encore que des extériorisations sonores des états d'âme échappant aux lois de la composition musicale et de l'art. Dans un certain sens, leur cas est semblable aux sons spéciaux qu'émettent les animaux dans leur joie ou dans leur peine ; ou encore, on pourrait les comparer aux modulations de la voix d'un bébé satisfait et heureux.

(2) Le temps fut déterminé par Aristote comme le nombre, la mesure et la quantité du mouvement, d'après son être antérieur et postérieur. Inversement, le mouvement fut déterminé comme le nombre et la mesure du temps. Ce rapport de fonction entre le mouvement et le temps est donné par Aristote dans *Physique IV*, 12, 220 b, 14-6.

D'autre part, nous lisons dans les *Mafātīḥ al-'ulūm:* « Le temps est une durée *(mudda)* qui est comptée, c'est-à-dire mesurée par le mouvement comme par le mouvement des sphères célestes et des autres choses animées..., v. *Encyclopédie de l'Islam,* t. IV, p. 1279.

ont cherché à se procurer du repos, des sensations agréables, [à oublier la fatigue et à perdre la notion du temps]. D'autres ont cherché, soit à intensifier un état d'âme, une passion (telle que la colère, la tristesse, la joie, ou d'autres passions de ce genre), soit à la dissiper, à l'oublier ou à l'atténuer. D'autres enfin, ont employé ces vocalises pour donner aux paroles plus de force en vue d'exciter l'activité de la faculté imaginative, et pour faciliter leur compréhension.

« Ces vocalises improvisées, [cantillations] et chants mélismatiques se sont accrus (1) chez chacun de ceux que nous venons de citer jusqu'à ce que peu à peu, à travers les âges, de peuple en peuple, ils fussent enrichis et amplifiés. Entre temps, des hommes doués d'une aptitude particulière et de dispositions naturelles acquirent le talent de composer des mélodies revêtant les trois formes que nous avons décrites, talent qui n'a pas été donné à d'autres qu'eux. Ayant persévéré dans ce travail, ils se rendirent célèbres. Puis leurs successeurs imitèrent leurs exemples [dans les mêmes condi-
228 tions. Parmi ces derniers, les uns étaient inaptes à composer des mélodies semblables à celles de leurs devanciers ; ceux-là possédaient seulement un certain talent pour l'exécution ; les autres avaient le talent de ceux dont ils s'inspiraient] (2) et contribuaient à enrichir leurs œuvres. [Puis, à leur tour, ils inspirèrent leurs successeurs] et c'est ainsi que l'art musical passa (3) d'un musicien à l'autre à travers les âges et que les trois espèces finirent au cours des siècles par se fondre et se mêler (4). En effet, celui qui cherchait le repos, les sensations agréables, trouvant qu'il pouvait se les procurer par les notes consacrées à ce but et aussi [par les choses qui les imitent, par ce que font imaginer les paroles qu'on leur associe] et aussi par les moyens qui provoquent des passions désirables et qui apaisent des passions à éviter, constata qu'en adjoignant ces différents éléments (5) aux notes et aux mélodies qui lui faisaient atteindre son but, il rendait son dessein plus parfaitement réalisable. Il forma alors, de ce genre, des mélodies vocales associées à des paroles. »

« [Celui qui se proposait de provoquer ou d'apaiser telle ou telle passion, ayant constaté qu'il pouvait également atteindre son but en ajoutant

(1) Lire *tanšā'*.

(2) Cette lacune pourrait avoir comme cause une défaillance momentanée, due au passage d'une page à une autre.

(3) Lire *al-tadāwul*.

(4) Lire *inba'aṯa*.

(5) Nous adoptons ici la version de al-Fārābī : *sā'ir hāḏihi al-ašyā'*. Néanmoins, celle de l'auteur : *naġam sā'ir al-aǧsām*, « les notes de tous les corps sonores » n'est pas invraisemblable, quoiqu'elle introduise une notion qui ne ressort pas explicitement du texte d'al-Fārābī.

à la musique consacrée à cet effet des notes qui procuraient une sensation agréable, et d'autres qui provoquaient l'activité de la faculté imaginative, et qu'en y associant des paroles ce à quoi il aspirait était plus parfaitement réalisé, se mit alors à former aussi des mélodies vocales associées à des paroles. De même celui qui se proposait d'exciter la faculté imaginative] et de faciliter la compréhension de certaines paroles, [ayant reconnu que la provocation ou l'apaisement de telle ou telle passion aide à exciter la faculté imaginative] (1) et à rendre plus facile la compréhension des paroles, ayant reconnu aussi que les notes qui procurent une sensation agréable, si elles sont associées à des paroles, sont écoutées avec plus d'attention et plus longtemps sans fatigue ni ennui, associa alors tous ces éléments aux paroles et, par leur truchement, atteignit son but. »

« On raconte qu'à chaque fois que le poète ʿAlqama b. ʿAbda (2)
229 // venait demander une faveur à al-Ḥāriṯ b. Abī Šamr al Ġassānī, ce dernier ne lui prêtait aucune attention tant que son poème n'était pas mis en musique et ne lui était pas chanté ; alors seulement le monarque lui accordait ce qu'il demandait. »

« Lorsqu'on fut en possession de ces différents genres de musiques, les diverses circonstances de la vie des hommes exigèrent que chacun d'eux fût employé au moment opportun, l'un dans la joie, l'autre dans la tristesse, d'autres pour la consolation, d'autres pour les dialogues qui empruntent des paroles rythmées (3). C'est pourquoi les musiciens eurent à analyser leurs propres compositions (4), comme celles qu'ils avaient empruntées dans chaque circonstance, afin de mieux atteindre le but recherché. Ceci d'autant plus, que la société humaine grandissait, que les circonstances étaient devenues nombreuses, que le nombre de chercheurs et de praticiens s'accroissait, que l'on dépensait pour la musique des sommes

(1) L'omission de ce long passage est inexplicable et altère l'admirable exposé d'al-Fārābī.

(2) ʿAlqama b. ʿAbda, l'un des plus grands poètes de l'époque antéislamique. Il vécut un certain temps à la cour de Ḥāriṯ, roi de Ġassān, auquel il dédia ses meilleurs poèmes.

(3) Nous ne comprenons pas très bien ce qu'al-Fārābī et notre auteur entendent au juste par *al-muḥāwarāt bi-l-aqwāl al-maʿmūla*. Mot à mot, *muḥāwarāt* signifie « dialogues », *bi-l-aqwāl* « au moyen des paroles ou discours », *al-maʿmūla* « régis ou gouvernés ». A première vue, il s'agirait des intonations particulières de la voix et des accents au cours d'une conversation passionnée. Si nous poussons plus loin l'analyse de cette expression, nous pourrons considérer *aqwāl maʿmūla* comme « discours régis par les lois de l'art ». Dans ce cas, il pourrait s'agir de cette espèce de dialogues en poésie qu'échangeaient les poètes par correspondance ou sous forme de concours improvisés. Là aussi, il serait question d'une déclamation mélodieuse et non pas des mélodies proprement dites. Malheureusement, nous ne nous sentons pas en mesure d'élucider davantage cette question obscure.

(4) Lire *mimmā ʿamalūhu*.

considérables en rétributions et honoraires. Ces encouragements firent naître
une émulation et firent surgir une foule d'artistes de talent qui rivalisaient
d'éclat. L'un retranchait ce qui était ajouté par l'autre, l'autre ajoutait ce
qui était retranché par le premier, de sorte qu'à la longue les mélodies
230 devinrent parfaites ou à peu près //. Les musiciens ayant constaté que les
mélodies vocales imitées par des notes qu'engendrent divers corps sonores
et accompagnées par elles sont plus riches (1), plus amples, plus éclatantes,
d'une sonorité plus agréable et conservent mieux leurs formes et leur
harmonie, cherchèrent, en même temps ou un peu plus tard, à faire rendre
aux différents corps sonores des notes comparables et égales à celles du chant.
Ils examinèrent de quel point sortait chacune des notes imitant (2) celles
qui composaient les mélodies connues et retenues chez eux. Ce faisant, ils
prirent connaissance des emplacements et des limites des notes et ils les
employèrent dans la pratique. Puis, ils continuèrent à choisir instinctivement parmi les corps sonores naturels ou artificiels — par artificiels,
je veux dire les instruments fabriqués et, par naturels, les voix — ceux
qui leur donnaient ces notes avec le plus de perfection. A chaque fois qu'ils
arrivaient à concevoir un instrument et qu'ils s'apercevaient (3) par la
suite que ce dernier avait un défaut (4), ils faisaient eux-mêmes disparaître
231 ce défaut, et si ce n'était pas eux, c'étaient leurs successeurs. // Le *'ūd* et
les autres instruments se trouvèrent de la sorte achevés. Ainsi, l'art de la
pratique musicale fut-il perfectionné, [ainsi] les règles des mélodies furent-elles fixées et l'on distingua alors clairement quelles étaient les mélodies et les notes [naturelles à l'homme et quelles étaient celles qui ne le sont pas, je veux dire lesquelles étaient] consonantes et lesquelles dissonantes (qu'elles soient engendrées par la voix ou par les instruments). Il apparut aussi avec évidence quelles étaient les consonances les plus parfaites et celles qui l'étaient moins. [Certaines consonances sont, en effet, parfaites, d'autres le sont moins et elles sont parfois si faibles qu'elles deviennent dissonances.] Les notes d'une consonance parfaite ont été comparées aux aliments essentiels et les moins parfaites aux desserts (5). Ce qui n'est absolument pas naturel, ce sont les sons très aigus, [très assourdissants] que l'homme n'est pas de force à supporter, |de même que les instruments qui les produisent. Ces sons ne sont employés que dans des cas spéciaux ; certains ont un effet comparable à celui d'un remède et agissent comme le

(1) Lire *aġraz*.
(2) Lire *yaḥḏūnahā*.
(3) Lire *aḥassū*.
(4) Il y a un *biḫalal* de trop.
(5) Lire *mā yatafakkah*.

remède sur le corps ; d'autres ont un effet comparable à celui d'un poison (1), comme, par exemple, les sons terrifiants destinés à étourdir et à stupéfier et les instruments qui produisent des effets analogues et dont on se servait
232 sur les champs de bataille tels que : les grelots // [que jadis un certain roi égyptien fit construire par un ancien savant nommé Banba'atlis (?)] (2), les instruments qu'utilisaient autrefois (3) les rois grecs, ou enfin les hurleurs qui accompagnaient les rois de Perse quand ils partaient pour des expéditions belliqueuses » (4).

« Quant aux jeux de tambours, de timbales, de cymbales, [quant à] l'art du battement des mains, de la danse [et de la mimique], ils font encore partie de la pratique musicale ; mais, quoiqu'ils aient le même but que ceux dont il a été question plus haut, ils sont beaucoup plus imparfaits. L'art de la danse est le plus imparfait d'entre eux (5). »

« En conclusion, nous dirons que les mélodies sont en général de trois espèces : la première procure à l'âme du plaisir, [la plus plaisante] des auditions et aussi du repos ; son effet s'arrête là et ne s'étend pas davantage. La seconde a ces mêmes qualités et, de plus, elle provoque l'action de la faculté imaginative de l'âme, et (des passions) (6) : elle fait produire des
233 images rappelant des objets sensibles qui s'y incrustent (7). Le cas de ces deux espèces est comparable respectivement, à un dessin décoratif et à une peinture figurative. Or, le dessin décoratif ne produit (8) d'autre effet que le plaisir visuel, tandis que la peinture figurative reproduit, de plus, les formes des choses (êtres), leurs passions, leurs actions, leurs caractères et leurs

(1) Dans un passage analogue, évoquant la nature des sons terrifiants qui, en s'abattant sur les oreilles, causent une mort subite, les Iḫwān al-Ṣafā', écrivent : « Il est un instrument qui produit ce genre de sons, nommé *al-urġūn*, et que les Grecs employaient au moment de guerres pour effrayer les âmes des ennemis. » (*Rasā'il*, I, p. 92).

(2) Ce nom est d'une lecture incertaine.

(3) Lire *fī mā ḫalā*.

(4) L'auteur ne va pas jusqu'au bout de ce paragraphe et il saute les premières lignes du paragraphe suivant : voir *M.*, fol. 12v ; Erl., I, p. 21.

(5) Voici tout ce que l'auteur donne du long chapitre consacré aux instruments et à la danse par al-Fārābī. En outre, à cet endroit précis s'arrête la première citation empruntée à *M.*, fol. 10-12 ; Erl., I, p. 17-21. La seconde citation, qui fera l'objet du paragraphe suivant, sera, elle aussi, empruntée à l'introduction du traité d'al-Fārābī, mais prise en un autre endroit (*M.*, fol. VI ; Erl., I, p. 13).

(6) C'est une erreur, car les passions appartiennent à la troisième espèce de mélodies que d'ailleurs l'auteur oublie de citer, peut-être parce qu'elle ne vient qu'après un long développement consacré aux deux premières espèces.

(7) Al-Fārābī fait vraisemblablement allusion à certaines facultés internes de l'âme. Voir à cet effet Wolfson, *Internal senses*, p. 94-95.

(8) Lire *yaḥṣal 'anhā*.

physionomies (1). C'est ainsi qu'étaient les idoles d'autrefois, glorifiées (et adorées) naguère par la foule parce qu'elles figuraient leurs dieux [qu'ils adoraient avec Dieu ou sans Dieu — lequel est grand et haut —] et rappelaient par leurs formes et leurs expressions les actions, les signes et les volontés qu'ils auraient attribués à chacun d'eux. [Galien le médecin parle de certaines de ces idoles qu'il a vues] et il en existe encore dans [les régions les plus éloignées] des Indes. La troisième espèce de musique est inspirée par nos passions, par nos états d'âme... » (2)

Nous avons ainsi élucidé la question de l'origine de la musique, de la science musicale et de leurs causes. Par la suite y apportèrent leur témoignage des philosophes illustres, tels que : Pythagore, Aristoxenos [?] (3), Muristus (4), Archytas, Euclide, Daryonosis [?] (5), Platon, Philolaüs,
234 Nicomaque, Ptolémée // et d'autres dont l'énumération serait trop longue. Tous les philosophes et les savants ont écrit sur la musique des ouvrages grands ou petits ou des propos disséminés dans divers écrits. Ainsi les uns ont amplifié les œuvres des autres.

Aḥmad b. al-Saraḫsī dit : « On ne peut pas prouver par la méthode démonstrative tous les éléments de cette science, car on ne saurait appliquer cette méthode sans discernement à tous les arts. La science arithmétique, elle, est fondée sur la méthode concrète, c'est-à-dire sur le calcul. La science de la géométrie est fondée sur la démonstration des calculs et sur la déduction. La science musicale est fondée sur le calcul, sur la méthode démonstrative, sur la comparaison, et sur une démonstration basée [à son tour] tantôt sur des prémisses certaines, tantôt sur des prémisses improbables. »

Al-Saraḫsī dit : « Une histoire relative à l'origine de la science musicale, selon laquelle un ancien [un grec] trouva les rapports des sons en com-

(1) Lire *sīmatihā*.

(2) Suit encore un long développement concernant cette espèce que l'auteur ou le copiste avaient probablement oubliée (*M.*, fol. VI ; Erl., I, p. 13-14). Nous signalons d'autre part qu'à cet endroit s'achève la très longue citation d'al-Fārābī qui occupe la majeure partie de ce chapitre.

(3) Ce nom est transcrit ainsi ارطلساس. En supposant que le trait légèrement penché de la partie supérieure du *kāf* et le point diacritique du *nūn* aient pu s'effacer ou être oubliés par le copiste, nous pourrions lire aisément Aristoxenos. Cet auteur fut connu des Arabes à travers la traduction de deux de ses écrits sur la musique : *Manuel d'harmonique* et *Manuel de rythmique*.

(4) Muristus est un auteur grec auquel on attribue un traité relatif à la construction des orgues. Ce traité n'a été conservé qu'en arabe. Voir à ce sujet l'étude du Dr Farmer dans *Studies in oriental instruments in two series*, éd. H. Reeves, Londres, 1925-30.

(5) Je suppose que le *rā* est de trop, car alors, il s'agirait soit de Dionysos, soit du pseudo-Dionysion.

parant les proportions des corps heurtants et heurtés (1), raconte en effet que cet homme, passant dans un marché d'artisans du cuivre ou de
235 forgerons, entendit divers sons // et sentit que ces sons étaient harmonieux et lui rappelaient un chant qu'il connaissait. Il examina alors ces sons qu'il trouva consonants. Poursuivant l'étude des rapports des corps heurtés et heurtants, il constata que les rapports ainsi obtenus correspondaient à ce qu'il avait senti auparavant. Rentré chez lui, il procéda à une comparaison de plusieurs corps des différentes proportions. Puis, guidé par le sens de l'ouïe, il chercha lesquelles de ces proportions correspondaient aux rapports des sons harmonieux qu'il avait entendus. Il persista dans cette recherche jusqu'à ce qu'il eût réussi dans son entreprise (2). Pour atteindre son but cet homme eut donc recours à l'étude des rapports, au calcul et à la sensation. »

Nicomaque rapporte que Pythagore fut le premier à avoir trouvé les rapports des sons et que c'était lui l'homme mentionné dans l'histoire ci-dessus.

En ce qui concerne le début de tout cela (3), on ne le connaît guère, et ce qu'en dit al-Fārābī est suffisant.

chapitre XLIII

L'INSTRUCTION

Chaque chapitre de ce livre est nécessairement, dans sa totalité ou en
236 partie, soit emprunté aux théories // des autres, soit inventé et original. Pour ce qui est [des passages] de la première catégorie, il est recommandé

(1) Il semble que cela se rapporte à la comparaison des poids des cinq marteaux effectuée par Pythagore avant qu'il n'aboutisse à la définition de la proportion harmonique idéale. Nous reconnaissons ici la légende concernant la fameuse expérience des marteaux qui l'aurait conduit à la découverte des consonances. Cette légende a été répétée durant tout le moyen âge. Voir NICOMAQUE, *Manuel d'harmonique*, p. 19-20 ; POTIRON, *Boèce*, p. 49 ; MOUTSOPOULOS, *La musique*, p. 55.

(2) C'est une déformation de l'expérience effectuée par Pythagore en rentrant chez lui. La légende raconte que Pythagore attacha deux cordes absolument semblables. Puis, il suspendit aux deux cordes des poids différents et présentant les mêmes rapports que ceux des marteaux de la forge : il obtint le même résultat, ce qui le réjouit fort.

(3) Le mot « cela » est équivoque, car il peut se rapporter soit à la légende de Pythagore, soit à l'ensemble de l'exposé relatif à l'origine de la musique.

de remonter aux sources pour y puiser les éléments complémentaires d'information. Les références en question renvoient aux ouvrages des auteurs illustres. Elles sont (1) parfois dispersées (2), parfois sous formes d'études plus ou moins complètes (3). Citons parmi ces auteurs illustres : al-Kindī, Ṯabit b. Qurra (4), Aḥmad b. al Ṭayyib (5) et Abū Naṣr al-Fārābī qui sont considérés comme les philosophes de cet art (6). C'est en particulier à eux que recourent les modernes ; ce sont les principaux piliers sur lesquels nous nous appuyons, et ceci bien que nous ayons cité des auteurs qui vivaient avant eux (7). Quant aux faits qui ne relèvent pas directement de la théorie musicale (8), on les trouvera dans les œuvres des auteurs arabes relatives à la grammaire, à la prosodie et à la poétique.

Les traités dans lesquels la théorie musicale parvient au plus haut degré de perfection, sont ceux d'al-Kindī, d'al-Fārābī et d'Ibn al-Ṭayyib. Quant à al-Fārābī, il dit en avoir fait une étude complète dans son grand traité, après avoir lu attentivement les traités des savants de l'antiquité et des contemporains sur ce sujet, et après avoir constaté qu'aucun d'eux n'était arrivé à en donner une étude approfondie et complète (9).

237 En dehors de ces auteurs, tous les autres, parmi les Modernes qui ont écrit des livres sur la musique, n'occupent dans cette science qu'un rang de littérateurs. C'est le cas d'Isḥāq [al-Mawṣilī], Manṣur b. Ṭalḥa (10), 'Abd Allāh b. Ṭāhir et son fils (11), Ibrāhīm b. al-Imām al-'Abbāsī (12), Ibn Yaḥyā

(1) Il faudrait soit supprimer la conjonction, soit ajouter ou sous-entendre *wa-hiyā* « elles sont ».

(2) *Tafarraqa* signifie « se diviser » ou « se disperser ». Nous avons opté pour le second sens par référence à ce que dit l'auteur dans un contexte analogue (p. 203). Il s'agirait donc des propos disséminés qui ne forment pas des études particulières et complètes.

(3) *Nāqiṣ* ici n'a pas le sens de « défectueux », mais tout simplement d'une étude « fragmentaire » ou « incomplète ».

(4) Ṯābit b. Qurra (221-288/836-901) fut un Sabéen de Ḥarrān en Mésopotamie. Il excella dans toutes les sciences y compris la musique. On connaît de lui au moins neuf ouvrages sur la musique : voir H.-G. FARMER, *The Sources of Arabian music,* p. 22-23.

(5) Il s'agit d'al-Saraḫsī (m. 286/899) : voir *supra* p. 42 n. 1.

(6) Le musicien-philosophe est celui qui s'occupe de la théorie spéculative et qui considère la musique comme une partie de la philosophie.

(7) Il doit s'agir des auteurs grecs.

(8) Littéralement : « et autres choses que celles-ci ». Il ressort de la suite que l'auteur veut dire : « des faits ne relevant pas de la théorie spéculative ».

(9) C'est en effet un résumé de ce que dit al-Fārābī dans l'avant-propos de son traité.

(10) Voir *supra,* p. 183 n. 1.

(11) Voir *supra,* p. 154 n. 2.

(12) Il s'agit vraisemblablement du prince Ibrāhīm b. al-Mahdī.

al-Munağğim (1) et Ibn Waṣīf al-Aḥmadī (2). La théorie de ce dernier, en particulier, est meilleure que celles de tous les autres Modernes, plus utile et se rapprochant davantage des doctrines des Anciens quoique cet auteur ait subi l'influence d'Isḥāq dans plusieurs de ses propos. Toutefois, ces derniers emprunts mis à part, il a tout emprunté aux Anciens.

Les ouvrages de tous ces auteurs modernes n'apportent, en dépit de leur valeur, que des choses qui sont pour la plupart dépourvues d'intérêt. Néanmoins, en dépit de la méthode employée qui n'est pas recommandable pour l'enseignement, nul obstacle à ce qu'ils servent de préliminaires à celui qui désire étudier la théorie.

Al-Za'farānī, le scribe (3), mentionne dans son grand livre nombre d'auteurs anciens et modernes et cite beaucoup de leurs dires, qui sont d'ailleurs pleins d'erreurs.

238 J'ai donc décidé, avec l'aide de Dieu qui est grand, de les analyser séparément et d'y montrer ce qui est vrai et ce qui est faux, car ils sont susceptibles d'induire les élèves en erreur.

Kušāğim, le scribe (4), a lui aussi écrit des études sur la musique et un poème qu'on pourrait consulter, mais il requiert, le plus souvent, un commentaire.

Ḥarra, le scribe (5), a lui aussi écrit, à l'intention de Kāfūr al-Iḫšīdī, un traité qui n'est pas d'un grand intérêt.

Celui qui se penchera sur l'étude du présent ouvrage ainsi que sur l'autre, *Le livre qui satisfait l'esprit...*, pourra renoncer à la plupart de ces ouvrages.

En ce qui concerne les passages de la deuxième catégorie, qui constituent la matière inventée de ce livre, il est possible de leur ajouter par analogie, d'en compléter les différentes sections, de les commenter et de

(1) Yaḥyā b. 'Alī al-Munağğim (242-300/856-912), grand philosophe, poète et théoricien de la musique : voir FARMER, *Historical facts for the arabian musical influence*, p. 280-285.

(2) Nous n'avons pas pu identifier ce personnage. Il ne figure ni dans Brockelmann, ni dans les ouvrages biographiques d'al-Nadīm, Ibn Ḫallikān, Ibn Abī Uṣaybi'a, Yāqūt.

(3) Il s'agit vraisemblablement de Abū l-Fatḥ al-Za'farānī, poète et littérateur qui fut admis dans la société de al-Ṣāḥib b. 'Abbād (m. 374/984), personnage illustre, à la fois homme d'État et homme de Lettres éminent : voir IBN ḪALLIKĀN, *Biographical Dict.* trad. H.-G. DE SLANE, p. 217.

(4) Abū l-Fatḥ Kušāğim (m. 350/ca 961), poète et philologue célèbre. Il figure au nombre des scribes dans le *Kitāb al-Fihrist*. Il est l'auteur d'un *Adab al-nadīm (Les connaissances du* [*bon*] *compagnon)*.

(5) Nous n'avons pas pu identifier ce personnage. Néanmoins, le nom de Kāfūr al-Iḫšīdī, gouverneur de l'Égypte (m. 356/966) nous renseigne sur son époque et sur le lieu éventuel où il a vécu.

les augmenter par des appendices, à condition que ces additions soient du même genre que les passages commentés. Celui qui désire procéder ainsi y est autorisé, à condition d'être au moins à peu près compétent. Ceci dit, nous ne sommes pas censés tout approfondir, ni tout savoir. Nous avons pu négliger certains sujets, soit parce que nous étions incapable de les traiter ou d'atteindre les buts recherchés, soit parce que nous en éprouvions
239 de l'ennui, soit par souci de brièveté. L'excuse dans tous ces cas est valable.

Que celui qui aura lu les ouvrages des auteurs modernes précités se garde d'avoir une présomption favorable sur ce qu'il aura compris de sa lecture et de conclure que ce qu'il a lu est entièrement vrai, car ces ouvrages contiennent plusieurs erreurs, alors que ceux des Anciens et des philosophes, qui inspirent confiance et qui détiennent la vérité, sont très difficiles à comprendre. Faute de pouvoir mieux faire il agira à l'instar d'un individu qui, désirant spéculer sur cette science et aussi s'adonner à la pratique musicale parce qu'il en avait envie, vint me questionner au sujet du nombre de percussions du lourd-deuxième. Je l'informai à chaque fois de ce que je savais, mais je ne trouvai chez lui ni rapidité d'assimilation, ni aptitude musicale adéquate. Puis, ayant été incapable de consulter (1) les ouvrages des auteurs les plus éminents, il eut recours au traité dit de Ḥarra et se consacra à sa lecture. Après quoi, il alla jusqu'à entreprendre la rédaction d'un livre et se mit à
240 effectuer des recherches sur les dimensions des instruments // et en particulier de ceux que pratiquaient jadis les Anciens. Ce faisant, il crut que rien de tout ce qui concerne les deux arts (2), la théorie et la pratique, ne saurait être parfait que dans les dits instruments. En suite de quoi, son esprit fut entièrement accaparé par cette idée et il refusa [aux instruments d'aujourd'hui] (3) les qualités de ceux d'autrefois en prétendant que les notes émises par les uns n'étaient pas comme celles des autres. Son opinion devint alors semblable à celle des alchimistes à propos de l'alchimie (4). Pour finir, il se mit à dire que les notes de nos *'ūd* ne sont pas justes étant donné que nos instruments sont différents de ceux qu'utilisaient les savants d'autrefois et il aboutit à la conclusion que les valeurs des notes ne peuvent être fixées avec justesse et ne se reconnaissent qu'en fonction des dimensions des instruments.

(1) Lire *'alā qirā'a.*

(2) Lire *min al-ṣinā'a.*

(3) Il y a ici une lacune et il faudrait rajouter *wa-hiyā* qui désigne : les instruments actuels. L'omission de ce mot se comprend aisément étant donné qu'il figure trois fois dans la même ligne.

(4) Autrement dit, ce personnage a fait un travail inutile comme les alchimistes (voir la note suivante).

Je l'abandonnai dans son égarement car il n'acceptait pas mes conseils et j'attendis l'apparition de son livre pour pouvoir m'en moquer (1).

Ici se termine le traité avec l'aide de Dieu et sa grâce.

(1) Cette anecdote qui clôt le traité rappelle dans son ensemble deux textes de Platon dans lesquels un musicien-philosophe blâme un soi-disant « harmonicien » de n'avoir pas reçu une instruction musicale suffisante ; ce dernier y est qualifié d'« accordeur » parce qu'il est persuadé que son plus grand mérite consiste à savoir accorder une lyre. D'autre part, Platon écrit à propos de ces « harmoniciens » : « Ils se bornent à mesurer et à comparer entre eux les accords et les sons perçus par l'oreille », faisant ainsi « un travail inutile comme les astronomes ». Voir Moutsopoulos, *La musique*, p. 46-48.

La parenté entre l'anecdote de l'auteur et les propos précités de Platon est évidente. Il semble donc que l'auteur se soit inspiré de ces propos pour terminer son ouvrage sur une note mettant en relief la prééminence du musicien-philosophe.

APPENDICE I

Tableau de concordance [entre la table des matières de l'auteur (p. 31-34) et la répartition réelle des chapitres à l'intérieur du traité].

Titres annoncés (p. 31-34)	Titres des chapitres traités	Chapitre
	Introduction	
L'émotion musicale	L'émotion musicale	I
La prééminence de la musique	La prééminence de la musique	II
Les significations des mélodies	Les significations des mélodies	III
Les effets des mélodies	Les effets des mélodies	IV
La prééminence de la musique ancienne	La prééminence de la musique ancienne	V
L'excellence de la poésie ancienne	L'excellence de la poésie ancienne	VI
L'excellence de la science	L'excellence de la science musicale	VII
Les propriétés des mélodies	Les propriétés des mélodies	VIII
Les manières d'être des notes (cf. ch. X)	La similitude entre l'âme, la musique et la sphère céleste	IX
La similitude (cf. ch. IX)	Les manières d'être des notes	X
Le nom de la musique (cf. ch. XI)	Les causes de la production des sons	XI
Les délimitations des notes (cf. ch. XIII)	Le nom de la musique	XII
Les éléments fondamentaux des mélodies (cf. ch. XVI)	Les délimitations des notes	XIII
Les lettres mélodieuses (cf. ch. XVII)	La répartition des ligatures du *ṭunbūr*	XIV
Le dosage de la respiration (cf. ch. XVIII)	Les espèces de notes	XV

Titres annoncés (p. 31-34)	Titres des chapitres traités	Chapitre
La prosodie (cf. ch. XIX)	Les éléments fondamentaux des mélodies	XVI
La composition musicale (cf. ch. XX)	Les lettres mélodieuses	XVII
Les qualifications des mélodies (cf. ch. XXI)	Le dosage [de la respiration]	XVIII
La conception des mélodies (cf. ch. XXII)	La prosodie	XIX
Les formules et sons préférentiels dans les mélodies (cf. ch. XXIII)	La composition musicale	XX
Les formules et sons préférentiels dans la musique instrumentale (cf. ch. XXIV)	Les qualifications des mélodies	XXI
Ce qu'il est recommandé de mettre en relief dans le chant (cf. ch. XXV)	La conception des mélodies en fonction de poèmes correspondants	XXII
Ce qu'il est recommandé d'assimiler dans le chant (cf. ch. XXVI)	Les sons et formules préférentiels dans les mélodies	XXIII
Les ouvertures (cf. ch. XXVII)	Les sons et formules préférentiels dans le jeu d'instruments à cordes	XXIV
Les modes rythmiques (cf. ch. XXVIII)	Ce qu'il est recommandé de mettre en relief dans les mélodies	XXV
L'entrée en rythme (cf. ch. XXIX)	Ce qu'il est recommandé d'assimiler dans les mélodies	XXVI
Les emprunts (cf. ch. XXX)	Les ouvertures	XXVII
Les cordes (cf. ch. XXXI)	Les rythmes	XXVIII
Les noms des modes (cf. ch. XXXII)	L'entrée en rythme	XXIX
La qualification du chanteur musicien (cf. ch. XXXIII)	Les emprunts	XXX
Le maintien (cf. ch. XXXIV)	Les cordes	XXXI

Titres annoncés (p. 31-34)	Titres des chapitres traités	Chapitre
Les caractéristiques des voix (cf. ch. XXXV)	Les noms des modes	XXXII
L'agencement des parties de la musique (cf. ch. XXXVI)	La qualification du chanteur-musicien	XXXIII
Les applaudissements et leurs exigences (cf. ch. XXXVII)	Les qualités du musicien	XXXIV
L'examen (cf. ch. XXXVIII)	Les caractéristiques des voix	XXXV
Ce qui convient aux gosiers (cf. ch. XXXIX)	L'agencement des parties de la musique	XXXVI
Les dimensions des instruments (cf. ch. XL)	Les applaudissements et l'exigence de répétitions	XXXVII
La formation (cf. ch. XLI)	L'examen	XXXVIII
Addenda (cf. ch. XLII)	Ce qui convient au larynx	XXXIX
L'instruction (cf. ch. XLIII)	Les dimensions des instruments	XL
	La formation musicale	XLI
	Addenda	XLII
	L'instruction	XLIII

APPENDICE II

Le terme *ṭarab* désignait à l'origine une émotion forte de joie ou de peine, qui pouvait être provoquée, par exemple, par l'audition de beaux vers. Mais, dans la suite, il fut appliqué plus spécialement à l'émotion musicale et à la musique elle-même. C'est ainsi que *ṭarab* devint synonyme de « musique », et, par dérivation, on désigna les instruments de musique par *ālāt al-ṭarab*, l'embellissement musical de la lecture coranique par *taṭrīb* (Mez, *al-Ḥaḍāra al-islāmiyya*, II, 123) et enfin la science musicale par *al-'ilm al-maṭribī* (cf. *supra*, p. 64).

Le mot *ṭarab*, dans son sens d'« émotion », se rencontre très fréquemment dans toutes les sources littéraires sur la musique (voir par exemple : *al-'Iqd al-farīd*, t. III, p. 236-237 ; 252-258 ; al-Ibšīhī, *Musṭaṭraf*, II, 184-185). Si l'auteur lui consacre le premier chapitre de son traité, ce n'est que pour mettre en garde les lecteurs contre la fausse interprétation du phénomène du *ṭarab:* en effet, le *ṭarab* comprend toute une gamme de catégories affectives : plaisir, délectation, agrément de l'esprit, choc émotionnel, ravissement, exaltation et extase, laquelle, parfois, occasionne la mort de l'auditeur. On trouve sur ce thème des anecdotes dans : *al-'Iqd al-farīd*, III, 252-258 ; *Mille et une nuits* (II, 439, III, 412, IV, 360), al-Ḥuǧwīrī, p. 396-397).

L'auteur rejette la conception selon laquelle le *ṭarab* serait une espèce de douce délectation sensuelle ou une forte agitation s'emparant de l'auditeur non avisé à l'écoute d'une musique qui lui plaît instinctivement. Il faut signaler qu'une telle audition est presque toujours associée à l'absorption de boissons enivrantes et peut-être à un spectacle de danse (voir Mez, *op. cit.*, II, 243-245). Bref, l'auteur ne croit qu'à l'audition contrôlée par la raison et par la connaissance musicale. C'est alors seulement, si une musique nous plaît, que nous ressentons une délectation spirituelle, une joie intellectuelle : et c'est cela le véritable *ṭarab.* D'autre part, l'auteur semble nommer : *taḥrīk*, l'agitation ou l'état d'excitation que provoque une audition musicale chez l'auditeur non avisé (voir p. 44 et 57). Enfin, signalons que Platon distingue deux sortes de plaisirs auditifs : une *sensation agréable* et une *jouissance raisonnée* (*Timée*, 80 b, cité par Moutsopoulos, *La musique dans l'œuvre de Platon*, p. 232 et 238).

BIBLIOGRAPHIE

Aġ = AL-ISFAHĀNĪ ('Alī b. al-Ḥusayn Abū l-Farağ), *Kitāb al-Aġānī*, éd. Būlāq, 20 vol., Le Caire, 1969, vol. 21, Leiden, 1888.

Alf layla wa-layla, voir MACNAGHTEN, LANE.

ARISTOTE, *La Métaphysique*, nouvelle édition... avec commentaire, par Jules TRICOT, 2 vol., Paris, J. Vrin, 1953.

— *La Physique*, I-IV, tome I, texte établi et traduit par Henri CARTERON, Paris, Les Belles-Lettres, 1926.

AUDA (Antoine), *Les gammes musicales*, édition nationale belge, 1947.

AVICENNE, voir ERLANGER.

AL-BAQILLĀNĪ, *I'ğāz* = AL-BĀQILLĀNĪ (Abū Bakr Muḥammad b. 'Abd al-Ṭayyib), *I'ğāz al-Qur'ān*, ouvrage publié en marge du *Kitāb al-Itqān* d'al-Suyūṭī, Le Caire, 1935.

BAR HEBRAEUS (Abū l-Farağ), voir IBN AL-'IBRĪ.

BOÈCE, *De Institutiones Musicæ*, voir H. POTIRON.

BROCKELMANN (Carl), *Geschichte der arabischen Litteratur*, Weimar, 1898-1902; Supplementband, Leiden, 1937-1942.

BRUYNE (Edgar de), *Études d'esthétique médiévale*, t. I, *De Boèce à Jean Scot Érigène*, Bruges, 1946.

AL-BUḪĀRĪ (Abū 'Abd Allāh Muḥammad b. Ismā 'īl), *al-Ṣaḥīḥ*, Le recueil des traditions mahométanes, publié par Ludolf KREHL, 4 vol., Leiden, 1862-1908.

CAUSSIN DE PERCEVAL (Armand-Pierre), *Notices anecdotiques sur les principaux musiciens arabes des trois premiers siècles de l'Islamisme*, Paris, 1874.

CHAILLEY (Jacques), *L'imbroglio des modes*, Paris, 1960.

— *Elmuahim et Elmuarifa*, dans *A birthday offering for Willi Appel*, school of music, Indiana University p. 61-62.

CLÉMENT D'ALEXANDRIE, voir O. STRUNK.

COMBARIEU (Jules), *La musique et la magie, étude sur les origines populaires de l'art musical, son influence et sa fonction dans les sociétés* (Études de philologie musicale III), Paris, 1909.

CORBIN (Solange), *Musica spéculative et cantus pratique*, dans *Cahiers de civilisation médiévale*, V, n° 1, 1962, p. 1-12.

COUSSEMAKER (Charles-Edmond-Henri de), *Scriptorum de Musica Medii Aevi novam seriem a Gerbertina alteram collegit nuncque primum*. 1864-1879, t. I, p. 13.

Dictionnaire des antiquités grecques et romaines, ouvrage rédigé sous la direction de Ch. DAREMBERG et Ed. SAGLIO, Paris, 1877-1919.

DOZY (R.), *Supplément aux dictionnaires arabes*, 2 vol., Leiden, 1881.

E. I. = *Encyclopédie de l'Islam, Dictionnaire géographique, ethnographique et biographique des peuples musulmans*, 4 volumes et un tome de supplément, Leiden, 1913-1942. Nouvelle édition établie par B. LEWIS, Ch. PELLAT et J. SCHACHT, Leiden et Paris, depuis 1957.

Encyclopédie (La grande), Inventaire raisonné des sciences, des lettres et des arts, Paris, s. d.

ERL. = ERLANGER (Rodolphe d'), *La musique arabe*, t. I ; Al-Fārābī Abū Naṣr Muḥammad Ibn Muḥammad Ibn Ṭarḫān Ibn Uzlāǧ (260 H/872 J.-C.), Grand traité de la musique, *Kitāb al-Mūsīqī al-kabīr*, livres I et II, traduction française, préface de B. CARRA DE VAUX, Paris, 1930.

— t. II : al-Fārābī, *Kitāb al-Mūsīqī al-kabīr*, livre III, traduction française, et Avicenne (370/980-428/1037), *Kitāb al-Šifā'*, chap. XII, mathématiques, Paris, 1935.

— t. III : Ṣafī-al-dīn al-Urmawī. I. *Al-Šarafiyya* ou *Épître à Šaraf-al-Dīn*. II. *Kitāb al-adwār* ou *Livre des cycles musicaux*. [Suivi de commentaires sur le *Kitāb al-adwār*, attribué à 'Alī ibn Muḥammad al-Sayyid al-Šarīf al-Ǧurǧānī.], traduction française, Paris, 1938.

— t. IV : I. *Traité anonyme dédié au Sultan Osmanli Muḥammad II* (XVe s.). II. *Al-lāḏiqī :* Traité *al-Fatḥīyah* (XVIe s.), traduction française, Paris, 1939.

EUCLIDE, voir *infra* Ch. RUELLE.

AL-FĀRĀBĪ, *M.* = *Kitāb al-Mūsīqī al-kabīr*, manuscrit n° 289 de la bibliothèque Ambrosienne de Milan, daté de 1347 (Traduction française, voir ERL., I).

AL-FĀRĀBĪ, *Kitāb al-Musīqī al-kabīr*, texte édité et annoté par Ghattas Abd el-Malek Khashaba, revisé et introduit par Dr Mahmud A. el-Hefni, Le Caire, 1967, 1208 pages.

— *Kitāb Iḥṣā' al-'ulūm*, voir Farmer : *Al-Farabi's Arabic-Latin writings on music*.

FARMER (Henry-George), *The Evolution of the Ṭanbūr or Pandore*, dans *Transaction of the Glasgow Oriental Society*, 5, 1923-1928 , p. 26-28.

— *A History of Arabian Music to the XIIIth Century*, London, 1929.

— *Historical Facts for the Arabian Musical Influence*, London, 1932.

— Al-Farabi's Arabic-Latin writings on music in the *Iḥṣā' al-'ulūm... De Scientics... and De Ortu Scientiarum;* the texts edited, with translations and Commentaries... Glasgow, Civic Press, 1934.

— *Studies on oriental Musical Instruments*, London, 1931 et Glasgow, 1939.

— *Sa'adyah Gaon on the Influence of Music*, London, 1943.

— *The Music of the Arabian Nights*, dans *Journal of the Royal Asiatic Society*, 1944-1945.

— *Sources* = *The Sources of Arabian Music.* An annotated bibliography of Arabic manuscripts which deal with the theory, practice and history of Arabian music, Glasgow, 1940, et nouvelle édition, Leyde, 1965.

AL-ĞAHŠIYARĪ, *Kitāb al-Wuzarā' wa-l-Kuttāb*, Le Caire, 1938.

GAUDEFROY-DEMONBYNES (M.) et BLACHÈRE (Régis), *Grammaire de l'arabe classique*, Beyrouth-Paris, 1939.

ḤAĞĞĪ ḪALĪFA, *Kašf al-Ẓunūn, Lexicon bibliographicum et encyclopaedicum* édité par Gustav FLÜGEL, Leipzig-Londres, 1835-1838.

AL-ḪAZRAĞĪ ('Atīka), voir *infra* IBN AL-AḤNAF.

HOMÈRE, *Odyssée.* Traduction par Médéric DUFOUR et Jeanne RAISON, Paris, Garnier, 1965.

AL-HUĞWĪRĪ, *Kašf al-Maḥǧūb*, The Oldest Persian Treatise on Sufism, translated by Reynold A. NICHOLSON, Leiden, 1911.

ḤUNAYN B. ISḤĀQ, *Kitāb 'Ādāb al-Falāsifa, Ms. or.* 8681 du *British Museum, fol.* 47*v*-70*r*. Cet ouvrage, qui demeure manuscrit, a été traduit en hébreu par Rabbi Yehuda al-Ḥarīzī (XIIIe siècle) et en espagnol. La traduction hébraïque fut éditée en 1562 à Riva di Trento, en 1804 à Lunéville et en 1896 à Berlin par A. LOEWENTAL qui l'a accompagnée d'une traduction allemande. Les trois chapitres relatifs à la musique dans cet ouvrage (chap. 18-20) ont été traduits en anglais par E. WERNER et I. SONNE (voir *infra*) et ont été l'objet de notre dissertation à l'Université de Jérusalem en 1959.

AL-ḪUWĀRIZMĪ, *Mafātīḥ al-'ulūm*, édité par G. VAN VLOTEN, Leiden, 1895 et Le Caire, 1382 H.

IBN 'ABD RABBIHI, *al-'Iqd* = IBN 'ABD RABBIHĪ (Abū 'Umar Aḥmad b. Muḥammad), *al-'Iqd al-farīd*, 3 vol., Le Caire, 1887-1888.

— *id.* nouvelle édition Beyrouth, 1946-1947.

IBN ABĪ USAYBI'A, *'Uyūn al-anbā' fī ṭabaqāt al-aṭibbā'*, 2 vol., Königsberg, 1882-1884.

— *id.* nouvelle édition publiée et annotée par Henri JAHIER... et Abdelkader NOURREDINE... Alger, Ferrari, 1958.

IBN AL-AḤNAF (Abū l-Faḍl al-'Abbās) *Dīwān*, édité et commenté avec une introduction en français par 'Atīka, AL-ḪAZRAǦĪ, Le Caire, 1373/1954.

IBN AL-FAQĪH AL-HAMADĀNĪ, *Muḫtaṣar Kitāb al-Buldān*, *Bibiliotheca Geographorum Arabicorum*, t. V, Leiden 1885.

IBN ḪALDŪN, *al-Muqaddima*, édité par E. QUATREMÈRE, 3 vol., Paris, 1858.

IBN ḪALDŪN ('Abd al-Raḥmān b. Muḥammad), *al-Muqqadima* (Les prolégomènes), traduit en français et commenté par M. DE SLANE... reproduction photomécanique de la première partie des tomes XIX, XX et XXI des *Notices et Extraits des manuscrits de la Bibliothèque Nationale...* Paris, 1936.

— traduction anglaise par F. ROSENTHAL, 3 vol., New York, 1958.

IBN ḪALLIKĀN, *Wafayāt al-a'yān*, 2 volumes, Le Caire, 1882,

— traduction anglaise par le baron Mac Guckin DE SLANE, 1 vol., Paris-Londres, 1843-1871.

IBN ḪALLIKĀN (Šams al-Dīn Aḥmad b. Muḥammad), *Wafāyāt al-a'yān...*, édité et annoté par Muḥammad MUḤYIL-DĪN 'ABD AL-ḤAMĪD, 6 vol., Le Caire, 1367/1948-1949.

IBN AL-'IBRĪ, Gregorios Abū l-Faraǧ (Bar Hebraeus), *Ta'riḫ muḫtaṣar al-duwal*, Beyrouth, 1958.

IBN MANẒŪR, *Lisān al-'arab*, 15 vol., Beyrouth, 1374-1376/1955-1956.

IBN AL-NADĪM (Abū l-Faraǧ Muḥammad b. Isḥaq al-Warrāq, dit), *Kitāb al-Fihrist*, mit Anmerkungen herausg von Dr Johannes ROEDIGER, Gustav FLÜGEL und Dr August MUELLER, 2 vol., Leipzig, 1871.

IBN AL-QIFṬĪ (Ǧamāl al-Dīn Abū l-Ḥasan 'Alī b. Yūsuf b. Ibrāhīm al-Šaybānī), *Ta'rīḫ al-ḥukamā'*, édité par LIPPERT, Leipzig, 1903.

IBN ZAYLA (Abū Manṣūr al-Ḥusayn), *Kitāb al-Kāfī fī l-mūsīqī*, *Ms. or.* 2361 du *British Museum*, fol. 230-237, publié par Zakarīya YŪSUF, Le Caire, 1964.

AL-IBŠĪHĪ (Šihāb al-Dīn Aḥmad b.), *al-Mustaṭraf*, Le Caire, 1855.

— *id.* 2 vol., Paris, 1899-1902.

IḪWĀN AL-ṢAFĀ', *Rasā'il Iḫwān al-Ṣafā'*, éd. AḤMAD B. 'ABD ALLĀH, 4 vol., Bombay, 1887-1889.

— *id.*, 4 vol., Le Caire, 1928.

— *id.*, 4 vol., Beyrouth, 1957.

— *L'Épitre sur la musique...* voir Shiloah.

AL-IṢFAHĀNĪ ('Alī b. al-Ḥusayn Abū l-Faraǧ), *Kitāb al-Aġānī*, 20 vol., éd. Būlāq. Le Caire, 1869 ; volume 21, Leiden, 1888.

— *id.*, 25 vol., Beyrouth, 1955-1964.

— *id.*, *Tables alphabétiques du Kitāb al-Aġānī*, rédigées par I. GUIDI, Leiden, 1900.

AL-ḪULAY (Kāmil), *Kitāb al-mūsīqā al-šarqī* (La Musique Orientale). Le Caire, 1322/1904.

AL-KINDĪ (Ya'qūb), *Risāla fī ḫubr ta'līf al-alḥān*, über die Komposition der Melodien, herausgegeben von Robert LACHMANN und Mahmud EL-HEFNI, Leipzig, 1931.

— Traduction anglaise annotée, C. COWL, dans *The Consort*, Annual journal of the Dolmetsch Foundation, 1966, p. 129-166.

AL-LĀḎIQĪ ('Abd al-Ḥamīd), *al-Risāla al-Fātḥiyya*, voir *supra* ERLANGER.

LANE (Edward William), *An Arabic-English Lexicon...* [continued and edited by Stanley LANE-POOLES], 7 vol., London, 1863-1881.

MACNAGHTEN (William Hay), *The Alf Layla wa layla*, *Book of the Thousand Nights and One Night in the Original Arabic*, 4 vol., Calcutta, 1839-1842.

AL-MAQQARĪ (Abū l-'Abbās Aḥmad b. Muḥammad), *Analectes sur l'histoire et la littérature des Arabes d'Espagne*, éd. par MM. DOZY, DUGAT, KREHL et WRIGHT, 2 vol., Leiden, 1855-1861.

MEIBOM MARCUS, *Antiquae Musciae Auctores Septem*, 2 vols, 1652.

MEZ (Adam), *al-Ḥaḍāra al-islamiyya*, traduction arabe de *Die Renaissance des Islams* par Muḥammad 'ABD AL-HĀDĪ ABŪ RĪDA. Madrid, 1936.

— *id.* Le Caire, 1957.

MOUTSOPOULOS, *La musique* = MOUTSOPOULOS (Evanghélos), *La musique dans l'œuvre de Platon*, Paris, 1959.

Mūsīqī = AL-FĀRĀBĪ, *Kitāb al-Mūsīqī al-kabīr*, Milan, Ambrosienne, *ms.* 289.

NALLINO (Carlo Alfonso), *La littérature arabe des origines à l'époque de la dynastie umayyade*, traduction française par Ch. PELLAT, Paris, 1950.

NICOMAQUE, *Manuel d'harmonique*, voir Ch. RUELLE.

PELLAT (Charles), *Introduction à l'arabe moderne*, Paris, 1956.

— *Un fait d'expressivité en arabe: l'Itbā'*, dans *Arabica*, IV, 1957, p. 131-149.

PLATON, *Les Lois*, Œuvres complètes, t. XII (Liv. XI-XII), texte établi et traduit par Édouard DES PLACES, Paris, 1956.

— *La République*, traduction d'Émile CHAMBRY, Paris, Le Club français du livre, 1954.

— *Timée*, Œuvres complètes, t. X, texte établi et traduit par A. RIVAUD, Paris, 1956.

POTIRON-*Boèce* = POTIRON (Henri), *Boèce théoricien de la musique grecque.* Paris, 1961.

Rasā'il = IḪWĀN AL-ṢAFĀ', *Rasā'il Iḫwān al-Ṣafā'*, 4 vol., éd. Bombay, 1887-1889.

ROSENTHAL (Franz), *Aḥmad B. al-Ṭayyib al-Saraḫsī*, publ. *American Oriental Society*, New Haven, Connecticut, 1953.

ROUANET (Jules), *La Musique arabe*, dans *Encyclopédie de la musique*, Lavignac, t. V, Paris, 1922, p. 2676-2812.

ROUGIER (Louis), *La religion astrale des Pythagoriciens*, Paris, 1959.

RUELLE (Charles), *Collection des auteurs grecs relatifs à la musique*, Paris, 1871-1895 (Aristoxène, *Éléments harmoniques;* Nicomaque de Gérase, *Manuel d'harmonique;* Cléonide, *Introduction harmonique;* Euclide, *La division du Canon; Les Canons harmoniques de Florence; Les Problèmes musicaux d'Aristote;* Alypius, *Introduction musicale;* Gaudence, *Introduction harmonique*).

ṢAFĪ AL-DĪN, *Kitāb al-Adwār* et *al-Risāla al-Šarafiyya*, voir *supra* ERLANGER.

SHILOAH (Amnon), *Caractéristiques de l'art vocal arabe au moyen âge*, Tel-Aviv, éd. Israel Music Institute, 1963.

— *L'Épître sur la musique des Ikhwān al-Ṣafā'*, traduction annotée, dans *Revue des Études Islamiques*, 1964, p. 125-162 ; 1966, p. 159-193.

SĪBAWAYHI, *al-Kitāb*, traité de grammaire arabe, trad. par Joseph DERENBOURG, 3 vol., Paris, 1881-1889.

SOURDEL-THOMINE (J.), *Les conseils du šayḫ al-Harawī à un prince ayyubide*, dans *Bulletin Et. Or.*, XVII, 1962, p. 231 (trad.) et 251 (texte arabe).

STRUNK (Olivier), *Source Readings in Music History from Classical Antiquity through the Romantic Era.* New York, 1950.

AL-SUYŪṬĪ ('Abd al-Raḥmān b. Abī Bakr Ǧalāl al-Dīn), *Kitāb al-Itqān fī 'ulūm al-Qur'ān*, Le Caire, 1287/1870.

— *id.*, Le Caire, 1935.

— *al-Muzhir fī 'ulūm al-luġa wa anwā'ihā*, 2 vol., 2e éd. (s. d.).

— *id.*, Le Caire, 1865-1866.

VAJDA (Georges), *Juda ben Nissim ibn Malka, philosophe juif marocain*, collection *Hespéris*, nº XV, Larose, Paris 1954.

VAN DEN LINDEN (A.), *Gloses sur l'étymologie du mot « musique »*, dans *Miscell. Gessleriana*, Anvers, 1948.

WERNER (Eric) et SONNE (I.), *The Philosophy and Theory of Music in Judaeo-arabic Litterature*, dans *Hebrew Union College Annual*, t. XVI, 1941, p. 251-319 ; t. XVII, 1942-1943, p. 511-573.

WOLFSON (H. A.), *Internal senses in Latin, Arabic and Hebrew Philosophic Texts*, dans *Harward Theological Review*, 1935, p. 69-133.

YĀQŪT (Ibn 'Abd Allāh al-Ḥamawī), *Mu'ğam al-Udabā'*, *Dictionary of learned men*, 20 vol., Le Caire, 1936-1938.

— *Mu'ğam al-Buldān*, *Jacut's Geographisches Wörterbuch aus den Handschriften*, éd. Ferdinand WÜSTENFELD, Leipzig, 1866-1873, 6 vol., Beyrouth, 1955-1957.

AL-ZUBAYDĪ (Murtaḍā Muḥammad), *Tāğ al-'Arūs*, 10 vol., Le Caire, 1306/1889.

INDEX

A, ʿA

ʿAbd Allāh b. Ṭāhir, 9, 154, 183 n. 1, 205.
Abū Bakr b. Yūsuf al-Ṭabīb, 4.
Abū l-Barakāt, 5.
Abū Nuwwās, 9, 137.
Abū Qubays, 57.
accélération, 124, 132 n. 1, 133, 153, 180 n. 3.
accordage, 90 n. 1, 119 n. 1, 158, 159, 208.
Achille, 46.
acoustique, 74-78.
acuité, 50, 75, 78, 102, 155 n. 1, 158, 176 n. 3, 186, 187 n. 1.
Aḥmad al-Dunaysarī, 5.
aigu (son), 66, 77, 78, 79, 86, 97, 104, 108, 115, 116, 122, 123 n. 1, 129, 130, 140, 152, 155, 170, 187, 189 n. 4, 201.
alchimie, 207.
Alep, 11, 137 n. 1.
Alexandre, 61, 62.
ʿAlī, 35.
ʿAllawaya, 57 n. 2, 166.
ʿAlqama, 9, 200.
ambitus, 104 n. 5, 158 n. 1.
âme (psychologie esthétique), 47-48, 51 n. 1, 52, 55, 69-71.
ʿAmr b. Bāna, 168.
Anciens et Modernes, 9, 10, 27, 50 n. 2, 57-59.
animaux (musique des), 51, 68, 120, 198 n. 1.
Anīs b. Abī Šayḫ, 52 n. 2.
Antisse, 45.
appréciation musicale, 179-182.
aptitude musicale, 165, 192, 197, 198, 199, 207.
ʿAqīd mawlā Ṣāliḥ, 41.
Archytas, 65, 203.
Arion, 45.
Aristote, 47, 49, 65 n. 2, 70 n. 1, 198 n. 1.
Aristoxène, 37, 203.
artifices, 171 n. 1, 173.
Asmar al-Nadīm, 182.
aspect, 16, 71 n. 1, 93, 94 n. 2, 96.
astronomie, astrologie, 51, 190 et n. 1, 208.
al-ʿAtābī, 168.
Atys, 48 n. 4.
auditeur, 58, 120 n. 2, 127, 134, 221.
aulète, 46.
Avenary Ḥanoḫ, 23.
Avicenne, 11, 17, 71, 87 n. 2, 109 n. 2, 139 n. 2, 145 n. 1, 146, 149 n. 1, 162 n. 5.

B

Bagdad, 7.
al-Baqillānī, 50 n. 3, 122 n. 1, 143 n. 2.
Barbad, 18.
Bar Hebraeus, 5.
Boèce, 65 n. 1, 74 n. 1, 78 n. 6, 86 n. 3.
Brockelmann, VII, 6, 206 n. 2.
Bruyne (E. de), 63 n. 3, 67 n. 7, 72 n. 4.
al-Buḫārī, 195 n. 1.

C

Caire (le), 23.
calligraphie, 121, 122 n. 1, 143 n. 4.
cantillation, 25, 118, 143 n. 3, 182 n. 2, 195 n. 2, 196 et n. 1, 3.
cantus, 35.
Cassiodore, 63.
Caussin de Perceval, 40 n. 2.
césure, clausule, voir coupure.
Chailley (J.), VIII, 17, 69 n. 2 et 4, 128 n. 5.
chant, 51 n. 1, 80-82, 104 n. 3, 126 n. 3, 128, 151, 185, 192, 195 n. 2.

chant continu, 106 n. 6, 143 n. 2.
chant discontinu, 106 n. 6, 143 n. 3.
chanteur, 103, 121, 123, 125, 129 n. 1, 135, 137, 138, 168, 171, 179, 180, 181, 184.
chevalet, 77, 86, 88, 90 n. 1, 91, 190.
cheville, 90 n. 1, 178, 190.
Cicéron, 45.
Clément d'Alexandrie, 195 n. 1.
Combarieu (J.), 49 n. 1.
compétition, 153, 200 n. 3.
compositeur, 51, 59, 191 n. 1.
composition, 50, 80-82, 91, 96, 107, 111-116, 117, 149 n. 1, 150, 151, 154, 165 n. 4, 175 n. 3, 182, 191 n. 1, 197, 198 n. 1.
consonance, 69-70, 74 n. 2, 79, 92, 95 n. 4, 96, 97, 98, 113, 116, 150, 157, 158, 201, 204.
Corbin (S.), VIII, 35 n. 2.
cordes, 19-21, 74, 85, 96, 97, 155-158, 186-187.
coupure, 112, 113, 114, 115, 117, 121 n. 1, 129, 133, 149 n. 3, 172, 180.
course, 19-21, 24, 91 n. 3, 161, 164, 187.
Cybèle, 48 n. 4.
cymbale, 202.

D

danse, 148, 185, 202, 221.
David, 110 n. 2.
déclamation, 184, 185 n. 5, 195 n. 2, 196 n. 3, 200 n. 3.
diapason, 70, 73, 94 n. 1.
diapente, 70, 94 n. 1.
diatessaron, 70, 94 n. 1.
Dionysion, 203 n. 5.
Dionysios, 72, 203 n. 5.
dissonance, 75, 93, 99, 113, 201.
Diyār Bakr, 3 n. 2.
Dozy (R.P.A.), 121 n. 1, 177 n. 3, 178 n. 3, 180 n. 1, 185 n. 2 et 4.
Dunaysar, 5.
dure (note), 155, 187.

E

échelle, 20-21, 24, 90 n. 1, 92, 93-95, 97, 104, 152, 164.
écho, 78.
éducation, voir formation.
effet, 48, 52, 54-56, 176 n. 3, 177.
émotion musicale, 13, 41-44, 64 n. 6, 67, 122, 221.
emprunt, 151-154.
enseignant, 168.
espèce, 91-93, 115, 146, 150, 152, 159, 178, 184, 199, 202.
ethos, 18, 176 n. 3, 177 n. 3.
évolution, 79, 108, 115, 116, 130.
examen, 182, 184.

F

al-Fārābī, 9, 10, 12, 14, 16, 25, 26, 35, 37, 44, 47, 49, 65-69, 71, 75, 76, 77, 78, 79, 80-84, 87, 89, 91, 92, 93, 96, 97, 99, 107, 109 n. 2, 111 n. 2, 113, 114 n. 6, 115 n. 1, 116 n. 1, 117, 121 n. 1, 124 n. 3, 127 n. 1, 132 n. 2-3, 139, 140, 141 n. 1, 144, 145 n. 1, 147, 149, 150, 153, 155 n. 1-2, 163 n. 2, 167 n. 1, 171 n. 3, 183 n. 6, 187 n. 1, 188 n. 1, 191 n. 1, 195-203, 204, 205.
Farmer (H. G.), VII, VIII, 6, 17, 38, 40, 42, 56 n. 1, 63 n. 2, 89, 110 n. 2, 128 n. 3, 131 n. 2, 196 n. 4, 205 n. 4.
Fihliz, 172 n. 3.
finales, 24, 104.
flûte, 178, 187-190.
formation, 43, 165 n. 4, 191-193, 208.
formules préférentielles, 56, 101 n. 4, 121-134, 180 n. 2, 181, 191.
fredonnement, 128.

G, Ğ, Ġ

Ğa'far le Barmakide, 52 n. 3.
Galien, 203.
Ğamīla, 185.
al-Ġarīḍ, 164, 194.
genre, 16, 25, 55, 63, 79, 83, 84 n. 3, 116-117, 130, 144, 150, 152, 153, 167, 200.
Ğinn, 195 n. 1, 196 n. 4.
grand (son), 78.
grave (son), 66, 77, 78, 79, 86, 97, 104, 108, 115, 116, 122, 123 n. 1, 129, 140, 152, 155, 170, 187, 189 n. 4.
gravité, 50, 75, 78, 102, 155 n. 1, 158, 176 n. 3, 186, 187 n. 1.
grelots, 202.

H, Ḥ, Ḫ

Ḥağğī Ḫalīfa, 6.
al-Ḫalīl, 104 n. 6, 105 n. 1, 140 n. 7, 142 n. 4.
Ḥāriṯ b. Šamr al-Ġassānī, 200.
harmonie, 14, 27, 47, 48, 49, 61, 62, 64, 66, 69, 79, 93 n. 5, 111, 118, 119, 182 n. 2, 190 n. 2, 201.

harmonie des Sphères, 15, 47, 69, 72, 79 n. 2.
Ḥarra al-Kātib, 10, 206, 207.
Hārūn al-Rašīd, 41, 52, 59, 62 n. 5, 137 n. 3, 169 et n. 3.
Ḥasan b. Muḥammad al-ʿAlawī (?), 5.
Ḥasan b. Yūsuf b. al-Qāsim, 3.
Ḥibbat Allāh al-Ṭabīb, 5.
al-Huǧwīrī, 71 n. 1, 120 n. 2, 195 n. 1, 221.
Hulako, 5.
humeurs, 38, 190.
Ḥunayn b. Isḥāq, 48 n. 3, 62 n. 4.
hurleurs, 202.
al-Ḫwarizmī (Abū ʿAbd Allāh b. Yūsuf), 18, 35, 64 n. 6.

I

Iblis, 195.
Ibn ʿAbd Rabbihī, 41, 138 n. 1, 168 n. 2.
Ibn Abī Usaybiʿa, 6, 206 n. 2.
Ibn al-Aḥnaf, 52 n. 5.
Ibn al-Faqīh, 35.
Ibn Ǧāmiʿ, 9, 169.
Ibn Ḫaldūn, 122 n. 1.
Ibn Ḫallikan, 3, 6, 206 n. 2.
Ibn Hišām, 57 n. 1.
Ibn al-Mahdī voir Ibrāhīm b. Šakla.
Ibn Misǧaḥ, 9.
Ibn Muḥriz, 194.
Ibn al-Nadīm, voir al-Warrāq.
Ibn al-Qifṭī, 6.
Ibn Surayǧ, 9, 22, 134, 164, 167, 194.
Ibn Waṣīf al-Aḥmadī, 206.
Ibn Zayla, 145 n. 1, 187 n. 5, 188 n. 1, 189 n. 1, 4 et 5.
Ibrāhīm b. al-Imām al-ʿAbbāsī, 205.
Ibrāhīm b. Šakla, 9, 57 n. 2, 137, 138 n. 1, 167 n. 2, 168 n. 3, 169 n. 3, 194, 205 n. 12.
Ibrāhīm al-Mawṣilī, 9, 14, 52 n. 4, 59, 62, 62 n. 5-6, 164, 165, 166, 169 n. 2, 195 n. 1.
al-Ibšīhī, 169 n. 1, 221.
Iḫwān al-Ṣafā', 22, 35, 38, 48, 61 n. 1, 71, 120 n. 2, 122 n. 1, 190 n. 1, 202 n. 1.
imitation, 154 n. 1, 165 n. 4, 167, 168, 169 n. 3, 191 n. 1, 194.
improvisation, 25, 56 n. 1, 108 n. 1, 117, 119 n. 1, 128 n. 3, 129 n. 1, 138, 177, 179 n. 1.
incantation, 110 n. 3, 131, 147, 148, 197 n. 7.
influence de la musique sur les animaux, 42, 49.
instruments, 38, 75, 77, 78, 96, 104, 119, 123, 129 n. 1, 131-134, 158, 168, 171, 178, 186-188, 195, 196, 201, 202 n. 5, 207, 221.
interlude, intermède, 172 n. 1, 195 n. 2, 196, 197.
interprétation, 59, 151, 153, 165 n. 4, 179 n. 1, 183, 194 n. 2.
intervalle, 16, 20-21, 73, 79, 82 n. 2, 96, 97, 98, 99, 115, 140 n. 8, 157, 187 n. 4.
introduction, 128, 195 n. 2.
al-Iṣfahānī (Abū l-Faraǧ), vii, 9, 129.
Isḥāq al-Mawṣilī, 9, 10, 18, 20, 40, 41, 56 n. 1, 57 n. 2, 58, 93, 99, 100, 101, 102, 103, 104, 114, 119, 120 n. 2, 122 n. 5, 137, 138 n. 1, 148, 153, 154, 155, 156, 164 166, 167, 167, 169, 172, 178, 182, 194, 195 n. 1, 205, 206.
Ismāʿīl al-Fawʿar, 4.
Istanbul, vii.

J

Jérôme de Moravie, 4, 7.

K

Kāfūr al-Iḫšīdī, 10, 137, 206.
al-Kindī, 9, 14, 15, 18, 25, 42, 63, 79, 109 n. 2, 118, 128, 131 n. 2, 145 n. 1, 146, 177 n. 3, 190 n. 1, 205.
Kušāǧim al-Kātib, 206.

L

al-Lāḏiqī, 17, 18, 22, 69, 109 n. 2, 145 n. 1, 146, 148 n. 2.
lamentation, 128, 168, 169, 195 n. 2, 196 et n. 4.
Lane (E. W.), 35, 151 n. 1.
larynx, 76, 77, 78, 104, 168, 185-186.
Lecerf (J), viii, 177 n. 3.
léger (rythme), 153, 176, 177.
légère (note), 155.
lente (note), 155.
Lesbos, 45.
lettres mélodieuses, 80, 99-102, 113, 114, 123, 125.
ligature, 75, 78, 82-91, 96, 152, 187 n. 3.
lourd (rythme), 109, 142, 153, 177.
luth, voir glossaire technique : *ʿūd*.
lyre, 45, 208 n. 1.

M

Maʿbad, 9, 126, 148, 164, 167, 185, 194.
Mālik b. Abī l-Samaḥ, 154, 167, 194 n. 1.
al-Malik al-Ašraf, 3.
al-Malik al-Nāṣir, 5.

al-Ma'mūn, 154, 194.
Manṣūr b. Ṭalḥa, 183, 205.
maqām, 17.
al-Maqqārī, 56 n. 1, 62 n. 2, 167 n. 1, 176 n. 2, 184 n. 4, 195 n. 1.
Mārida, 52.
al-Mas'ūdī, 128 n. 3, 196 n. 4.
Médine, 169.
médius, voir glossaire technique : *wusṭā*.
mélisme, 198 n. 1, 199.
mélodie, 18, 22, 35, 46 n. 5, 50, 51, 52, 54, 65-66, 79, 93 n. 5, 96, 104, 108, 111, 115, 116-120, 121, 131 n. 2, 135, 144, 151, 161, 169, 176, 191, 193, 194, 199, 200.
mélodie parfaite, 65-66, 195-196, 197.
mélos, 71 n. 3.
mèse, 73.
Mez (A.), 221.
Milan, VII.
mimique, 171 et n. 1, 172, 202.
modalités des notes, 66-69, 75, 121 n. 1.
modes, 16-24, 39, 43, 46, 50 n. 1, 57 n. 2, 72, 83, 104, 116 n. 2, 119 n. 2, 128 n. 3, 150, 152, 155 n. 1, 159, 160, 161, 175, 176, 177, 182, 184, 191 n. 1, 192, 193.
modes rythmiques, 20, 26, 39, 79, 108, 109, 118 n. 6, 131 n. 2, 132, 133, 134, 143-147, 149 n. 1, 163, 175, 177, 183, 184, 191 n. 1.
modulation, 50, 57 n. 2, 130, 152, 158, 165, 167, 178, 195 n. 2.
molle (note), 187.
montée systématique, 124 n. 2.
mordant, 131, 132, 133, 142.
Mossoul, 11.
Moutsopoulos (E.), 46, 47, 61 n. 1, 62 n. 3, 67 n. 7, 70 n. 1, 72, 182 n. 1, 204 n. 1, 221.
moyenne harmonique, 74 n. 1.
Mulāḥiẓ, 172.
al-Munaǧǧim ('Alī b. Yaḥyā), 206.
Muristus, 203.
Mūsā al-Hādī, 62.
musica, 35.
musica humana, 27, 47 n. 3, 72 n. 4.
musica mundana, 27, 47 n. 3.
musicien, 43, 61, 62, 63, 65, 79 n. 4, 141, 148, 149, 150, 151, 152, 153, 165-173, 177, 184, 191, 208 n. 1.
musique, 15, 22, 35, 41, 42, 44, 46 n. 5, 62, 79, 151, 177, 221.
musique andalouse, 22, 56 n. 1.
musique instrumentale, 9, 27, 47 n. 3, 131 n. 2, 156, 191 n. 1, 192, 193, 195 n. 2.
musique légère, 45, 49, 117.
musique moderne, 14, 57-59, 122, 143 n. 4, 197 n. 3, 205-206.
musique persane, 17, 193, 197 et n. 3.
musique vocale, 22, 134, 174 n. 1, 192, 193, 195 n. 2.
Musṭafā II, 4.
al-Mutanabbī, 10, 137 n. 1.
al-Mu'taṣim, 172, 194.

N

Nabatéens, 138.
Nallino (C. A.), 7-8, 10.
nasalisation, 124, 127.
Nicomaque, 38, 45, 46, 64, 74 n. 1, 106 n. 6, 204.
Niẓām al-Mulk, 5.
notation, 107 n. 1.
note musicale, 25, 51, 66-69, 74-78, 82-84, 96, 102, 103, 108, 113, 118, 123, 140 n. 6, 152, 155, 156, 163, 167, 170, 174 n. 3, 180, 181, 184.

O

octave, 69-71, 73, 74, 87, 93, 94, 95, 97, 108, 111, 116, 122, 123, 128, 156, 157 n. 2, 158, 162, 184, 189, 192.
octaviation, 56 n. 1, 121 n. 1, 122, 178, 191 n. 1, 192.
orgue, 202 n. 1, 203 n. 4.
origine de la musique, 26, 195-203, 204 n. 3.
ornementation, 50 n. 1-2, 57-59, 63, 68 n. 3, 80-81, 117, 118, 122, 151, 194.
ouïe (faculté auditive), 37, 43, 44, 47, 75, 76, 78, 99, 138, 192.
ouverture, 138.

P

pause, 25, 106 n. 6, 108, 112 n. 1, 113, 114, 115, 141, 142, 147, 149, 150, 163.
Pellat (Ch.), VIII, 8, 127 n. 2.
percussion, 75, 109, 114, 115, 131 n. 2, 132, 133, 139, 140, 141, 142, 143, 145, 147, 150, 163, 183, 191, 207.
permutation, 125, 126.
petit (son), 78.
Philolaus, 70 n. 3, 203.
phrygien, 46.
plagiat, 151-154.

Platon, 15, 44, 47, 48, 50, 57 n. 2, 62 n. 3, 65, 79 n. 2, 84, 110 n. 2, 182 n. 1.
plectre, 131 n. 2, 132 n. 3, 134, 142.
poésie, 14, 25, 37, 42, 51-53, 54-56, 59-60, 65, 79, 80-82, 104 n. 6, 113, 118, 119-120, 128 n. 2, 138, 152, 182, 196-197, 205.
postlude, 125, 195 n. 2, 196.
pot-pourri, 178.
pratique musicale, 12, 27, 36, 40, 63, 166, 172, 183, 198, 201, 202, 207.
prélude, 127 n. 1, 132, 193 n. 4, 196, 197.
programme musical, 175 n. 3.
proslambanomène, 73.
prosodie, 40, 42, 57 n. 3, 60 n. 2, 63, 104-111, 139 n. 2, 140 n. 1, 6 et 7, 142 n. 4, 205.
psalmodier, 136 n. 1.
psaltérion, 110 n. 2.
Ptolémée, 69 n. 4, 203.
Pythagore, 13, 37, 38, 45, 46, 47, 49, 203, 204.

Q

quadrivium, 61 n. 1.
quarte, 69-71, 74, 92, 94, 95, 96, 98, 104 n. 5, 157 n. 3, 159 n. 3, 160 n. 4, 161 n. 1.
quinte, 69-71, 74, 94, 95, 98, 161 n. 3.

R

rapide (air), (?) 78, 155.
rapports, 13, 16, 37, 38, 43, 61 n. 1, 64, 69-70, 72, 75, 86, 103, 114, 122, 130, 156, 157, 204.
récitation mélodieuse, 56 n. 1, 66, 110 n. 3, 129 n. 1, 136, 185, 196.
refrain, 56 n. 1, 121 n. 1, 124.
registre, 86, 122-123.
reprise, 125, 126.
respiration, 24, 103-104, 107, 113, 130, 192.
rétention, 124.
Rosenthal (F.), 42, 122 n. 1.
Rouanet (J.), 174 n. 1, 181 n. 3.
Rougier (L.), 48.
Ruelle (Ch.), 64 n. 1, 74 n. 1.
rythmique, 17, 24, 26, 63, 79, 111, 115, 118, 119, 128 n. 6, 131 n. 2, 139-151, 152, 153, 178, 191 n. 1, 192 n. 4.

S, Ṣ, Š

Sa'adia Gaon, 131 n. 2, 190 n. 1.
Sadīf, 53.
al-Saffāḥ, 53.
Ṣafī al-Dīn, 79 n. 1, 139 n. 3, 145 n. 1, 146, 148 n. 2, 163 n. 3.
al-Ṣāḥib b. 'Abbād, 206 n. 3.
Saint Augustin, 45.
Ṣāliḥ b. Hārūn al-Rašīd, 41.
al-Saraḫsī (Aḥmad b. al-Ṭayyib), 9, 12, 14, 42, 57, 67, 101, 129, 203, 205.
Sayf al-Dawla, 10, 137 n. 1.
séance musicale, 26, 173, 175.
séguilla, 122 n. 5.
séparation, 105, 107, 108, 112, 113, 115, 128, 132, 140, 141.
Shiloah (A.) 135 n. 1.
Sībawayhi, 126 n. 5, 127 n. 2, 198 n. 1.
Šibl al-Dawla, 5.
sillet, 84 n. 3, 86, 87, 88, 91, 190.
Sinǧār, 3.
sirène, 168, 169.
Socrate, 65.
son, 15, 74-78, 101, 114, 158, 202, 204.
sons préférentiels, 56, 121-134, 180 n. 2, 191.
Sourdel (J.), VIII, 62 n. 4.
spondiaque, 46.
Strunk (O.), 195 n. 1.
Sulaymān b. Hišām, 53.
suraiguës (notes), (?) 73.
al-Suyūṭī, 125 n. 3.
système, 16, 17, 69, 73, 74, 79, 91 n. 3, 93-95, 115, 116 n. 2, 122, n. 4, 156, 158, 159 n. 3, 164.

T, Ṯ

Ṯābit b. Qurra, 205.
Tall al-'Aǧūl, 5.
tambour, 202.
temps, 198 et n. 2.
temps rythmique, 109, 113, 139, 140, 150.
tension, 18, 22, 187.
Terpandre, 45.
tessiture, 115, 170, 178.
tétracorde, 68 n. 5, 91 n. 3, 95 n. 4, 129, 164.
théorie, 12, 27, 36, 40, 61-65, 165, 183, 195 n. 2, 203, 205, 207.
Thétis, 46.
timbale, 148, 202.
timbres, 15, 101, 121 n. 1, 130.
ton, 86, 98, 99.
tonalité, 79, 115.
tonique, 156.
touches, 18, 77, 82-91, 93, 94, 96, 133, 152, 156, 159, 161 n. 1, 164, 186-190.
transmission de la tradition, 136 n. 2, 167, 178.
transposition, 152.

trémolo, 134.
trille, 132, 133, 142, 147.
trompette, 46.

U, U

Ulysse, 46.
ʿUṯmān II, 4.

V

Vajda (J.), 47.
Van Den Linden (A.), 79 n. 2.
virtuosité, (?) 43, 50 n. 1, 180.
vibration, 74, 78 n. 6, 155 n. 2.
virile (mélodie), 55.
vocalise, 80 n. 2, 81, 114, 117, 121 n. 1, 128, 182 n. 2, 195 n. 2, 198, 199.
voix, 38, 51 n. 1, 68, 75, 78, 103, 131, 135 n. 1, 158 n. 1, 165, 168, 170, 174-175, 178, 184, 185-186, 191 n. 1, 196.

W

Waǧh al-Qarʿa, 168.
al-Warrāq (Ibn al-Nadīm), 6, 122 n. 1, 206 n. 2.
al-Wāṯiq, 172.
Weil (G.), 105, 106 n. 4.
Werner-Sonne, 51 n. 1, 61 n. 1.
Wolfson (H. A.) 70 n. 7, 71, 202 n. 7.

Y

Yaḥyā b. Ḫālid, 168.
Yaḥyā b. Saʿīd b. Mārī, 5.
Yāqūt, 6, 57 n. 1, 206 n. 2.

Z

Zalzal, 84 n. 2, 131 n. 2, 172 n. 3.
al-Zaʿfarānī (Abū l-Fatḥ), 10, 206.
Ziryab, 56 n. 1, 184 n. 4, 195 n. 1.

GLOSSAIRE DES TERMES TECHNIQUES

a, ʿa, ʾa

abaḥḥ, voix enrouée, rauque, 174-175.
adab, bonne qualité de l'âme, bonne éducation, courtoisie, formation intellectuelle, VII, 7-8, 10.
ʿadad (ʿilm), arithmétique, 61, 203.
ʿadad, nombre (sens cosmologique), 61 n. 1, 62.
ʾadāʾ, voir aussi *taʾdiya*, 195-196.
ağašš, voix grasse, 166 n. 1, 175.
ʾāla (plur. *ʾālāt*), instrument de musique, 38, 65, 75, 77, 78, 96, 104, 119, 123, 129 n. 1, 131-134.
amlas, voix lisse, 175.
ʿāmūd, élément rythmique, 150.
ʾanf, sillet, 84 n. 3, 86, 87, 88, 91, 190.
ʿarūḍ (ʿilm), prosodie, 40, 42, 57 n. 3, 60 n. 2, 63, 104-111, 139 n. 2, 140 n. 1, 6, 7, 142 n. 4, 205.
ʿarūs al-baḥr, sirène, 168.
awzān (sing. *wazn*), mètres, mesures, 62, 65, 86, 104-111, 140 n. 2.

b

bamm, première corde du luth (la plus grave), 19, 72, 85, 92-93, 158, 187.
baqiyya, intervalle de reste, 98.
basīṭ, chant rythmé, fragment mélodique composé dans l'un des rythmes lourds, rythme simple, 56 n. 1.
basṭī, composition musicale comprenant deux éléments de la musique ; mélos et poésie, ou mélos et rythme, 25, 118.
bayt, vers distique, 40, 75, 78, 80, 82-91, 92, 94, 96, 104-111, 113, 117, 128, 130, 141, 149 n. 3.
binṣir, annulaire ou note de l'annulaire, 20, 73, 84-91, 95, 96, 97, 98, 130, 134, 158, 159, 160 n. 3, 161, 188, 189.
buʿd (plur. *abʿād*), intervalle, 16, 20-21, 73, 79, 82 n. 2, 96, 97, 98, 99, 140 n. 8, 157, 158, 187 n. 4.
būq, trompette, 46.

d, ḍ

dabādib, timbales, 148.
ḍağara, son préférentiel semblable au soupir d'angoisse, 123, 125.
dağdağa, tâtonnement ou pincement des cordes avec les doigts, improvisation instrumentale, 119 n. 2, 131.
ḍārib, instrumentiste, 96, 131 n. 2, 144.
ḍarb, action de jouer d'un instrument, accompagnement instrumental ou rythmique, espèce d'une mélodie, d'un rythme ou d'un mètre, 45, 62, 96, 106, 131 n. 2, 134, 138, 143, 147, 152, 156, 172, 192 n. 4, 193 n. 2.
dastān, touche, ligature, mode, 18, 77, 87 n. 5, 101 n. 4, 133, 152, 156, 159, 161 n. 1, 164, 186-190.
dawiyy, bourdonnement, bruit, son, 38, 74, 86 n. 3.
dawr (plur. *adwār*), cycle ou période rythmique, 109, 112-113, 132, 139-140, 145-146, 148-150, 162-163.
ḍiʿf, rapport du simple au double, 86, 122, 156-158, 189.
dūnāy, double flûte, 187.

f

falak, sphère céleste, 47, 69, 72, 79.
fāriğ, chant à notes vides, 80-82, 198 n. 1.
fāṣila, séparation, arrêt, suspension de la voix, fin de l'hémistiche, temps de disjonction en rythmique, 105, 107, 108, 112, 113, 115, 128, 132, 140, 141, 149.

fi'l (plur. *af'āl*), effet, influence de la musique sur l'âme, éthos, 18, 48, 51-55, 56, 176 n. 3, 177.

g, ğ, ġ

ğahr, voix éclatante, 174.
ġalīẓ, grave (son), 78, 102, 131.
ğam' (plur. *ğumū'*), système, gamme échelle, groupement de notes, 16, 17, 20-21, 24, 69, 73, 74, 79, 90 n. 1 et 3, 93-95, 97, 104, 115, 116 n. 1, 122 n. 4, 152, 156, 158, 159 n. 3, 164.
ġamza, clin d'œil, mordant ? 131, 132, 133, 142, 147.
ğarrāt, trémolo, 134.
ğass, tâtonnement ou pincement des cordes avec les doigts, exercice de luth, 131.
ğāsī, voix rugueuse, 175.
ġinā', chant, musique, pratique musicale, 37-40, 55-58, 60, 63, 104, 120-122, 135, 137, 138, 164, 166, 167, 169, 176-182, 191-196.
ğins, genre, mouvement rythmique posé, 16, 25, 55, 63, 79, 83, 84 n. 3, 91 n. 3, 92-93, 116-117, 130, 144, 150, 152, 153, 167, 200.
ġunna, nasalisation, 68, 100, 124, 127.
ğuz' (plur. *ağzā'*), élément d'un vers, pied, élément d'un chant, 104, 106, 111-114, 117, 149-150.

h, ḥ, ḫ

ḫabb, accélération, 133.
ḥādd, cinquième corde du luth, 19, 85, 96, 156.
—, son aigu, 66, 77, 78, 104, 108, 116, 122, 123, 124, 129, 130, 134, 152, 155, 186, 187, 231.
ḥaḏf, suppression d'une ou plusieurs percussions d'un rythme donné, 148, 163, 165.
ḫafīf, (rythme) léger, rapide, 109, 142-143, 145-148, 183, 176, 177.
ḥalq, gosier, larynx, voix, 75, 76, 77, 78, 104, 122, 123, 135 n. 1, 149, 165, 166-168, 174-175, 178, 184, 185-186, 192.
hamra, note de poitrine ample, proche du gémissement, 130.
handasa (*'ilm*), géométrie, 61, 203.
ḥaṯṯ, accélération, 124, 132 n. 2, 133, 153.
ḫaṭṭ, calligraphie, 121, 122 n. 1.
ḫaṭṭī, composition musicale comprenant un seul élément de la musique, 25, 118-119.
hazağ, nom d'un mode rythmique et d'un mètre, 56 n. 1, 110, 144, 148, 153, 163, 165, 176.
hazalī, musique légère, 49.
ḥazmī, composition musicale comprenant trois éléments de la musique : poésie, mélos et rythme, 25, 118.
hazza, note tremblée, 127.
hazzāz, passage d'un mode à un autre sans interruption, 177, 178.
hiğā', satire, 53 n. 2.
ḫiffa, légèreté, acuité, 50, 75.
ḥikāya, imitation, 144 n. 1, 165 n. 4, 167 n. 2.
ḫinṣir, auriculaire ou note de l'auriculaire, 20, 84-91, 95, 97, 98, 130, 133, 160, 161 n. 1, 188, 189.
ḥudā', chant des chameliers, 118, 128, 196, 198.
ḥurūf muṣawwita, lettres mélodieuses, 80, 99-102, 113, 114, 123, 125.
ḫurūğ, sortie, transition, dissonance, 128.

i, 'i, ī

ibdāl, substitution, 125.
ibṭā', ralentissement du mouvement rythmique ou vibratoire,
idġām, contraction, assimilation, 135.
idrāğ, voir *tadrīğ*.
iḫtilāsāt, notes pincées furtivement avec le plectre, 134.
imāla, inclinaison, 115 n. 2, 126.
infi'āl (plur. *infi'ālāt*), passion, 51-52, 65-67, 197-199, 202-203.
infiṣāl, transition, permutation, 128.
inšād, déclamation mélodieuse, sorte de récitatif, 185.
intiqāl, évolution, 79, 108, 115, 116, 130.
intizā', transition, passage d'une partie à une autre dans un chant, 128.
'īqā', rythme, mode rythmique, 20, 26, 39, 43, 63, 79, 99, 104, 108-111, 113, 114-115, 118-119, 132-134, 139-151, 152-154, 163, 165, 177-178, 183, 191-192.
iqtiḍā', exigence de répétition *(bis)*, appréciation, 179-182.
iqtirān, simultanéité ou union de deux notes, 73.
irḫā', détension des cordes pendant l'accordage, 119.
irtiğāz, emploi du mètre *rağaz* dans des chants de combat, 53, 139.
išārāt, gestes, mimique, 171 et n. 1, 172, 202.
iṣba' (plur. *aṣābi'*), doigt, mode, point de départ d'un système, 18, 20-21, 24, 83-85, 150, 159.

išmām, battre à peine une percussion, 132, 142.
istiftāḥāt, ouvertures, préludes instrumentaux, 132, 196.
istiġāṯa, son préférentiel semblable à l'appel au secours, 126.
istiḥāla, permutation, modulation, 130, 151-152.
istihlāl, récitatif, déclamation d'un mot au début d'un chant, 128-129, 176.
istirāḥāt, interludes instrumentaux permettant au chanteur de se reposer, 172 n. 1, 196.
itbā', action de faire suivre une voyelle par une autre du même timbre, 127.
i'tilāf, harmonie, assemblage harmonieux des sons, 71, 75, 91-94, 141, 147.
i'timād, percussion d'appui à la fin d'une période rythmique, 141, 183.
ittifāq, consonance, 69-70, 74 n. 2, 79, 92, 95 n. 4, 96, 97, 98, 113, 116, 150, 157, 158, 201, 204.
iẓhār, mise en évidence, 135-136.

k

karra, reprise, 125.

l

la'b, jeu, badinage, 44, 49.
laḥn (plur. *alḥān*, *luḥūn*), mélodie, musique, musique vocale, mode, système, échelle d'octave, 18, 22, 35, 39, 46 et n. 5, 50-52, 54-55, 65-66, 79, 93 n. 5, 96, 104, 108, 111, 115, 116-120, 121, 131 n. 2, 135, 144, 151, 161, 169, 176, 191, 193, 194, 199, 200.
līn, mollesse, gravité, 50, 55, 75, 78, 96, 102, 108, 115, 116, 122-123, 134, 152, 170, 176, 178.
lūra, lyre, 45.

m

ma'āzif, instruments à percussion, 110, 147, 148.
mabādi', préludes instrumentaux, introduction au chant, 119, 132, 197.
mabānī, éléments fondamentaux des mélodies, 93-95, 118.
madda, son prolongé, vocalise, 80, 114, 130.
mafrūḍa, proslambanomène, 73.
maġāmiz, signes d'yeux et des sourcils, 126.
maġāz, percussion de passage, 141, 183.
maġra (plur. *maġārī*), course, voie, échelle modale, 18, 20-21, 24, 91 n. 3, 161, 164, 187.
maḥmūl, nom d'un mode, 22-24, 39, 130, 159, 160.
maḥṣūr, nom d'un mode, 22-23, 39, 130, 152, 159, 160.
māḫūrī, nom d'un mode rythmique, 109, 146, 163, 164.
malāwī, chevilles, 90 n. 1, 178, 190.
manṭiqī ou *minṭiqī*, voix déployée ou voix restreinte à une partie du registre, 175.
maqṭa', coupure, césure, clausule, arrêt, pause, 24, 38, 103, 106-107, 112, 114-115, 117, 129, 130, 134, 149, 163.
ma'rifa, connaissance, 49 n. 7.
masaḥāt (sing. *masḥa*), frictions, trille ? 132, 133, 142.
masrūd, discours ordinaire, chant continu récitatif, 105, 106, 107, 117.
maṯlaṯ, deuxième corde du luth, 19, 72-73, 86, 88-94, 156-159, 186-188.
maṯna, troisième corde du luth, 19, 72, 73, 86, 88-94, 156-159, 186-188.
maṭribī (al-'ilm al-), la science musicale, la théorie, 64 n. 6, 221.
mawāḍi' (sing. *mawḍi'*), position, lieu, sons et formules préférentiels, 38, 43, 56, 101 n. 4, 103, 121-134.
mawwāl, 129 n. 2.
mazmūm, nom d'un mode, 22-23, 39, 130, 134, 152, 159, 160, 162, 176.
miḍrāb, plectre, 131 n. 2, 132 n. 3, 134, 142.
miftāḥ, clef, 84.
miqdār, mesure, quantité, rapport, 38, 43, 62, 69, 72, 74, 86, 88, 97, 103-104, 130, 156-157, 203-204.
miṣrā' (plur. *maṣārī'*), hémistiche, 40, 104-111.
mizmār (plur. *mazāmīr*), instrument à vent, 75, 77, 104, 119.
mu'allaq, nom d'un mode, 22, 162 n. 5, 163.
mu'āwanāt, notes d'ornement, 82.
mubalbal, voix troublée, 175.
mudawwar, voix ronde, 175.
mudda, intervalle de ton, 98, 115, 198 n. 2.
mufradāt (naqarāt), percussions simples ou fondamentales, 140, 145-146, 165, 183-184.
muġalġal, voix mordante, 174.
muġannab, nom d'un mode, note de la voisine de l'index (voir aussi *taġnīb*) 16, 22-23, 77, 87, 88, 89, 96, 97, 162.
muġannī, chanteur, musicien, 43, 61, 62, 63, 65, 79 n. 4, 103, 121, 123, 125, 129 n. 1, 135,

137, 138, 141, 148, 149, 150-153, 165-173, 177, 179, 180, 181, 184, 191.
muhāhāt, formule préférentielle semblable au sanglot, 128.
muḫālif, nom d'un mode rythmique, 163.
muḥarrar, chant bien agencé et d'une mesure précise, 143.
muḥarrakāt, espèce de chant, 56 n. 1, 176 n. 2.
muḥdaṯ (ġinā'), musique moderne, 14, 57-59, 122, 143 n. 4, 197 n. 3, 205-206.
mulaḥḥin, compositeur, 51, 59, 190 n. 1.
mulā'im, consonant, 75, 93, 96, 98, 113-114, 116, 150, 201.
mumtali', chant à notes pleines, 80-82.
munʿaṣir, voix foulée ou voûtée, 175.
munfaṣil ('īqā'), rythme disjoint, 141-142.
munqaṭiʿ, voix qui s'étrangle (voir aussi *qaṭīʿ*), 166.
munṣarafāt, sorte de cadence rompue, 134.
muqtanaʿāt, une technique de plectre, 134.
murakkab ('īqāʿ), rythme composé, 144, 150.
mursal, chant non cadencé et continu, 143.
muṣalṣal, voix sèche et stridente, 175.
musammaṭ (ġinā'), chant moderne qui se base sur la forme métrique *musammaṭ*, 57.
musarraǧ, style de composition attribué à Ibn Surayǧ, 22, 164.
muṣawwit, hurleur, 202.
mūsīqī, musique, science musicale, 15, 22, 35, 41, 42, 44, 46 n. 5, 67, 79, 151, 177, 121.
mūsīqār, musicien, théoricien, 41, 61, 62, 63, 65, 79 n. 4, 141, 148, 149.
muṣraʿ, chant dont la structure est calquée sur celle d'un vers distique, 105, 106.
mušṭ, chevalet, 77, 86, 88, 90 n. 1, 91, 190.
mutafāḍil, vers composé d'éléments asymétriques, 104-105.
mutakāfī, vers composé d'éléments symétriques, 104-105.
mutaqaʿqiʿ, voix rocailleuse, 175.
muṭlaq, note d'une corde libre, 20, 22-23, 39, 85-86, 88-89, 92-95, 97-98, 130, 155-159, 187-188.
muṭlaq, nom d'un mode, 159, 160, 162, 176.
muttafiq, consonant, concordant (voir aussi *ittifāq*, 75, 79, 86, 113.
muttaṣil ('īqā'), rythme conjoint, 141-142.
muẓlam, voix sourde, 175.

n

nabara, lettres mélodieuses qui s'allongent avec les notes, 82, 114, 123 130.
nadiyy, voix fraîche, 174.
nafas, respiration, 24, 103-104, 107, 113, 130, 132.
nafaṣāt, une technique du plectre, 134.
nafs, âme, 47-48, 51 n. 1, 52, 55, 69-71.
naġāniġ, chant guttural ? 126.
naġma (plur. *naġam* et *naġamāt*), note musicale, 18, 57 n. 2, 66-69, 74-75, 86 n. 3, 100 n. 3, 128 n. 6, 174 n. 3, 199 n. 5.
nā'iḥ, pleureur, 168 et n. 4, 169.
naʿīr, son préférentiel semblable à la voix d'un ivrogne, 127.
nāqiṣ, voix qui émet des notes imparfaites, 165-166.
naqra (plur. *naqarāt*), percussions, 75, 109, 114, 115, 131 n. 2, 132, 133, 139-143, 145, 147, 150, 163, 183, 191, 207.
nasīb, 128.
našīd, récitatif, composition vocale à rythme libre, 56 n. 1, 129, 176, 197.
nawʿ, aspect, espèce, 16, 71 n. 1, 91-93, 94 n. 2, 96, 115, 146, 150, 152, 159, 178, 184, 199, 202.
nawḥ, lamentation, 124, 168 n. 4.
nāy, flûte, 178, 187-190.
nuǧūm (ʿilm al-), astrologie, astronomie, 61, 190 et n. 1, 208.

q

qaḍīb, baguette, verge, 62.
qadr, valeur, mesure, temps, 150, 183, 188, 176, 189, 207.
qahqaha, son préférentiel semblable à l'éclat de rire, 127.
qarʿ, choc, action de frapper ou de pincer les cordes, 76-77.
qarār, durée, 147.
qaṣīda, ancien poème arabe à vers distiques et aux rimes uniformes, 106, 112, 127, 128 n. 2, 129, 196.
qaṭīʿ, chanteur dont la voix s'étrangle, 166 n. 1, 167, 175.
qayna, chanteuse, 60.
qirā'a, lecture du Coran, cantillation, 118, 196.
qubbāṭ ou *qubbūṭ*, sorte de « potpourri », 178.

r

rabāb, instrument à cordes frottées, 78, 148 n. 3.
radda, reprise, 125, 126, 127.
ramal, nom d'un mode rythmique, 109, 143 n. 2, 144, 145, 163, 165, 176.
raqṣ, danse, 148, 185.
rawm, donner l'impression à l'auditeur de vouloir battre une percussion, 132, 142.
riḫwun, voix relâchée et sans vigueur, 175.
riwāya, transmission d'une tradition, récit d'un fait, récitation, 136 n. 2, 167 n. 2.

s, š, ṣ

sabāba, index, note de l'index, 20, 72, 84-91, 95, 97, 116, 129, 133, 156, 157, 159, 160, 161, 162, 164, 188-189.
šaḏarāt, ornementations, fioritures, lettres mélodieuses associées aux notes de broderie, 117, 123.
šadd (plur. *šudūd*), tension de la corde, établissement de l'accord du luth, mode, 18, 22.
šadīd, aigu (son), 66, 77-79, 86, 97, 104, 108, 115, 116, 122, 123 n. 1, 129, 130, 140, 152, 155, 170, 187, 189 n. 4, 201.
šaǧā, expression, tendresse, sensibilité, 166, 167, 169.
saǧāḥ, note inférieure d'une octave, octave grave, 86, 122, 130, 156, 158, 162.
šaǧiyy, voix tendre, 174.
šahaqāt, formule préférentielle semblable au sanglot, 122, 128.
ṣahīl, formule préférentielle semblable au hennissement, 123 n. 3, 130.
samāʿ ou *samāʿ*, ouïe, audition musicale, faculté auditive, 37-38, 43, 44, 48, 75, 78, 99, 137, 138, 178, 192, 202-203.
sāmiʿ, auditeur, 88, 120, n. 2, 127, 134, 179-182, 221.
saraqa (plur. *saraqāt*), plagiat, emprunt, 151-154.
ṣarḫa, son préférentiel semblable au cri, 123.
šaʿṯ, voix dispersée, 175.
ṣawt, son, bruit, voix, chant, 15, 38, 40, 47, 49, 51, 54, 59, 67, 68, 72, 75, 77-78, 79, 93, 96, 100-104, 114, 118-119, 121-131, 140, 142, 149, 150, 152-153, 156-158, 165-170, 174-175, 177-179, 184, 185, 186, 191, 201, 203-204.
ṣayḥa, voir *ṣiyāḥ*.
šidda, acuité, 50, 75, 78, 102, 155 n. 1, 158, 176 n. 3, 186, 187 n. 1.
ṣila, motif de jonction, 130.
ṣināʿat al-mūsīqī ou *al-ṣinaʿa al-ʿilmiyya*, science musicale, théorie, 12, 27, 36, 40, 61-65, 165, 183, 195 n. 2, 203, 205, 207.
ṣināʿat al-ġināʾ ou *al-ṣināʿa al-ʿamalliyya*, art pratique, 35-36, 42, 63-65, 119-120, 154, 165-170, 171, 182-183, 191-192, 195-203, 207.
sitāra, chanteuse au service d'un dignitaire et qui chante derrière un rideau, 180.
ṣiyāḥ, note supérieure d'une octave, procédé d'octaviation, cri, 86, 56 n. 1, 122-123, 130, 158, 178, 191 n. 1, 192.

t, ṭ, ṯ

taʾawwuh, son préférentiel semblable au cri de douleur, 124.
ṭabaqa, registre, tétracorde, tessiture, *tonos*, 86, 104, 122, 164, 178.
tabāyun, dissonance, 75, 93, 99, 113, 201.
taḍʿīf, action de redoubler des percussions fondamentales d'un mode rythmique donné, 133, 142, 145, 148, 165.
taʾdiya, exécution, 166-167, 176-177.
tadrīǧ ou *idrāǧ*, gradation, montée systématique, accélération, 124, 132, 180 n. 3.
tafāǧur, son préférentiel relatif à la prononciation de la voyelle *a*, 122, 126.
tafḫīm, émettre un son avec emphase, 124.
tafkīk, son préférentiel, 126.
tafṣīl, séparation, disjonction, 132, 141, 142-143.
taǧnīb, altération de la note de l'index, 68, 98, 130, 133, 163.
taġrīd, chant d'oiseau, 120.
taǧwīd, parure de la récitation coranique, 25, 132 n. 3, 135, 136 n. 1.
taḥrīk al-ġināʾ, procédé d'ornementation poussée de la mélodie, 57-59.
taḥsīn, embellissement, 117-118, 148, 194.
takahhun, incantation, 131.
talḥīn (plur. *talḥīnāt*), mélopée, composition, vocalise, 118, 182.
taʾlīf, composition, action de composer, 50, 80-82, 91, 96, 107, 111-117, 149 n. 1, 150, 151, 154, 165 n. 4, 175 n. 3, 182, 191 n. 1, 197, 198 n. 1.
taʿliqa, suspension de la langue, son préférentiel relatif à la prononciation du *lam* prolongé, 124, 127.
tamaṭṭī, allongement du son autant que possible, 127.

tamdīd, tonalité, degré de tension de la corde, hauteur générale décomposant une mélodie, 187.
tamḫīr, procédé d'accélération et d'allègement en rythmique, 142, 163.
tamzīǧ, notes de passage, mélange ou simultanéité des notes, 113 n. 4, 114.
tanāfur, dissonance, 75, 93, 99, 113, 201.
tanahhud, formule préférentielle semblable au soupir, 129.
tanǵīm, usage des fioritures, allongement d'une note, vocalise, 114.
ṭanīn, ton, intervalle de ton, 86, 98 n. 3.
ṯaqīl awwal, mode rythmique, 109, 144, 145, 165.
ṯaqīl ṯānī, mode rythmique, 109, 144, 146, 163, 165, 183, 207.
taqsīs, rite de la Messe, rituel des Chrétiens orthodoxes, 118.
ṭarab, émotion, délectation, extase, 13, 41-44, 64 n. 6, 221.
tarkīb, construction, composition, adaptation, 45, 49, 54, 72, 79, 152.
tarǧīʿ, répétition, sorte de refrain, 124.
tarǧīḥ, préférence, sorte de refrain, 124, n. 6, 125.
ṭarīqa (plur. *ṭarāʾiq*), mode, 17, 18, 24, 110 n. 3, 144, 155 n. 1, 159, 163 n. 3, 192, 193 n. 4, 197.
tarnīm et *tarnīmāt*, prolongation de la voix, fredonnement, vocalises, 80, 198.
tartīb, agencement, composition, ordre, 17, 93-99, 111-116, 175-179.
tartībāt, enrichissements, éléments de structure, 82-85, 115, 196-197.
tartīl, cantillation, ralentissement, mouvement posé, 133, 143 n. 3.
tašḏīr, ornementation, 58.
tasrīǧ, procédé compositionnel attribué à Ibn Surayǧ, 134.
taṣwīt, production ou émission sonore, 76-77, 129-130, 189.
taswiya, action d'accorder un instrument, 90 n. 1, 119 n. 1, 158, 159, 208.
tašyiʿa, postlude, 125.
taʿṯīrāt, technique du plectre, 134.
taṯwīb, son préférentiel long et chevroté semblable à l'appel à la prière, 130, 180.
tawṣil, motif de jonction, 132.
tawṭiʾa, introduction, 128.
ṭayy, élimination d'une percussion fondamentale d'un rythme, terme de prosodie, 133, 142 n. 4, 148, 165.
tazyīdāt, notes supplémentaires, 117-118.
ṭunbūr, luth à manche long, 6, 16, 77, 78, 89-91, 129, 196.

u, ū

ʿūd, luth à manche court, 6, 15, 16, 18-20, 77, 78, 82, 84 n. 2, 86-89, 91 n. 3, 96, 101, 122, 123 n. 1, 131 n. 2, 140 n. 6, 151, 155 n. 1, 156, 157 n. 2, 159 n. 1, 161 n. 1, 172, 173, 178, 186-187, 189, 196.
urǵūn, orgue, 202 n. 1.
uṣūl, notes ou percussions fondamentales, 118, 133, 140, 144, 145-146, 148, 163.

w

waḍʿ, position, conception d'un chant, 50 n. 5.
waqfa, pause arrêt, 141, 142, 147, 163.
watar, corde, 19-21, 74, 85, 96, 97, 155-158, 186-187.
wuṣtā, médius et note du médius, 16, 20, 39, 72, 84-91, 95, 96, 98, 130, 157, 159, 160 n. 3, 161, 162, 164, 165.
wusṭā, mese, 73.

z

zafn, danse, 148, 185.
zaǧra, son préférentiel semblable au son d'angoisse, 124.
zaḥma, resserrement, 130.
zahzaha, applaudissement, 179-182.
zamān, temps rythmique, durée, 109, 113, 139, 140, 150.
zāmir, aulète, 46.
zamm ou *zamma*, rétention, 124.
zamr, action de jouer d'un instrument à vent, 178.
zawāʾidī, voix redondante, 166 n. 1, 167, 174.
zīr, quatrième corde du luth, 19, 72, 86, 92, 94, 130, 131, 187.

TABLE DES MATIÈRES

Avant-propos 1

Introduction 3

LA PERFECTION DES CONNAISSANCES MUSICALES
d'Al-Ḥasan al-Kātib

Table des chapitres et considérations préliminaires 31

Préface 35

Chap. premier
L'émotion musicale 41

Chap. II
La prééminence de la musique 44

Chap. III
Les significations des mélodies 50

Chap. IV
Les effets des mélodies 54

Chap. V
La prééminence de la musique ancienne 57

Chap. VI
La prééminence de la poésie ancienne 59

Chap. VII
L'excellence de la science musicale 61

Chap. VIII
Les propriétés des mélodies 65

Chap. IX
La similitude de l'âme, de la musique et de la sphère céleste 69

Chap. X
Les manières d'être des notes 74

Chap. XI
Les causes de la production des sons 76

Chap. XII
Le nom de la musique 79

Chap. XIII
Les délimitations des notes 82

Chap. XIV
La répartition des ligatures du ṭunbūr 89

Chap. XV
Les espèces de notes 91

Chap. XVI
Les éléments fondamentaux des mélodies 93

Chap. XVII
Les lettres mélodieuses 99

Chap. XVIII
Le dosage de la respiration 103

Chap. XIX
La prosodie 104

Chap. XX
La composition musicale 111

Chap. XXI
Les qualifications des mélodies 116

Chap. XXII
La conception des mélodies en fonction de poèmes correspondants 119

Chap. XXIII
Les sons et formules préférentiels dans les mélodies 121

Chap. XXIV
Les sons et formules préférentiels dans le jeu d'instruments à cordes 131

Chap. XXV
Ce qu'il est recommandé de mettre en relief dans les mélodies 135

Chap. XXVI
Ce qu'il est recommandé d'assimiler dans les mélodies 137

Chap. XXVII
Les ouvertures 138

Chap. XXVIII
Les rythmes 139

Chap. XXIX
L'entrée en rythme 149

Chap. XXX
Les emprunts 151

Chap. XXXI
Les cordes 155

Chap. XXXII
Les noms des modes 159

Chap. XXXIII
La qualification du chanteur-musicien 165

Chap. XXXIV
Les qualités du musicien 171

Chap. XXXV
Les caractéristiques des voix 174

Chap. XXXVI
L'agencement des parties de la musique 175

Chap. XXXVII
Les applaudissements et l'exigence de répétition 179

Chap. XXXVIII
L'examen 182

Chap. XXXIX
Ce qui convient au larynx 185

Chap. XL
Les dimensions des instruments, la disposition des touches et le choix des cordes 186

Chap. XLI
La formation musicale 191

Chap. XLII
Addenda 193

Chap. XLIII
L'instruction 204

Appendice I.......... 209
Appendice II.......... 213
Bibliographie.......... 215
Index.......... 223
Glossaire des termes techniques.......... 229
Table des matières.......... 235

IMPRIMERIE A. BONTEMPS
LIMOGES (FRANCE)
Dépôt légal : 4e trimestre 1972